Verteilungsregeln in der grenzüberschreitenden Insolvenz

Europäische Hochschulschriften

Publications Universitaires Européennes
European University Studies

Reihe II
Rechtswissenschaft

Série II Series II
Droit
Law

Bd./Vol. 3974

PETER LANG
Frankfurt am Main · Berlin · Bern · Bruxelles · New York · Oxford · Wien

Alexander Martius

Verteilungsregeln in der grenzüberschreitenden Insolvenz

Unter besonderer Berücksichtigung von Forderungen aus öffentlichem Recht

PETER LANG
Europäischer Verlag der Wissenschaften

Bibliografische Information Der Deutschen Bibliothek
Die Deutsche Bibliothek verzeichnet diese Publikation in der Deutschen Nationalbibliografie; detaillierte bibliografische Daten sind im Internet über <http://dnb.ddb.de> abrufbar.

Zugl.: Bayreuth, Univ., Diss., 2002

D 703
ISSN 0531-7312
ISBN 3-631-51570-7

www.peterlang.de

Meinen Eltern

Einleitung

In der Insolvenz sollen alle Gläubiger aus dem verbliebenen Vermögen des Schuldners, der Insolvenzmasse, anteilig befriedigt werden. Die grundlegenden Ziele des materiellen Insolvenzrechts sind Gleichbehandlung der Gläubiger[1], Vorhersehbarkeit und Rechtssicherheit[2]. Ausgangspunkt der nationalen Insolvenzrechte ist dabei die Annahme, daß sie zugunsten der Gesamtheit der Gläubiger auf die Gesamtheit des Schuldnervermögens Anwendung finden. Bei grenzüberschreitenden Insolvenzsachverhalten sind aber mehrere Rechtsordnungen zu koordinieren. Diese Arbeit will die Auswirkungen des Auslandsbezuges auf die Verteilungsregeln untersuchen. Dabei geht es um die Probleme, die der Zwang zur Koordinierung für die Verteilung mit sich bringt und um die Frage, ob die Regeln des internationalen Insolvenzrechts diese Probleme lösen.

Über den "richtigen" Weg zur Bewältigung von grenzüberschreitenden Insolvenzsachverhalten herrscht bis heute zwischen den Staaten und in der Lehre keine Einigkeit. Die Schwierigkeiten resultieren aus zwei Gesichtspunkten:

Der erste Gesichtspunkt ist die Vielzahl der aufeinander treffenden Rechtsfragen und damit die Vielzahl der kollisionsrechtsbedingt parallel zur Anwendung gelangenden Rechtsordnungen.[3] Verschiedene Rechtsgebiete einer Rechtsordnung sind idealerweise an ihren Schnittstellen so verzahnt, daß sie ineinandergreifen. Das ist nicht garantiert, wenn gleichzeitig verschiedene Rechtsordnungen aufeinandertreffen. Das ist im Internationalen Insolvenzrecht bisher der Fall.[4]

Der zweite Gesichtspunkt ist die Anzahl der auszugleichenden Interessen. Sie ist im Insolvenzrecht größer als bei den meisten zivilrechtlichen Problemlagen, be-

---

[1] Klevemann, S. 109, Fn. 143; Koch/Magnus/Winkler von Mohrenfels, S. 223; Girsberger, Rn. 741 f., S. 402 f. m.w.N.; zum Terminus der *par condicio creditorum*: In der Literatur ist er als *par condicio creditorum, par conditio creditorum, par est condicio omnium creditorum* oder auch *par condicio concursus creditorum* zu finden; Häsemeyer, KTS 1982, S. 507, 512 gibt die Digestenstelle L. 6 § 7 D. quae in fr. cred. (42,8) Ulp. an für *cum iam par condicio omnium creditorum facta esset*

[2] Westbrook/Trautman in Ziegel, S. 655, 658; Koch/Magnus/Winkler von Mohrenfels, S. 223: "international anerkannter Zweck von Insolvenzverfahren"; Dorndorf in Festschrift für Merz, S. 31, 34

[3] vgl. Paulus, ZIP 1998, S. 977

[4] vgl. schon Stellungnahme des Insolvenzrechtsausschusses des Deutschen Anwaltsvereins zum Vorentwurf eines Übereinkommens der Mitgliedstaaten der Europäischen Gemeinschaften über den Konkurs, Vergleiche und ähnliche Verfahren vom Februar 1970, KTS 1975, S. 59, Anm. I.4.: vor allem auch die Unterschiede materiellen Zivil- und Handelsrechts, Sozialrechts und insbesondere des Steuerrechts; vgl. auch Martin-Serf, S. 98; Soinne, S. 198: "*problèmes juridiques théoretiquement fort complexes, mais la jurisprudence est à l'heure actuelle inexistante à ce sujet.*"

dingt durch die Zahl der Beteiligten und die Natur der Sache.[5] Aus Gläubigersicht geht es um die Verlustverteilung auf eine Vielzahl von Personen. Jedes nationale Insolvenzrecht bringt seine eigene Gerechtigkeitsbalance zum Ausdruck. Dabei ist das materielle Insolvenzrecht nicht (immer) darauf beschränkt, im privatrechtlichen Sinne für Ausgleich zu sorgen, sondern regelt sozial- und wirtschaftspolitische Vorstellungen. Im *Internationalen* Insolvenzrecht treffen die unterschiedlichen Vorstellungen der beteiligten Rechtsordnungen aufeinander. Dabei ist es schwieriger als in rein nationalen Verfahren, akzeptablen Interessenausgleich zu erreichen.[6]

Durch Zusammenwachsen der Wirtschaftsräume und insbesondere die Schaffung des Gemeinsamen Marktes[7] wird der Bezug wirtschaftlicher Tätigkeit zu Staatsgrenzen aufgehoben. Mit der Zunahme grenzüberschreitenden wirtschaftlichen Handelns steigt auch die Häufigkeit grenzüberschreitender Bezüge wirtschaftlicher Zusammenbrüche.[8]

---

[5] Soinne, S. 191

[6] vgl. auch Remery, S. 15; Morse in Rajak, S. 201 a.E.

[7] Gottwald, Vortrag, S. 8

[8] Riesenfeld in Festschrift für Merz, S. 497; UNCITRAL-Report zur 28. Sitzung 1995, Anm. 392: "*...urgent need..., in particular since it was likely that the incidence of cross-border insolvency was likely to continue increasing.*"; UNCITRAL Guide to Enactment (Quelle: *http://www.un.or.at/ uncitral/*), IV., Anm. 13; Vgl. schon Hanisch, Schw.Jb.Int.R. 1980, S. 115; vgl. auch Huber, V.J.T.L. 19 (1986), S. 741, 743; nach Rémery, S. 6 f. betrafen von den veröffentlichten Entscheidungen des französischen *Cour de Cassation* von 1965 bis 1995 zwar lediglich etwa 30 Fälle grenzüberschreitende Konkurse, allerdings waren fast zwei Drittel davon aus dem dritten Jahrzehnt 1985-95; vgl. auch Soinne, S. 189; In Europa hängt der Anstieg der Häufigkeit des Auslandsbezugs von Insolvenzen natürlich stark mit der zunehmenden Inan-spruchnahme der Grundfreiheiten zusammen; vgl. Smart, Cross-Border Insolvency, S. 265 f.; ferner Broude in Ziegel, S. 730; zur Häufigkeit der Beschäftigung amerikanischer Gerichte mit grenzüberschreitenden Insolvenzen: zunächst noch "*once or twice a generation,*" Becker, Am.J.Comp. L. 1981, S. 706, 707; "*only six noteworthy cases over the past century*", Powers, Mears, 10 N.C.J.Int.L. & Com. Reg. 303; "*relative infrequency*", "*rare birds*", Bigelow, V.J.T.L. 24 (1991), S. 575, jedoch auf 584: "*the probability (...) grows tremendously. As a result, the need for a reliable and consistant method for resolving transnational insolvencies increases*"; Nunmehr: Flaschen/Harmer, Experts Committee Report, in International Insolvency Review Vol. 5.2 1996, S. 140, 142: "*...increasing number of instances where assets of an insolvent person have been located in more than one country;...in adition...many cases, where the business activities of an insolvent person have been international*"; American Bar Association, Multinational Commercial Insolvency, S.iii: "*dramatic surge*", "*scope and extent...is reaching unprecedented levels*"; vgl. auch Riesenfeld in Marshall v. Bieberstein, S. 39; Paulus in ZIP 1998, S. 977 m.w.N. weist darauf hin, daß es sich bei der grenzüberschreitenden Insolvenz jedenfalls nicht um ein Spezifikum der heutigen Zeit handelt und verweist dazu auf Verträge aus den Zeiten der Hanse. Dazu auch Hanisch in Festschrift für Merz, S. 159

Die Entwicklung des autonomen Internationalen Insolvenzrechts zeigt, daß Staaten sich schwertun, auf die Durchsetzung des eigenen Insolvenzrechts zugunsten eines akzeptablen Gesamtausgleichs zu verzichten.[9] Es ist in den vergangenen Jahrzehnten wiederholt mißlungen, das Internationale Insolvenzrecht zwischenstaatlich zu vereinheitlichen. Am 31.5.2002 tritt die neue Verordnung der Europäischen Gemeinschaften über Insolvenzverfahren[10] in Kraft. Damit gibt es erstmals multilateral vereinheitlichtes Internationales Insolvenzrecht.

Bei grenzüberschreitenden Bezügen eines Insolvenzsachverhaltes ist es durch das Aufeinandertreffen mehrerer Rechtsordnungen nicht gewährleistet, daß eine einzelne Rechtsordnung den komplexen und dynamischen[11] Vorgang der Insolvenzbewältigung, d.h. der Verwertung des Schuldnervermögens und der Verteilung des Erlöses einheitlich ausführen kann. Es stellen sich die Fragen, in welchem Staat Verfahren eröffnet werden können, wonach sich Gestalt und Reichweite ihrer Wirkungen im Ausland richten und wie die im Laufe von Verfahren zu klärenden Rechtsfragen angeknüpft werden. Es können mehrere, in verschiedenen Staaten eröffnete Verfahren aufeinandertreffen. Deren Ansprüche auf Wirkung im Ausland können in Konkurrenz zueinander treten und Koordinationsprobleme aufwerfen.

In allen nationalen Insolvenzrechten dienen grundsätzlich zwei Schritte der Gewährleistung von Rechtssicherheit und der Realisierung von Gläubigergleichbehandlung. Der erste Schritt ist der effektive Ausschluß jeder individuellen Rechtsverfolgung.[12] Der zweite Schritt ist die Verteilung der Insolvenzmasse nach einer feststehenden Verteilungsordnung.[13] Es ist fraglich, ob diese beiden Schritte, Kollektivierung der Gläubiger und Verteilung nach feststehenden Regeln, auch bei Insolvenzsachverhalten gewährleistet ist, die umfassende grenzüberschreitende Bezüge aufweisen.

---

9 vgl. Braun/Uhlenbruck, S. 155, 156; Westbrook in Clarke, S. 27, nennt das Internationale Insolvenzrecht "*primitiv and chaotic*"; Es befindet sich nicht nur in Deutschland seit Jahren im Zustand der Veränderung. Nach dem grundsätzlichen Schwenk des BGH zu allseitiger Universalität Mitte der 80'er Jahre sind heute die Auswirkungen des Inkrafttretens der neuen Insolvenzordnung (InsO) auf das deutsche Internationale Insolvenzrecht zu bewältigen, s.u., S. 22 ff.

10 Amtsblatt L 160/1 vom 30.6.2000; Der Text der Verordnung ist abgedruckt in Kübler/ Prütting, Anh. II.1a

11 Daß es sich bei der Insolvenzbewältigung nicht um die Anwendung von Rechtsnormen auf einen feststehenden Sachverhalt handelt, dokumentiert eindrucksvoll der sog. "Kohle-Reiterei"-Fall, zusammengefaßt bei Paulus, ZIP 1998, S. 977 f.

12 s.u., S. 65

13 s.u., S. 65

Die Prüfung erfolgt nicht aus der Sicht einer nationalen Rechtsordnung bzw. eines nationalen Verfahrens, beschränkt auf das diesem Verfahren unterfallende Schuldnervermögen und die an diesem Verfahren teilnehmenden Gläubiger. Die Prüfung geht von der Annahme aus, daß Insolvenzrecht auch grenzüberschreitend und erst recht in einem harmonisierten Wirtschaftsraum das Ziel haben muß, die insolvenzrechtlichen Grundprinzipien bezogen auf die Einheit des Insolvenzsachverhaltes, die Gesamtheit des Schuldnervermögens und die Gesamtheit der Gläubiger durchzusetzen.[14]

Die Arbeit hat ausschließlich Liquidationsverfahren zum Gegenstand und beschäftigt sich nur mit Fragen der Verteilungsgerechtigkeit. Fragen dinglicher Sicherheiten und Probleme der Anknüpfung von Rechtsfragen bezüglich der Abgrenzung und Realisierung der Insolvenzmasse im Vorfeld der Verteilung (z.B. Fragen von Anfechtung, Aufrechnung, Rückschlagsperren usw.) bleiben unberücksichtigt.[15] Auch geht die Arbeit von der Grundannahme eines voll-

---

[14] und zwar unabhängig von der Intensität des Auslandsbezuges

[15] Das Schicksal von Mobiliar- und Immobiliarsicherheiten ist in jüngerer Vergangenheit eingehend untersucht worden, was angesichts der herausragenden Bedeutung von Sicherheiten im Insolvenzrecht auch naheliegend ist, vgl. Wilmowsky, § 7, S. 219 ff.; ferner Trunk, S. 292 ff. m.w.N. und auch Klevemann, Favoccia. Sicherheiten sind im Wirtschaftsleben unverzichtbar. Insolvenzrecht greift nicht unbeschränkt in die privatautonome Gestaltung der Zuordnung von Vermögenswerten ein, auch wenn etliche solcher Gestaltungen außerhalb der Insolvenz praktisch keine Funktion haben, vgl. Girsberger, Rn. 735, S. 399 f.. Sofern ein Schuldner sein Vermögen insolvenzfest als Sicherheit begeben hat, steht dieses für die Masse und damit zur Verteilung als Haftungsvermögen gegenüber der Ausfallgemeinschaft nicht zur Verfügung (Das gilt nicht in allen Rechtsordnungen uneingeschränkt, s.u., 2. Kapitel, B. 2 und 3). Auch dieser Umstand und die Entwicklung der Besicherungspraxis im Laufe des Jahrhunderts waren wesentliche Ursache für den Funktionsverlust des Insolvenzrechts, vgl. Häsemeyer, S. 327; Mentzel/Kuhn, 8. Aufl., Vorbemerkungen, Rn. 9. Ohne aus dem Auge zu verlieren, daß Sicherheitsrechte daher für die Frage der Gläubigergleichbehandlung von großer Bedeutung sind (*"property rights that are enforcable in bankruptcy may be understood as a form of priority"*, Westbrook/ Trautman in Ziegel, S. 655, 661), soll nur das zur Verteilung freie Vermögen betrachtet werden. Dies auch, weil sich eine Anknüpfung insolvenzrechtlicher Beschränkungen von Sicherheitsrechten an den Belegenheitsort des Sicherungsgegenstandes abzeichnet, vgl. Favoccia S. 23, 26 und 82 zu den Reformvorschlägen des BMJ im Vorfeld der InsO; ferner Trunk, S. 292 ff. m.w.N., vor allem in Fn. 796 – 799, 809 – 811; Favoccia und Trunk sind gegen die Anwendung der *lex fori concursus*. Es ist zu unterscheiden zwischen dem Recht selbst, welches sich nach der *lex rei sitae* richtet, sowie insolvenzrechtlichen Wirkungen auf das Recht (Beschränkungen). *Deren* Anknüpfung ist streitig. Die EuInsVO verweist nicht einmal auf die Regelungen der *lex rei sitae*, sondern erklärt Beschränkungen der *lex fori concursus* auf im Ausland belegenes besichertes Vermögen schlicht für irrelevant, Art. 5. Zu den ähnlichen Regelungen in DÖKV und Istanbuler Entwurf vgl. Gottwald, Vortrag, S. 33; All dies bleibt sogar hinter der im bisherigen autonomen Recht angewandten kumulativen Lösung zurück, wonach der Bestand des Rechts sich nach der *lex rei sitae* richtet, die Frage daraus resultierender Aus- oder

ständig grenzüberschreitenden Insolvenzsachverhaltes aus, denn der Europäische Wirtschaftsraum ist nicht nur auf partiellen Auslandsbezug wirtschaftlicher Tätigkeit angelegt. Die Funktionsfähigkeit Internationalen Insolvenzrechtes bei Fällen mit vereinzeltem Auslandsbezug (Schuldner hat ausländische Gläubiger durch vereinzelte Auslandsgeschäfte; Schuldner hat vereinzelt im Ausland belegenes Vermögen) soll nicht Gegenstand der Prüfung sein. Es soll angenommen werden, daß der Schuldner in mehreren Staaten wirtschaftlich aktiv war, daß in mehreren Staaten Vermögen belegen ist und daß in mehreren Staaten Gläubiger existieren. Der angenommene Sachverhalt soll also vollständigen Auslandsbezug auf der Aktiv- und der Passivseite haben.

Ein wichtiger Aspekt für die Gläubigergleichbehandlung bei grenzüberschreitenden Insolvenzen ist der folgende: Forderungen aus ausländischem öffentlichen Recht können seit jeher an inländischen Insolvenzverfahren nicht teilnehmen, es sei denn, dies ist völkervertragsrechtlich vorgesehen.[16] Dieser Grundsatz der Nichtteilnahme ist die insolvenzrechtliche Ausprägung des in allen Rechtsordnungen bekannten[17] Prinzips der grenzüberschreitenden Nichtdurchsetzbarkeit von Forderungen aus öffentlichem Recht.[18]

In den nationalen Insolvenzrechten gilt die durch Steuern und Sozialversicherungsabgaben erreichte Abgabenlast[19] als einer der wesentlichen Gründe für den Funktionsverlust des Insolvenzrechts.[20] Diese Beobachtung ist in Deutsch-

---

Absonderungsrechte nach der *lex fori concursus*, vgl. Gottwald, Vortrag, S. 32. Sicherheitsrechte bleiben damit zugunsten eines hohen Maßes an Vorhersehbarkeit unabhängig von Ort und Ablauf der Verfahren zur grenzüberschreitenden Insolvenzbewältigung. Hintergrund ist das offensichtlich ausgeprägte Interesse an der Funktionsfähigkeit der nationalen historisch ausgebildeten Kreditsicherungssysteme, deren Angleichung im Rahmen International-insolvenzrechtlicher Bemühungen nicht durchsetzbar war. „*Wer darin eine territorialistische Kapitulation sieht, sollte sich vor Augen halten, daß es nicht Aufgabe des Internationalen Konkursrechts sein kann, im Wege einer Radikalkur eine Vereinheitlichung der nationalen Kreditsicherungssysteme zu erzwingen. Der Preis solcher Radikalkur wäre eine zumindest erhebliche Beeinträchtigung dieser Systeme. Das Internationale Konkursrecht erfüllt seine Aufgabe hinreichend, wenn es die Problematik ‚herausschreit' und nicht davon abläßt, auf eine Vereinheitlichung der Kreditsicherungssysteme zu dringen,*" Aderhold, S. 282 m.w.N. zur Diskussion in Fn. 22

16 s.u., 3. Kapitel, B. V., S. 130

17 s.u., 3. Kapitel, B. II., S. 116

18 i.e. s.u., 3. Kapitel

19 vgl. etwa Herz, Wilfried, "Das Jahrhundertwerk", in Die Zeit Nr. 33, 8.8.1997, S. 15 f.; Hanisch, Juristische Blätter 1977, S. 237, 238 nennt zusätzlich die "oft unverständliche Stundungspraxis der Finanzbehörden"; auch bereits Castel, Canadian Bar Review 42 (1964), S. 277, Gröninger, S. 75 und Allan/Drobnig, RabelsZ 1980, S. 615, 639

20 Baur/Stürner, Bd. 2, S. 23, Rn. 4.7; vgl. auch Habscheid, KTS 1996, S. 201; Gres, ZAP 1995, S. 631, 632; Guyon, vor Anm. 1346, S. 367; Anm. 1347

land und in anderen Rechtsordnungen gemacht worden.[21] In der Insolvenz ist regelmäßig mit großer Wahrscheinlichkeit mit offenen Steuerforderungen zu rechnen.[22]

Daß öffentlich-rechtliche Forderungen im Ausland nicht verfolgt und damit auch nicht in ausländischen Insolvenzverfahren geltend gemacht werden können, kollidiert mit dem insolvenzrechtlichen Grundsatz der Gläubigergleichbehandlung.[23] In der Arbeit werden der heutige Geltungsbereich des Grundsatzes und seine Auswirkungen auf die Bewältigung grenzüberschreitender Insolvenzen untersucht.

Die Prüfung der vorgenannten Fragen erfolgt auf der Grundlage deutschen Rechts und des Rechts der wichtigsten Handelspartner England[24], Frankreich und USA. Die Prüfung geht von den autonomen, nationalen Internationalen Insolvenzrechten aus, berücksichtigt das UNCITRAL-Mustergesetz und erfolgt sodann insbesondere auf der Grundlage der neuen EuInsVO.[25]

Im ersten Kapitel wird ein Überblick über die Grundlagen, die Entwicklung und den heutigen Stand des Internationalen Insolvenzrechts gegeben. Im zweiten Kapitel wird die Frage untersucht, ob Internationales Insolvenzrecht die Probleme lösen kann, die der Grenzübertritt des Sachverhalts für die Verteilung mit sich bringt. Im dritten Kapitel werden die Folgen des Grundsatzes grenzüberschreitender Nichtverfolgbarkeit öffentlich-rechtlicher Forderungen für das Internationale Insolvenzrecht behandelt.

---

21 Soinne, S. 190; Le Cannu/Lucheux pp., Anm. 1256, S. 688

22 Nicht nur wegen der Höhe der Abgabenlast, sondern auch aus folgendem Grund: In der Praxis kann beobachtet werden, daß Schuldner in der Krise, d.h. im Vorfeld der Insolvenz dazu neigen können, Gläubiger nach deren Bedeutung für das Aufrechterhalten des eigenen Geschäftsbetriebs zu bedienen. Dabei hat der Fiskus meist hinter Lieferanten und anderen ein Nachsehen

23 Soinne nennt die Stellung öffentlich-rechtlicher Forderungen sogar als eines der Haupthindernisse bei der grenzüberschreitende Insolvenzbewältigung, S. 190

24 Im Vereinigten Königreich ist zu trennen zwischen dem Recht Englands mit Wales, Schottlands und Nordirlands, vgl. Fn. 129. Diese Arbeit wird sich auf das Insolvenzrecht von England und Wales beschränken.

25 Die Verordnung kann auch für die Entwicklung des autonomen deutschen Internationalen Insolvenzrechts eine Rolle spielen, weil Art. 102 EGInsO von vornherein als Übergangslösung geplant war und Deutschland beabsichtigte, die zukünftigen europäischen Regelungen soweit möglich als allgemeine Regelung des deutschen Rechts zu übernehmen, d.h. auch für das Verhältnis zu Drittstaaten heranzuziehen, vgl. Gottwald, Vortrag, S. 13

1. Kapitel - Internationales Insolvenzrecht

Im Folgenden werden Entwicklung und heutiger Stand des Internationalen Insolvenzrechts[26] dargestellt.

A. Entwicklung

I. Territorialitätsprinzip und Universalitätsprinzip, Einheit und Pluralität

Im Laufe der Geschichte sind viele Lösungsansätze für die Rechtsfragen entwickelt worden, die durch grenzüberschreitende Bezüge einer Insolvenz auftreten.

Traditionell ist die Diskussion geprägt durch die Oberbegriffe Territorialität und Universalität[27], ferner Einheit und Pluralität.

1. Territorialitätsprinzip

a. Begriff

Die Begriffe *Territorialitätsprinzip* und *Universalitätsprinzip* werden üblicherweise auf die Aktivseite des Gemeinschuldnervermögens bezogen, d.h. auf die Frage, inwieweit im Ausland belegene Vermögenswerte des Gemeinschuldners von Verfahrenswirkungen erreicht werden können.

Nach dem Territorialitätsprinzip beschränkt sich ein Insolvenzverfahren in seinen Wirkungen allein auf den Staat, in dem es eröffnet wird. Eine dem Territorialitätsprinzip verhaftete Rechtsordnung läßt bei Inlandsverfahren im Ausland belegenes Schuldnervermögen unberührt[28] und bei Auslandsverfahren deren möglichen Wirkungserstreckungsanspruch auf Inlandsvermögen unberücksichtigt.[29]

---

26 in den hier herangezogenen Rechtsordnungen, s.o., S. 6

27 Die Begriffe Territorialitätsprinzip und Universalitätsprinzip sind nicht originär solche des Internationalen Insolvenzrechts. Im Völkerrecht werden mit ihnen allgemein Formen der Zuständigkeit von Staaten zur Regelung von Sachverhalten benannt; vgl. Verdross/Simma, S. 779, §§ 1183 ff. Dabei ist das Territorialitätsprinzip zunächst "der Nachfolger" des Personalitätsprinzips, der sich mit Herausbildung des Territorialstaates entwickelte, vgl. Dahm/Delbrück/Wolfrum, Bd. I/1, S. 303; Universalität im Internationalen Insolvenzrecht ist ferner nicht zu verwechseln mit dem Begriff der Universalität des Konkurses, wie er in gemeinrechtlicher Literatur verwandt wurde; er besagt, daß alle Gläubiger auf das Verfahren verwiesen sind und ihnen ausnahmslos die Befriedigung außerhalb des Verfahrens verwehrt ist; Baur/Stürner, Bd. 2, § 5, Rn. 5.40

28 Häsemeyer, S. 858 und 2. Aufl., Rn. 35.05, S. 760

29 Westbrook/Trautman in Ziegel, S. 655 f.

b. Argumente für und gegen das Territorialitätsprinzip als Grundlage Internationalen Insolvenzrechts

Beschränken sich Insolvenzverfahren auf das im Verfahrensstaat belegene Vermögen, ergeben sich keine verfahrenstechnischen und -rechtlichen Probleme aus dem Aufeinandertreffen verschiedener Rechtsordnungen. Ausländisches Recht kann im Rahmen inländischer Verfahren üblicherweise nur in Bezug auf diesem unterliegende, zur Tabelle angemeldete Forderungen und schwebende Verträge eine Rolle spielen. Insbesondere dingliche Sicherungsrechte unterliegen regelmäßig dem Recht des Verfahrensstaates, da nur im Inland belegenes Vermögen erfaßt wird. Es besteht also Gleichlauf zwischen Sachenrechts- und Insolvenzstatut.

Territorialität macht bei in mehreren Staaten belegenem Schuldnervermögen eine Mehrheit von Verfahren erforderlich, wenn die Gesamtheit des Schuldnervermögens insolvenzmäßig erfaßt werden soll. Unter der Voraussetzung, daß an *allen* Orten der Belegenheit von Schuldnervermögen ein Verfahren eröffnet wird, kommt es ohne Kollisionsprobleme zu einer Gesamtbewältigung des Insolvenzsachverhalts.

Territorial begrenzte Verfahren bedeuten aber, daß die Gesamtheit des Schuldnervermögens insolvenzrechtlich einer Mehrheit von Rechtsordnungen unterfällt, und zwar gemäß im Zeitpunkt der Verfahrenseröffnungen gegebener Vermögensverteilung. Diese Verteilung ist zufällig.

Die Zufälligkeit des aus der Summe der Verfahren resultierenden Verteilungsgesamtergebnisses macht eine Gesamtbewältigung im Rahmen einer Mehrzahl territorialer Verfahren unbefriedigend.[30]

Wenn bei grenzüberschreitender wirtschaftlicher Tätigkeit unklar ist, wieviel des gesamten Schuldnervermögens in welcher Rechtsordnung belegen ist, steht dies jedenfalls nicht zum Gesamtbetrag der in den jeweiligen Rechtsordnungen möglicherweise bevorrechtigten Forderungen in Verhältnis. Gemessen am Gesamtbestand der Aktiva unterliegt es dann auch dem Zufall, in welchem Maße sich die Interessenbalancen des jeweiligen nationalen Rechts durchsetzen und zu welcher Gesamtverteilung ihre Kombination führt. Ist etwa eines von mehreren Verfahren besonders massearm, nutzt ein Vorrecht dem durch dieses Begünstigten wenig. In verschiedenen Rechtsordnungen gewährte Vorrechte können so in der Gesamtschau von sehr unterschiedlichem praktischem Gehalt sein.

---

[30] Die Zufälligkeit des Gesamtergebnisses droht bei allen Fällen der Verfahrensmultiplizität, nicht nur infolge Territorialität. Zur Erörterung des Problems im Zusammenhang mit der sogenannten "*kontrollierten Universalität*" (oder besser nach Strub, EuZW 1994, S. 424, 426: "*eingeschränkte Universalität*") s.u., 2. Kapitel, S. 95

Es gibt keinen in der Sache begründeten Zusammenhang zwischen Haftungsanspruch des Gläubigers und Menge des Inlandsvermögens. Zwar wurde dies in der Vergangenheit anders gesehen.[31] Ein solcher Ansatz wird aber den Realitäten des heutigen Wirtschaftslebens nicht gerecht. Er läuft auch dem Grundgedanken der nationalen Insolvenzrechte zuwider, daß einem Verfahren im Grundsatz das Weltvermögen des Schuldners unterfällt.

Ein weiteres Argument gegen das Territorialitätsprinzip ist, daß nicht gewährleistet wird, daß die Gesamtheit des Schuldnervermögens von insolvenzrechtlicher Haftungsrealisierung erfaßt werden wird. Es ist nicht sicher, daß es in allen Staaten, in denen Schuldnervermögen belegen ist, zu Verfahren kommt.[32] Man spricht dann von Konkurs-„Lücke".[33] Sie kann verschiedene Ursachen haben, etwa das Fehlen einer allein an die Vermögensbelegenheit anknüpfenden Zuständigkeit oder fehlende Insolvenzfähigkeit des in Rede stehenden Schuldners nach nationalem Insolvenzrecht. Ein solches Ergebnis ist nicht wünschenswert, weil die der Gläubigergesamtheit zur Verfügung stehende Haftungsmasse sich reduziert, sei es, daß der Schuldner davon profitiert, sei es, daß das nicht von einem Insolvenzverfahren erfaßte Vermögen im Wege der Individualvollstreckung einzelnen Gläubigern zugute kommt, zu Lasten der Gläubigergleichbehandlung. Das gleiche Problem kann sich auch ergeben, wenn mehrere Verfahren zeitversetzt eröffnet werden und damit zeitgleicher Eintritt von insolvenzrechtlichen Wirkungen an allen Vermögensbelegenheitsorten nicht gegeben sind, so daß sowohl der Schuldner als auch einzelne Gläubiger Zeit haben, zu Lasten der Gläubigergesamtheit (noch) nicht insolvenzrechtlich erfaßtes Vermögen einem drohenden Verfahren zu entziehen.[34]

Ein weiteres Argument gegen die Territorialität ist die Verhinderung einer einheitlichen und zusammenhängenden Verfahrensbewältigung. Insbesondere dürfte es mit der Zunahme der Verfahrenanzahl immer schwieriger werden, Ansätze für Vergleichslösungen zu verfolgen, geschweige denn zu erkennen.

Wird die Vermögensgesamtheit eines Unternehmens durch territoriale Verfahren entlang der Staatsgrenzen aufgeteilt, ist fraglich, ob den einzelnen Verwaltern eine "*Going Concern*"-Bewertung überhaupt möglich ist. Dazu wäre intensive Zusammenarbeit zwischen den einzelnen Verfahren erforderlich. Zur Ma-

---

31 Vgl. etwa die Gesetzesmaterialien zur KO (Hahn, Die gesamten Materialien zu den Reichsjustizgesetzen, IV. Band, Materialien zu der Konkursordnung und dem Einführungsgesetz vom 10. Februar 1877, 1898, S. 403 f., 688) die etwa zur Begründung von § 237 anführen, daß die Gläubiger gerade mit Rücksicht auf das inländische Vermögen des Schuldners Kredit gewährten.

32 Häsemeyer, 2. Aufl., Rn. 35.07, S. 761

33 vgl. Müller-Freienfels in Festschrift für Dölle, S. 359, 380

34 vgl. Großfeld, S. 284

ximierung des Wertes des Gesamtvermögens sind die einzelnen Vermögens-teile zu wirtschaftlich sinnvollen Einheiten zusammenzufassen. Es spricht heute jedenfalls in Europa nicht einmal eine Vermutung dafür, daß sich solche Einheiten an Staatsgrenzen halten.

Schließlich ist gegen ein Internationales Insolvenzrecht auf der Grundlage des Territorialitätsprinzips das Argument zu nennen, daß es keine einheitlichen Regeln zur Bestimmung der Belegenheit immaterieller Vermögenswerte gibt.[35] Ihr Belegenheitsort ist nicht einfach und sicher zu ermitteln.[36] Es ist nicht ausgeschlossen, daß es zu Konflikten zwischen den parallel laufenden territorialen Verfahren kommt.[37] Es obliegt grundsätzlich dem Kollisionsrecht eines jeden Forums, über den Lageort von Vermögenswerten zu befinden.[38] So gelten Forderungen üblicherweise als am Wohnsitz des Schuldners belegen,[39] während die Frage der Belegenheit beschränkt dinglicher Rechte an beweglichen Sachen unter den Staaten uneinheitlich gehandhabt wird. In Betracht kommen der Ort der Belegenheit der gesicherten Forderung[40], der Lageort der Sache, an der das Recht besteht[41], eine alternative Anknüpfung oder eine Anknüpfung an den Wohnsitz des dinglich Berechtigten.[42]

---

35 Soinne, S. 192; Cunningham/Werlen, I.F.L.R. 1996, S. 51, 53; Mincke in Nerlich/Römermann, Art. 102 EGInsO, Rn. 220

36 Firsching/von Hoffmann, § 11, Rn. 5; Girsberger, Rn. 756, S. 410

37 Denkbar ist einmal, daß mehrere Verfahren Vermögenswerte als in Beschlag genommen ansehen, zum anderen aber auch, daß alle Verfahren bestimmte Vermögenswerte als jenseits ihres Geltungsbereiches belegen erachten (Fälle von Normenhäufung und Normenmangel)

38 Girsberger, Rn. 754, S. 409, m.w.N.

39 BGHZ 2, 218, 222; BGHZ 5, 35, 38; BGH MDR 1960, S. 578 und Anmerkung Kuhn, S. 579; Firsching/von Hoffmann, § 11, Rn. 5; Favoccia, S. 11; Schollmeyer, IPRax 1995, S. 150, 151 unter Bezug u.a. auf § 23 S. 2 ZPO zum besonderen Gerichtsstand wegen vermögensrechtlichen Ansprüchen, und auf § 2369 Abs. 2 S. 2 BGB zur Erbscheinserteilung; ebenso Art. 11 S. 2 des Deutsch-Österreichischen Konkursvertrages; Art. 2 g, 3. Spiegelstrich EuInsVO stellt auf den Ort des Interessenmittelpunktes des Schuldners ab. Girsberger, Rn. 756, S. 410: "*...in der Regel der Ort (...), an dem auf den Schuldner der Forderung tatsächlich zugegriffen werden kann.*"; vgl. auch Begründung zum Referentenentwurf, Anm. 34, in Stoll, Stellungnahmen und Gutachten, S. 306; vgl. auch Mössle, S. 33 f. und Kegel/Seidl-Hohenveldern in Festschrift für Ferid, S. 258

40 vgl. Girsberger, Rn. 758, S. 411, der ausführt, daß die Staatsverträge bzw. Entwürfe, die die Belegenheit von Forderungen bestimmen, nicht zwischen ungesicherten und dinglich gesicherten Forderungen differenzieren, so auch Art. 3a des revidierten Entwurfes des BMJ v. 22.9.1998 zum deutschen Internationalen Insolvenzrecht, in Stoll, Stellungnahmen und Gutachten, S. 146

41 h.M. bei Pfandrechten, Stoll in Staudinger, EGBGB, IPR, Internationales Sachenrecht, Rn. 315; Pfandrechte sind wegen des Traditionsprinzips *in praxi* von erheblich geringerer Bedeu-

Es ist nicht nur möglich, daß eine Forderung mehrfach gesichert ist. Es ist auch möglich, daß ihr kraft abweichender Anknüpfung unterschiedliche Lageorte zugedacht werden.

Bei immateriellen Gütern kann es mithin über den Lageort an sich zum Konflikt kommen, nicht nur zwischen parallelen Insolvenzverfahren, sondern auch beim Versuch, die Werte zur Masse zu ziehen. Bei beweglichen Gütern kann jedenfalls über den Zeitpunkt der Lageveränderung und damit auch darüber, welchem Verfahren ein Gut unterfällt, gestritten werden.[43]

Endlich wird gegen die Bewältigung grenzüberschreitender Insolvenzen mittels mehrerer territorialer Verfahren das Kostenargument genannt. Allseits praktizierte Territorialität führt in Situationen grenzüberschreitender Insolvenz regelmäßig zu Verfahrenspluralität. Für den Fall der Verfahrenspluralität wird aber vorgebracht, sie führe zu einer Multiplizierung der Kosten: der Verfahrenskosten an sich und vor allem der von jedem einzelnen Gläubiger aufzubringenden Kosten zur Gewährleistung zweckentsprechender Rechtsverfolgung.[44]

Entsprechend der überwiegend dagegen sprechenden durchgreifenden Argumente sind nationale Internationale Insolvenzrechte, die explizit dem Territorialitätsprinzip verhaftet sind, heute kaum mehr zu finden. Dabei ist allerdings zu differenzieren zwischen den Rechtsordnungen, die sich selbst beschränken, also auch die Wirkungen inländischer Verfahren auf das Inland beschränken, und jenen, die lediglich ausländischen Verfahren keine Wirkungserstreckung im Inland zubilligen. Genannt werden heute als territorial auch im Sinne von selbstbeschränkend nur noch Japan und Korea, ferner als „einseitig" territorial Schweden, Liechtenstein, Argentinien und die Niederlande.[45]

---

tung, als Eigentumsvorbehalt und Sicherungseigentum oder andere im Ausland geläufigen beschränkten Sicherungsrechte ohne Besitzaufgabe, Stoll in Staudinger, a.a.O., Rn. 318

42 Girsberger, Rn. 758, S. 411 ff. m.w.N.; vgl. Klevemann, S. 132, 145

43 Über den Zeitpunkt kann im tatsächlichen gestritten werden, er kann sich aber auch in verschiedenen Rechtsordnungen unterschiedlich bestimmen; vgl. Girsberger, Rn. 755, S. 409, der bei Fn. 68, S. 410 auch darauf hinweist, daß es einige staatsvertragliche Lageortregelungen gibt; vgl. Paulus, ZIP 1998, S. 977, 978, der im Hinblick auf eine Segelyacht *colorandi causa* auch auf die kollisionsrechtlichen Probleme hinweist, die "*- wie im Falle Maxwell - eine Konzernspitze auf hoher See*" zu provozieren vermag.

44 Fletcher in Fletcher, Studies, S: 289; Bigelow, V.J.T.L. 24 (1991), S. 571ff. 578, auch: Smart, Cross-Border Insolvency, S. 33; a.A. Paulus, ZIP 1998, S. 977, 978, der allerdings sodann auf S. 979 auf die "*in praxi freilich keinesfalls zu vernachlässigenden*" Kosten von Partikularverfahren hinweist.

45 Aderhold, S. 146; Paulus, ZIP 1998, S. 977, 978; Arnold in Gottwald, Handbuch, § 122, Rn. 16, Fn. 12, S. 1246; Fletcher in Fletcher, Studies, S. 282, S. 284; "Einseitige" Territoria-

2. *Universalitätsprinzip*

a. Grundsätzliches

Mit „Universalitätsprinzip" wird - im logischen Gegensatz zum Territorialitätsprinzip - die Erstreckung der Wirkungen eines Insolvenzverfahrens auf das gesamte Vermögen einer Person, ob im In- oder Ausland belegen, bezeichnet.[46]

Universalität hat zwei Seiten: Sie setzt sich zusammen aus *erstens* dem Anspruch auf Wirkungserstreckung auf Auslandsvermögen des Gemeinschuldners nach dem Recht des Forums und *zweitens* der Anerkennung dieses Wirkungserstreckungsanspruches und Wirkungsgewährung durch das Recht des jeweiligen Staates der Vermögensbelegenheit. Nur bei Vorliegen beider Elemente kann es tatsächlich zum "Grenzübertritt" des Verfahrens, d.h. zum Eintritt von Wirkungen jenseits der Grenzen des Eröffnungsstaates anläßlich der Verfahrenseröffnung kommen.[47]

> "Jeder Konkurs, gleichgültig, wo eröffnet, hat (...) die Tendenz, alles, auch das auswärtige Vermögen des Gemeinschuldners zu erfassen, weil eben die Universalität die Entfaltung seines Wesens ist."[48]

Diese Äußerung von *Gramming* aus dem Jahre 1895 erscheint für sich genommen ungenau.[49] Die Frage nach tatsächlicher grenzüberschreitender Wirkungserstreckung kann nicht von der jeweiligen Rechtsordnung abstrahiert, aus der Natur des Insolvenzrechts abgeleitet werden. Es obliegt einem jeden Gesetzgeber, erstens über den Wirkungsbereich seines Insolvenzrechts und zweitens über den Wirkungsanspruch ausländischer Insolvenzverfahren im Inland zu entscheiden.[50]

---

lität ist in Deutschland wohl bekannt; zu dieser zwiegespaltenen Rechtslage in der deutschen Rechtsgeschichte vgl. Fn. 52

[46] RGZ 54, 193; Jaeger/Jahr, §§ 237, 238 Rn. 85 ff.; Hess, KO, § 237 Rn. 2; Kuhn/ Uhlenbruck, § 1 Rn. 6, §§ 237, 238, Rn. 6; Häsemeyer, S. 859 f.; Gottwald, Vortrag, S. 10

[47] vgl. BGH MDR 1960, S. 578; BGH WM 1992, S. 1040, 1044; Arnold in Gottwald, Handbuch, § 122, Rn. 58 f., S. 1256 f.; Girsberger, Rn. 765, S. 414 f.; Großfeld, S. 281

[48] Gramming, Zeitschrift für internationales Privat- und Strafrecht, Bd. 5 (1895), S. 344, 347; vgl. Fn. 50

[49] Zum Gehalt der Äußerung in dogmatischer Hinsicht (materiell beruht die im Insolvenzrecht ausgedrückte Interessenbalance auf der Annahme der Einheit des Schuldnervermögens; dabei ist nicht berücksichtigt, daß abweichendes Schicksal von Teilen des Vermögens die Gesamtbalance verändert) s.u., Fn. 50

[50] vgl. Fletcher in Fletcher, Studies, S. 280 f.; Auch Gramming wollte letztlich wohl nur äußern, daß die Konkursrechte aller "modernen" Staaten (Er sagt nicht, welche er dazu zählt) sich im Punkte der Universalität einig seien, denn der bezogene Artikel setzt sich gerade damit auseinander, wie im Inland auf ein ausländisches Verfahren mit universalem Wirkungsanspruch zu reagieren sei. Vgl. dazu auch Gramming, S. 362, Fn. 28

Nachdem sich allerdings allgemein die Ansicht durchgesetzt hat, daß das Universalitätsprinzip dem Territorialitätsprinzip in der Theorie überlegen ist, hat es heute in den allermeisten Rechtsordnungen Geltung erlangt.[51] Dabei dokumentiert die bis 1985 gegebene bundesdeutsche Rechtslage[52], daß es leichter fällt, dem eigenen Recht extraterritorialen Wirkungsanspruch beizulegen (Komponente 1), als den Wirkungsanspruch ausländischer Rechtsordnungen im Inland zu akzeptieren (Komponente 2).[53]

b. Anerkennung, Reichweite, Rechtswahl

Mit dem Eintritt von "*Immediate and automatic extraterritorial effectiveness of a bankruptcy judgement in all its aspects*"[54] wäre vollständige Universalität realisiert. Dazu kommt es nur selten. Die mit dem Universalitätsprinzip verbundenen vielfältigen Probleme ergeben sich in der praktischen Durchführung. Der Grad des Gelingens grenzüberschreitender Abwicklung ist verknüpft mit dem Grad der Verschiedenheit der Sachrechte einerseits sowie mit der Qualität der Abwicklungsorganisation andererseits.[55]

Der erste Schritt zur Realisierung grenzüberschreitender Wirkungserstreckung ist der der Anerkennung der Verfahrenseröffnung.[56] Ist eine Rechtsordnung grundsätzlich zur Billigung des ausländischen Wirkungserstreckungsanspruches bereit, stellt sich die Frage der Konsequenzen: Zu welchen Wirkungen kommt es im Inland? Nach welchem Recht bestimmen sie sich? Es ist dies die Frage erstens nach dem Umfang der Anerkennung und zweitens nach der kollisionsrechtlichen Entscheidung bezüglich der Rechtsfragen, die sich aus dem ausländischen Verfahren ergeben.[57]

---

51 vgl. Arnold in Gottwald, Handbuch, § 121, Rn. 27, S. 1240 f. und 122, Rn. 16 und Fn. 12, S. 1246; Flessner, ZIP 1989, S. 750: "international üblich", m.w.N.; vgl. oben, Fn. 45

52 Zur damaligen Rechtslage: Mentzel/Kuhn, 9. Aufl., §§ 237, 238 KO; vgl auch Jahr, Rn. 196 ff.; Zur Wende im deutschen Internationalen Insolvenzrecht: BGHZ 95, 256; des weiteren s.u., 1. Kapitel, B. I., S. 19

53 vgl. Girsberger, Rn. 768, S. 416

54 Fletcher in Fletcher, Studies, S. 288

55 vgl. Häsemeyer, S. 860; Flaschen/Harmer, Experts Committee Report, in International Insolvency Review Vol. 5.2 1996, S. 140, 148; vgl. UNCITRAL-Report zur 28. Sitzung 1995, Anm. 389; Aderhold, S. 43 ff., 52 legt dar, warum die Unterschiedlichkeit der Rechtsordnungen zwar um die letzte Jahrhundertwende, heute aber nicht mehr überzeugend als Argument gegen Universalität taugt; vgl. ferner Lüer in Stoll, Stellungnahmen und Gutachten, S. 107, der darlegt, warum die Regelungen deutschen Rechts inhaltlich in vielerlei Hinsicht gar nicht dazu taugen, Sachverhalte mit Auslandsberührung zu regeln.

56 Vgl. BGH ZIP 1997, S. 39, 42, *"Norsk Data"*

57 Zu Umfang und Gestalt der Anerkennung vgl. Smart, Cross-Border Insolvency, S. 79; Leipold in Festschrift für Schwab, S. 291; vgl. auch Homann, KTS 2000, S. 343 ff., 352, 358f.

Die Frage nach der internationalen Zuständigkeit der Institutionen des Verfahrensortes einerseits und die Frage nach der Auswahl des im einzelnen anzuwenden Rechts andererseits sind auch im Internationalen Insolvenzrecht systematisch zu trennen.[58] Wirkungserstreckung der Verfahrenseröffnung auf jenseits der Grenze belegenes Vermögen ist das eine, kollisionsrechtliche Auswahl des Rechts, das die Wirkungen bestimmt, etwas anderes.[59]

Man kann zwischen verfahrensmäßiger und kollisionsrechtlicher Universalität unterscheiden. Theoretisch könnte ein Staat zwar die Eröffnung eines ausländischen Verfahrens als solche und damit die Existenz des ausländischen Verwalters anerkennen, die sich für das Inland ergebenden Wirkungen aber dem Sachrecht der eigenen Rechtsordnung entnehmen. Das andere Extrem wäre die vollständige verfahrens- und kollisionsrechtliche Universalität, die für alle Rechtsfragen im Zusammenhang mit dem Verfahren die *lex fori concursus* beruft („Wirkungserstreckung" i.e.S.).[60] Zwischen den beschriebenen Extremen sind Abstufungen denkbar. Sie ergeben sich aus individueller Entscheidung jeder einzelnen Kollisionsfrage.

Da "Universalität" zunächst nur besagt, daß ein im Inland eröffnetes Insolvenzverfahren auch im Ausland und ein ausländisches im Inland überhaupt Wirkungen haben soll, folgt aus der Entscheidung für die Universalität nicht begriffslogisch eine kollisionsrechtliche Aussage zugunsten der jeweiligen *lex fori concursus*.[61] Eine logisch notwendige Verbindung zwischen Verfahrenseröffnung mit universalem Wirkungsanspruch und Auswahl des Rechts, das diese Wirkungen außerhalb des Eröffnungsstaates bestimmt, ist nicht ersichtlich.

Gleichwohl sehen die Kollisionsrechte im Grundsatz als Insolvenzstatut tatsächlich regelmäßig die *lex fori concursus* vor.[62] Die grundsätzliche kollisions-

---

58 vgl. Westbrook/Trautman in Ziegel, S. 655, 657 f.: Unterscheidung zwischen *choice of forum* und *choice of law*; Soinne, S. 193: *compétence jurisdictionelle* und *compétence législative*; Schollmeyer, IPRax 1995, S. 150, 152

59 Westbrook/Trautman in Ziegel, S. 655, 658; vgl. auch Reinhart, ZIP 1997, S. 1734, 1737; Häsemeyer, 2. Aufl., Rn 35.04, S. 759; Trunk in Gilles, S. 157, 170 f.

60 Girsberger, Rn. 768, S. 416 differenziert hinsichtlich des im Rahmen der Anerkennung Möglichen ebenso; vgl. auch Spellenberg in Stoll, Stellungnahmen und Gutachten, S. 183, 193 zum Entwurf deutschen Internationalen Insolvenzrechts von 1990

61 vgl. Klevemann, S. 140 f.; Remery, S. 26; Homann, KTS 2000, S. 344

62 für das deutsche Recht: Jahr in Lüke/Prütting, Bd. 7, 18/145; Kuhn/Uhlenbruck, §§ 237, 238, Rn. 41 ; v. Oertzen, S. 76, 114; Girsberger, Rn. 805, S. 433 m.w.N.; "*Because it is traditional that the bankruptcy court aplies its local law, there is no choice of law process as such....the jurisdictional requirements for entertaining the proceeding subsumes the choice of law.*", Westbrook/Trautman in Ziegel, S. 655, 666; "*la compétence des jurisdictions francaises entraîne la compétence de la loi francaise*", Soinne, S. 193, 197; Remery, S. 26 und 73 f.: "*Le conflit de lois est absorbé par le conflit de jurisdictions*"

rechtliche Entscheidung gleicht mithin der des allgemeinen Verfahrensrechts.[63] Die Besonderheit besteht aber darin, daß Insolvenzrecht nicht bloß Verfahrensrecht ist, sondern das besondere Verfahren gerade dazu dient, materielles Recht zu verwirklichen. Die Bewältigung einer Insolvenz ist ein komplexer und dynamischer Vorgang, gekennzeichnet durch eine Fülle von Einzelakten. Die Anerkennung eines ausländischen Insolvenzverfahrens knüpft dabei zunächst regelmäßig an dessen Eröffnungsakt an.[64] Ebensowenig, wie die Anerkennung der Eröffnung erlaubt, Aussagen über das Schicksal einzelner Verfahrensmaßnahmen sowie über die Auswirkungen auf einzelne Rechtsverhältnisse zu treffen, ist mit der Rechtswahl zugunsten der *lex fori concursus* deren Reichweite festgelegt.[65]

Auch Rechtsordnungen, die (wie die deutsche seit 1985) grundsätzlich bereit sind, ausländischen Insolvenzverfahren im Inland Wirkung zuzubilligen, behalten sich vor, über Art und Umfang dieser Wirkungserstreckung selbst zu entscheiden. Erstens darf der ausländische Insolvenzverwalter im Inland nur nach dortigem Verfahrensrecht vorgehen (*lex fori* des Verfahrensortes als übliche Kollisionsentscheidung im Verfahrensrecht). Zweitens kann das Anerkennungszielland einzelne Wirkungen gesondert anknüpfen oder auch verweigern.

Insolvenzrecht beansprucht Rechtsfolgen bezüglich nahezu aller vermögenswerten Rechte, Rechtsverhältnisse und Zivilverfahren des Schuldners. Bei der Bestimmung dieser Rechtsfolgen sind Insolvenzstatut und Sachstatut voneinander abzugrenzen.[66] Internationalinsolvenzrechtlich stellt sich also die Frage nach der inhaltlichen Reichweite des Insolvenzstatuts.[67] Es stellt sich aber auch die Frage, ob alle insolvenzrechtlich zu qualifizierenden Fragen einheitlich der *lex fori concursus* zugewiesen sein müssen. *Jahr* bemerkt in diesem Zusammenhang, daß oftmals, wenn von der Anwendung anderen Insolvenzrechts als desjenigen des Verfahrensortes gesprochen werde, es sich tatsächlich um Fragen des Sachstatutes handeln könne.[68] Gleichwohl, die Reichweite der zur Anwendung berufenen *lex fori concursus* muß sich nicht an der gleichen Grenze orientieren,

---

63 Firsching/von Hoffmann, § 3, Rn. 5 ff. m.w.N.; vgl. aber das UNCITRAL-MG, unten, S. 55

64 Reinhart, ZIP 1997, S. 1737 äußert, dies sei für Deutschland so erstmals in BGH, ZIP 1997, S. 39 gesagt worden. In der Tat wird meist nur unzureichend differenzierend von "Anerkennung des ausländischen Insolvenzverfahrens" gesprochen; Favoccia, S. 56 m.w.N.

65 Smart, Cross-Border Insolvency, S. 135, 139; vgl. auch Ebenroth, ZZP 1988, S. 136 ff. und Favoccia, a.a.O., Fn. 64 und S. 71 ff.

66 Jahr in Lüke/Prütting, Bd. 7, 18/145, Anm. A. III; Prütting, ZIP 1996, S. 1277

67 vgl. Häsemeyer, 2. Aufl., Rn. 35.02, S. 757

68 Jahr in Lüke/Prütting, Bd. 7, 18/145, Anm. D. I.

an der die Abgrenzung zwischen Insolvenz- und Sachstatut verläuft.[69] Es ist dies die Frage *erstens* nach der Qualifikation einer Rechtsfrage als insolvenzrechtlich und *zweitens* danach, ob das Insolvenzrecht der *lex fori concursus* sodann als Gesamtstatut berufen ist.[70]

c. Fazit

Das Universalitätsprinzip hat sich international durchgesetzt.

Die Grundentscheidung einer Rechtsordnung zur Universalität besagt aber nicht viel über den Ablauf des dort eröffneten Verfahrens. Reichweite und Ausgestaltung vor Verfahrenswirkungen im Ausland sind einzelfallabhängig.

Beispiele für gesonderte Anknüpfung bei grundsätzlicher Anwendung der *lex fori concursus* sind etwa das sog. „Untermassenmodell" oder die insolvenzrechtliche Anfechtung nach der *lex causae.* Das „Untermassenmodell"[71] trifft, bei verfahrensrechtlicher Universalität, die kollisionsrechtliche Entscheidung hinsichtlich der anzuwendenden Verteilungsordnung zugunsten der *lex rei sitae* der in den jeweiligen Rechtsordnungen belegenen Teilvermögen. Es trifft also im Rahmen eines einheitlichen Verfahrens die *Verteilungs*entscheidungen auf der Grundlage des Insolvenzrechts am jeweiligen Vermögensbelegenheitsort. D.h. es werden Untermassen aus dem im jeweiligen Staat belegenen Schuldnervermögen gebildet.

Ein weiteres Beispiel gesetzlich vorgesehener Beschränkung des Anerkennungsumfanges stellte § 237 KO dar. Bereits vom Gesetzgeber wurde darin angeordnet, daß ein ausländisches Insolvenzverfahren in Deutschland kein Verbot der Einzelzwangsvollstreckung bewirken kann.[72] Sehr weitgehend ist auch das amerikanische Recht, das dem Universalitätsanspruch ausländischer Insolvenzverfahren nicht entgegentritt, den Verwalter wegen in den USA belegenem Vermögen aber insgesamt auf ein Hilfsverfahren verweist, in welchem den amerikanischen Gerichten in Bezug auf Art und Umfang der Unterstützung ein großes Maß an Ermessen eingeräumt ist.[73]

---

69 Ebenroth, ZZP 1988, S. 139: "*Die Überschneidung der Statute ist derzeit kaum befriedigend zu bewältigen.*"

70 vgl. Stadler, IPRax 1998, S. 91, 92 f.; Ebenroth, ZZP 1988, S. 123, 138, Fn. 110

71 Ein solches Modell war vorgesehen in den europäischen Übereinkommensentwürfen von 1970, 1980 (Art. 44 ff.) und 1984, vgl. KTS 1981, S. 167 ff., ZIP 1980, S. 582 ff. und 1984, S. 1152 ff.; s.u., Fn. 268

72 vgl. Arnold in Gottwald, Handbuch, § 122, Rn. 38, S. 1251; Zu Art. 17 des Vorentwurfes von 1989 s.u., Fn. 104

73 i.e. s.u., 1. Kapitel, B. III., S. 32

Da nicht gewährleistet ist, daß die involvierten Rechtsordnungen trotz allseitigen Willens zur Universalität Zuständigkeits-, Rechtswahl- und Anerkennungsfragen und solche betreffs der Anerkennungskonsequenzen einheitlich handhaben,[74] bemißt sich der „Wert" des Universalitätsanspruches eines nationalen Insolvenzverfahrens nach alledem daran, wie effizient das Prinzip durchgeführt werden kann.[75] Realisierung universaler *par condicio creditorum* ist nach alledem jedenfalls keine automatische Folge des Universalitätsprinzips im Gegensatz zum Territorialitätsprinzip.[76]

d. Verfahrenseinheit und Verfahrenspluralität

Einigkeit der Rechtsordnungen über den Grundsatz der Universalität verhindert nicht, daß es in ein und derselben Insolvenz zur Eröffnung mehrerer Verfahren kommt. Der Anspruch eines ausländischen Insolvenzverfahrens auf Wirkungserstreckung kann mit einem parallelen inländischen Verfahren konfrontiert werden.[77] Kein Staat hat sich so weitgehend dem Universalitätsprinzip verschrieben, daß er trotz Eröffnung eines grundsätzlich anerkennungsfähigen ausländischen Verfahrens unter bestimmten Voraussetzungen nicht auch ein inländisches Verfahren zuläßt.[78]

Mehrere Verfahren können sich als universales Haupt- und territoriales Partikularverfahren gegenüberstehen. Es ist aber auch möglich, daß zwei Verfahren, die Universalität und somit das gesamte Schuldnervermögen beanspruchen, aufeinandertreffen.

Weder bedeutet also Universalität automatisch Verfahrenseinheit, noch kann Verfahrensmehrheit nur Konsequenz der Territorialität sein.[79] Gerade die neueren Ansätze universaler Bewältigung grenzüberschreitender Insolvenzen bauen

---

[74] zu letzterem Smart, Cross-Border Insolvency, S. 79 und auch Leipold in Festschrift für Schwab, S. 291, dahingehend, daß es kein Widerspruch zur Aussage ist, der Auslandskonkurs erfasse grundsätzlich auch das Inlandsvermögen, wenn man für eine bestimmte Rechtsfolge die Wirkung des Auslandskonkurses verneint.

[75] Häsemeyer, 2. Aufl., Rn. 35.08, S. 761

[76] vgl. die Formulierung des BGH in der sog. "Wendeentscheidung" von 1985, BGHZ 95, 256 (s.u., 1. Kapitel, B. I., S. 19): "*Das deutsche Konkursrecht geht (...) vom Universalitätsprinzip aus, das auf der Gleichbehandlung aller Gläubiger ("*par condicio creditorum*"), einem international anerkannten Grundsatz, beruht.*"

[77] und umgekehrt

[78] vgl. aber Art. 3 Deutsch-Österreichischer Konkursvertrag, dazu unten, S. 46

[79] Gleichwohl ist es ungleich wahrscheinlicher, daß es zwischen insolvenzrechtlicher Territorialität verhafteten Rechtsordnungen zu Verfahrensmehrheit kommt, als daß es bei universalistischen Rechtsordnungen bei Einheit bleibt.

auf den *eventualen* Einsatz von Verfahrensmehrheit, um das Ziel universalen Interessenausgleichs zu verfolgen.[80]

Unter der Geltung des Territorialitätsprinzips ist Verfahrensmehrheit zur insolvenzmäßigen Bewältigung grenzüberschreitender Insolvenzsachverhalte unumgänglich. Das ist bei Universalität nicht der Fall. Davon abgesehen besteht zwischen Universalität und Einheit aber kein zwingender begrifflicher Zusammenhang.

II. Ergebnis

Obwohl sich schon früh die Erkenntnis durchgesetzt hat, daß den Begriffen Universalität, Einheit, Territorialität und Pluralität kein allzu großer Aussagegehalt zukommt,[81] sind sie die Leitbegriffe des Internationalen Insolvenzrechts. Dem dogmatischen Streit um eine grundsätzliche Entscheidung ist heute aber die Erkenntnis gefolgt, daß die Probleme im Internationalen Insolvenzrecht mit der Entscheidung zugunsten des Universalitätsprinzips erst beginnen.[82] Es sei bedenklich, aus Prinzipien Antworten für Rechtsfragen ableiten zu wollen, die bei der Formulierung der Prinzipien noch gar nicht berücksichtigt wurden.[83]

Die Bewältigung von Insolvenzsachverhalten mit Auslandsbezug erfordert, die zur Abwicklung der Insolvenz erforderlichen verfahrensrechtlichen Wirkungen möglichst zeitgleich in allen betroffenen Staaten durchzusetzen[84] und die im Rahmen der Abwicklung auftretenden Probleme verfahrens-, anerkennungs- und kollisionsrechtlich sachgerecht zu lösen.

Im Folgenden werden die einzelnen Internationalen Insolvenzrechtssysteme im Überblick dargestellt.

---

80 Vgl. dazu i.e. unten, 2. Kapitel, B. II. 2., S.95; Trunk, International Insolvency Review 1994, S. 145

81 Paulus, ZIP 1998, S. 982, führt aus, schon *Meili* habe dies erkannt.

82 Westbrook/Trautman in Ziegel, S. 654; vgl. ferner Kuhn/Uhlenbruck, §§ 237, 238 Rn. 4, 16; Jaeger/Jahr, §§ 237, 238, Rn. 55; bereits Nadelmann, V U.T.L.J. 325, (1943 - 44), zitiert nach Aderhold, S. 64: "*The old dogmatic controversy in the civil law between those who declare bankruptcy "single and universal" and the others who hold it "multiple and territorial" has had but little effect internationally on the solution of the problem*"; Schmidt, Jürgen, S. 49 ff., zitiert nach Paulus, ZIP 1998, S. 982; Arnold in Gottwald, Handbuch, § 121, Rn. 3, S. 1233 f.; Koch/Magnus/Winkler von Mohrenfels, S. 223; vgl. zur Entwicklung in Deutschland Trunk in Gilles, S. 157, 187 f.; Fletcher, Insolvency, S. 717

83 Paulus, ZIP 1998, S. 982 unter Verweis auf Jaeger/Jahr, §§ 237/238, Rn. 54

84 "*International co-operation in extending such restraints quickly and completely around the world is the* sine qua non *for any system that hopes for real fairness and predictability*", Westbrook/Trautman in Ziegel, S. 655, 658

B. Autonome Internationale Insolvenzrechte

I. Deutschland

1. Konkursordnung

Vor dem 1.1.1999 war es streng genommen formal unzutreffend, in Deutschland von Internationalem „Insolvenz“-recht zu sprechen. Das Sachrecht der Bundesrepublik[85] hat traditionell zwischen Konkursrecht und Vergleichsrecht getrennt. Die Konkursordnung beinhaltete in §§ 237 und 238 eine wenig ausführliche Regelung des deutschen Internationalen Konkursrechts. Die Vergleichsordnung beinhaltete nichts dergleichen. Gleichwohl waren herrschende Meinung und Rechtsprechung schon vor Inkrafttreten der InsO einhellig der Auffassung, daß für Konkurs- und Vergleichsrecht grundsätzlich die gleichen Kollisionsregeln gälten.[86] Der BGH hat im Jahre 1996 diesen Schritt zu einem einheitlichen Internationalen "Insolvenz"-Recht faktisch vollzogen,[87] ehe zum 1.1.1999 die Zweigleisigkeit des Sachrechts in Deutschland ohnehin entfallen ist.

1985 hat der BGH erstmals ausländische Konkursverfahren in Deutschland für grundsätzlich anerkennungsfähig erklärt.[88] Das deutsche Internationale Insolvenzrecht war bis dahin von territorialer Abschottung gegenüber ausländischen Verfahren bei gleichzeitiger Inanspruchnahme universeller Wirkung in Deutschland eröffneter Verfahren geprägt.[89] Mit seiner Entscheidung vom 11.7.1985 zog der BGH die Konsequenzen aus der anhaltenden und intensiven Kritik[90] an der damaligen deutschen Rechtswirklichkeit. Er entschied, die ausländische Verfahrenseröffnung sei ein anerkennungsfähiger Hoheitsakt, weil der ausgelöste Konkursbeschlag nicht dem ausländischen Staat, sondern allen Gläubigern zu dienen bestimmt sei. Nur mittels Anerkennung seien einheitliche Ge-

---

85 Zum Insolvenzrecht im Beitrittsgebiet vor dem 1.1.1999 vgl. Gottwald, Nachtrag, S. 1f.; allg.: vgl Smid und Unterberger; Seit dem 1.1.1999 gilt die neue InsO in der gesamten Bundesrepublik

86 zum Entwicklungsstand nach KO und VglO vor Einführung der InsO vgl. Reinhart, ZIP 1997, S. 1734 ff.

87 BGH ZIP 1997, S. 39 ff., "*Norsk Data*"; vgl. auch Gottwald/Pfaller, IPRax 1998, S. 170, 173 zur Anerkennung ausländischen Zwangsvergleichs; ferner Stadler, IPRax 1998, S. 91, 92

88 BGHZ 95, 256

89 s.o., Fn. 52; Der BGH befand die Bereitschaft zur Anerkennung ausländischer Verfahren also *erforderlich* zur Realisierung von Gläubigergleichbehandlung. Er hat nicht gesagt, daß dies auch *hinreichend* sei

90 vgl. dazu schon die Angaben bei Mentzel/Kuhn, 8. Aufl, § 237, Rn. 1; ferner Kilger, § 237 sowie die weiteren Nachweise in Kilger/Schmidt, § 237, Anm. 2d

samtliquidation und Gläubigergleichbehandlung erreichbar.[91] Wirksamer Gläubigerschutz sei durch die Möglichkeiten eines Inlandskonkurses gewährleistet.

Die Entscheidung ist allseits begrüßt worden.[92] Sie entspreche der "internationalprivatrechtlichen Gerechtigkeit" und den Bedürfnissen moderner Wirtschaft, der eine nach Staatsgrenzen aufgeteilte Haftung nicht gerecht werde.[93] Der genaue Aussagegehalt der Entscheidung, insbesondere hinsichtlich der Öffnung des Inlands für ausländische Konkurswirkungen im einzelnen und zur konkreten Gestalt der Anerkennung, darf gleichwohl nicht überschätzt werden.[94]

Soweit es im entschiedenen Fall um die Aktivlegitimation des ausländischen Verwalters ging, ist anzumerken, daß sie auch von Rechtsordnungen gewährt wird, die der Territorialität verhaftet sind.[95] Jedenfalls kann die Existenz einer einheitlichen Kollisionsnorm zugunsten der *lex fori concursus* aus dem Wortlaut der Entscheidung nicht gefolgert werden.

Das deutsche Internationale Insolvenzrecht gestaltete sich unter der KO (d.h. für alle *vor* dem 1.1.1999 beantragten[96] Verfahren) nach alledem wie folgt:

Gemäß § 5 KO sind in- und ausländische Gläubiger konkursrechtlich grundsätzlich gleichgestellt. Ausländische Gläubiger nehmen auf genau die gleiche Weise am Verfahren teil, wie inländische. Die ihnen dabei zukommende Stellung weicht durch nichts von der inländischer Gläubiger ab. Dies gilt nicht ausnahmslos, denn Forderungen aus ausländischem öffentlichen Recht können entweder gar nicht am Verfahren teilnehmen, oder ihnen werden Vorrechte vorenthalten, die gleichartigen inländischen Forderungen zukommen. Mit diesen Gesichtspunkten befaßt sich das dritte Kapitel.[97]

Die örtliche Zuständigkeit richtet sich gemäß § 71 KO nach der gewerblichen Niederlassung oder dem allgemeinen Gerichtsstand des Schuldners. Nach der Konkursordnung eröffnete Insolvenzverfahren sind universal, wollen also auch alles im Ausland belegene Vermögen erfassen, wenn der Schuldner einen allgemeinen Gerichtsstand im Inland hat. Hat er den nicht, sondern allein eine ge-

---

[91] s.o., Fn. 76

[92] Kuhn/Uhlenbruck, §§ 237, 238, Rn. 17 m.w.N.; Kilger, § 237, Anm. 2d, S. 632 f.

[93] Arnold in Gottwald, Handbuch, § 122, Rn. 14, S. 1246

[94] Der BGH habe "... *wahrscheinlich eine allmähliche Öffnung des deutschen Inlands für ausländische Konkurswirkungen eingeleitet*", Flessner, ZIP 1989, S. 749

[95] vgl. etwa Fletcher in Fletcher, Studies, S. 285

[96] Art. 103 EGInsO

[97] s.u., S. 115 ff.

werbliche Niederlassung im Inland, kann dennoch ein territorialer, d.h. auf das in Deutschland belegene Vermögen beschränkter Konkurs eröffnet werden.[98]

Für Konkursverfahrens- und für materielles Insolvenzrecht gilt wie bereits erwähnt als Ausgangspunkt auch nach deutschem Recht die grundsätzliche Maßgeblichkeit der *lex fori concursus*. Das gilt auch unter der KO, mit der Ausnahme der Konkursanfechtung, die als dem Recht folgend angesehen wird, das auch allgemein über die Wirksamkeit der betroffenen Rechtshandlung entscheidet, wobei der BGH sich schließlich - nicht zuletzt im Hinblick auf das nahende Inkrafttreten des Art. 102 Abs. 2 EGInsO - dem von der Praxis geforderten Erfordernis kumulativer Anfechtbarkeit auch nach der *lex fori concursus* anschloß.[99]

Ausländische Verfahren werden unter der KO – seit der Wende der Rechtsprechung - grundsätzlich anerkannt, vorausgesetzt, es handelt sich um Insolvenzverfahren[100] und das Gericht des eröffnenden Staates ist international zuständig, was per spiegelbildlicher Anwendung unserer eigenen Zuständigkeitsregeln geprüft wird; vorausgesetzt ferner, das jeweilige Verfahren beansprucht selbst Wirkung im Ausland; vorausgesetzt schließlich, daß das Verfahren wirksam eröffnet wurde und die Anerkennung nicht den deutschen *ordre public* verletzt.[101]

Als systemwidrige Besonderheit sieht die Konkursordnung in § 237 die Möglichkeit zur Individualzwangsvollstreckung in im Inland belegenes Vermögen trotz ausländischer Konkurseröffnung vor. Diese Vorschrift, die über Jahrzehnte Reichsgericht und BGH dazu diente, eine territoriale Zurückhaltung gegenüber

---

98 Der Vollständigkeit halber: wer im Inland ein Gut bewirtschaftet, konnte bisher trotz fehlendem allgemeinen Gerichtsstand und fehlender Niederlassung im Inland Gemeinschuld-ner eines deutschen Partikularverfahrens werden, § 238 Abs. 2 KO

99 BGH ZIP 1997, S. 150; Jahr in Lüke/Prütting, Bd. 7, 18/145; Gottwald/Pfaller, IPRax 1998, S. 170

100 Soweit bei bestimmten sanierungslastigen Verfahren eine Qualifikation als Insolvenzverfahren zweifelhaft sein könnte, hat die Rspr. auf den *ordre public* verwiesen. Das heißt, daß demnach die wirtschaftspolitische Ausrichtung eines Verfahrens keine Auswirkungen auf die Qualifikation zeitigt oder, anders gesagt, daß der Begriff der Insolvenz im Rahmen der Qualifikation weit ausgelegt wird. Vgl. Hanisch in Festschrift für Jahr, S. 459 f. Lebenssachverhalt wirtschaftlichen Zusammenbruchs und Eingreifen zwecks kollektiver Lösung sind entscheidend, nicht der vorgesehene Lösungsweg, vgl. Reinhart, ZIP 1997, S. 1736. Das mag zwar dogmatisch je nach konkreter Verfahrensausgestaltung im Einzelfall zweifelhaft erscheinen, es ist aber in jedem Falle ein praktikables Ergebnis.

101 BGHZ 95, 256; Jahr in Lüke/Prütting, Bd. 7, 18/145, D.II.; allgemein: Aderhold, Auslandskonkurs im Inland; Summ, Anerkennung ausländischer Konkursverfahren in der Bundesrepublik Deutschland; Pielorz, Auslandskonkurs und Disposition über das Inlandsvermögen

ausländischen Insolvenzverfahren zu begründen,[102] gilt heute als eng auszulegende Ausnahmevorschrift, die für ab dem 1.1.1999 beantragte Verfahren[103] nachhaltigen Forderungen der Lehre folgend entfallen ist.[104]

2. Insolvenzordnung

Der Stand des seit dem 1.1.1999 nach der InsO geltenden deutschen Internationalen Insolvenzrechts reflektiert das nicht zufriedenstellende Ergebnis einer wechselhaften Entwicklung. Bereits zu Beginn des Entstehens der neuen Insolvenzordnung hatte man das Internationale Insolvenzrecht hauptsächlich im Hinblick auf die Harmonisierungsbestrebungen im Rahmen der Europäischen Gemeinschaften und des Europarates ausgeklammert. Das Bundesministerium für Justiz beschloß indessen dann doch, den Versuch zu unternehmen, ein eigenes, ausführlicher kodifiziertes, modernes Internationales Insolvenzrecht auf der Grundlage des von der Rechtsprechung entwickelten Rechtsstandes auf den Weg zu bringen.[105] Die auf diese Initiative hin entstandenen §§ 379 - 399 des Entwurfes zur Insolvenzordnung wurden vom Rechtsausschuß des Deutschen Bundestages wieder gestrichen, mit der gleichen Erwägung, man wolle auf das sich seinerzeit ankündigende Übereinkommen der Mitgliedsstaaten der Europäischen Union warten, um nicht kurz vor dessen Fertigstellung einen unter Um-

---

[102] s.o., Fn. 52

[103] s.o., Fn. 96

[104] Der "Vorentwurf von Vorschriften zur Neuordnung des Internationalen Insolvenzrechts" vom 1.3.1989, den das BMJ dem Deutschen Rat für Internationales Privatrecht zur Beratung unterbreitete (Stoll, Stellungnahmen und Gutachten, S. V), sah noch eine Umgestaltung des Inhalts von § 237 KO vor, mit dem Argument, es bestehe ein Bedürfnis, hoch bewerteten Inlandsinteressen notfalls im Wege der Einzelrechtsverfolgung zur Durchsetzung zu verhelfen, vgl. Begründung zum Vorentwurf in Stoll, Stellungnahmen und Gutachten, S. 21, Anm. 45; Danach sollten gemäß Art. 17 des Vorentwurfes alle Einzelverfolgungsmaßnahmen (einschließlich des Erstreitens von Titeln) jenen Gläubigern trotz anerkennungsfähigem ausländischen Universalverfahren zur Verfügung stehen, denen die Teilnahme an Auslandsverfahren wegen eines intensiven Inlandsbezugs nicht zuzumuten sei (Dienstverpflichtete und Niederlassungsgläubiger, Abs. 1 Nr. 2 und 3), denen öffentlich-rechtliche Forderungen zustehen (Abs. 1 Nr. 1) oder deren Forderungen nicht zur Teilnahme an dem ausländischen Verfahren berechtigen (Abs. 1 Nr. 4), vgl. Begründung zum Vorentwurf, a.a.O.; Art. 17 sollte auch materiellen Zuweisungsgehalt haben, Herausgabeansprüche an die Masse also ausschließen. Begrenzt werden sollte die Rechtsverfolgungsmöglichkeit allein durch ein Recht des ausländischen Verwalters, nach Abs. 2 S. 1 zeitweise Einstellung zu erlangen. Art. 17 hat keinen Niederschlag im neuen deutschen Insolvenzrecht gefunden; Zum Ausbleiben der Untersagung der Individualvollstreckung bei ausländischem Verfahren in weiteren Rechtsordnungen vgl. Kirchhof, WM 1993, S. 1401, Fn. 76

[105] Stoll, Stellungnahmen und Gutachten, S. V. und Begründung zu § 379-399 RegEInsO in Stoll, ebd., S. 144 unter 1. ,S. 145 unter 2. und auch S. 147 unter 4.

ständen abweichenden Entwurf dagegen zu setzen.[106] Man wollte zu gegebener Zeit prüfen, inwieweit eine Übernahme der im Übereinkommen vorgesehenen Regelungen auch für das Verhältnis zu Drittstaaten geeignet sei.[107]

Das hat dazu geführt, daß einerseits das Internationale Insolvenzrecht in Art. 102 EGInsO nur rudimentäre Normierung erfuhr, obwohl andererseits das Inkrafttreten eines Europäischen Insolvenzübereinkommens zunächst wieder in weite Ferne zu rücken schien.[108]

Für in Deutschland eröffnete Insolvenzverfahren gilt nach Art. 102 EGInsO: Sie beanspruchen universale Geltung. Die Eröffnungszuständigkeit ist unverändert geblieben, wurde aber um einen Faktor erweitert: Sie folgt dem Mittelpunkt der wirtschaftlichen Tätigkeit des Schuldners, wenn dieser von seinem allgemeinen Gerichtsstand abweicht, § 3 Abs. 1 S. 2 InsO.

Nach Art. 102 Abs. 1 S. 1 EGInsO erfaßt ein ausländisches Insolvenzverfahren auch das im Inland belegene Schuldnervermögen. Voraussetzung ist die internationale Zuständigkeit des eröffnenden Gerichts sowie die Abwesenheit eines Verstoßes gegen den *ordre public* (Unvereinbarkeit mit den wesentlichen Grundsätzen deutschen Rechts). Art. 102 Abs. 2 EGInsO regelt einen singulären Aspekt internationalen Insolvenzrechts, nämlich das internationale Anfechtungsrecht. Danach kann eine inländischem Recht unterliegende Rechtshandlung nur erfolgreich angefochten werden, wenn ihr Bestand *auch* nach inländischem Recht angreifbar ist (also kumulativ zur *lex fori concursus* nach der *lex causae*).[109] Schließlich erlaubt Art. 102 Abs. 3 S. 1 EGInsO schon bei im Inland belegenem Schuldnervermögen deutsche territoriale Partikularverfahren, ungeachtet der Anerkennung ausländischer Verfahren. Das Erfordernis einer Niederlassung im Inland ist weggefallen.[110]

Die Regelungen des Art. 102 EGInsO entsprechen dem bisherigen von der Rechtsprechung geprägten deutschen autonomen Insolvenzrecht auf der Grundlage von §§ 237 und 238 KO ebenso wie dem Inhalt von Art. 22 GesO.[111] Neu

---

106 Braun/Uhlenbruck, S. 155, 156, Stoll, Vorschläge und Gutachten, S. V.

107 Flessner, IPRax 1997, S. 1 und s.o., Fn. 25

108 Als die Zeichnungsfrist für das EuInsÜ verstrichen war, ohne daß das Vereinigte Königreich das Abkommen gezeichnet hatte, schien die Beurteilung von Flessner, IPRax 1997, S. 1 f., eine europäische Ordnung für grenzüberschreitende Insolvenzen sei in unmittelbare Nähe gerückt, zunächst unzutreffend. So auch Paulus, ZIP 1998, S. 977, 978

109 Das entspricht - spiegelbildlich - der oben, Fn. 99, genannten Forderung

110 Dies unterscheidet Art. 102 Abs. 3 S. 1 EGInsO nicht nur von § 238 KO, sondern auch von der Regelung in Art. 3 Abs. 2 EuInsVO. Letztere knüpft die Zuständigkeit an die Existenz einer Niederlassung, s.u., 1. Kapitel, C. III., S. 48

111 Flessner, IPRax 1997, S. 1, 2

ist die in Art. 102 Abs. 2 EGInsO enthaltene Regelung zum Anfechtungsrecht, ebenso der Wegfall der Möglichkeit zur Individualzwangsvollstreckung in im Inland belegenes Vermögen, § 237 KO, und die Verbreiterung der Zuständigkeitsregelungen.

Art. 102 ist gedacht als eine den bisherigen Rechtszustand fortschreibende Grundlagenbestimmung. Daher sind bei seiner Anwendung die Vorarbeiten zum Regierungsentwurf heranzuziehen, dessen Streichung nicht auf inhaltlichen Gründen beruhte.[112] Da die §§ 379-399 des Regierungsentwurfs insbesondere mit Blick auf das zunächst vermeintlich nahende Europäische Abkommen gestrichen wurden, sind, soweit es uns bekannte Regelungen enthält, auch dessen Vorarbeiten berücksichtigungsfähig.[113] Daher ist es z. B. nicht abwegig, auch nach deutschem Recht die Existenz einer Anrechnungspflicht bzgl. im Ausland erlangten Quoten auf die im Inland zu erzielende Quote anzunehmen.[114] Einer *Herausgabe*pflicht von in ausländischen Parallelverfahren Erlangtem hat der BGH jedenfalls zutreffend eine Absage erteilt.[115] Das steht aber der *Anrechnung* auf die Quote (d.h. nicht lediglich auf die im Inland angemeldete Forderung)[116] nicht entgegen. Darüber ist in Deutschland bisher nicht entschieden. In der Literatur wird sie angenommen.[117]

Das neue deutsche Internationale Insolvenzrecht äußert sich nicht mehr explizit zur Gleichstellung in- und ausländischer Gläubiger. Dies deshalb, weil § 5 KO ohnedies rein deklaratorischer Charakter zukomme. Die Gleichstellung sei dem Insolvenzrecht inhärent, ohne daß es ihrer ausdrücklichen Erwähnung bedürfe.[118] Bezüglich der Teilnahme von Forderungen aus ausländischem öffentlichem Recht ändert sich durch das Inkrafttreten der InsO explizit zunächst nichts, abgesehen von dem Umstand, daß eine Diskriminierung von Forderungen aus öffentlichem Recht, wenn sie teilnahmeberechtigt sind, nicht mehr in

---

112 Flessner, a.a.O., Fn. 111: Sie seien aus Gründen legislatorischer Ökonomik zurückgestellt

113 Prütting, ZIP 1996, S. 1277; Flessner, a.a.O., Fn.111, verweist auch darauf, daß Dr. Manfred Balz sowohl im BJM für den RegE mitverantwortlich war, als auch Vorsitzender der den Übereinkommensentwurf erarbeitenden Arbeitsgruppe; zum EuInsÜ s.u., 1. Kapitel, C. II., S. 48

114 Art. 20 Abs. 2 EuInsVO; s.u., 2. Kapitel, B. II. 2. e., S. 102

115 Im Gegensatz zur Herausgabepflicht von im Ausland per Individualvollstreckung Erlangtem, BGHZ 88, 147

116 Durch Zahlung der Auslandsquote tritt *insoweit* Erfüllung ein, vgl. Kuhn/Uhlenbruck, §§ 237, 238, Rn. 93

117 Hanisch, ZIP 1989, S. 273, 279; Hess, KO, § 238, Rn. 12; Trunk in Gilles, S. 195; Arnold in Gottwald, Handbuch, § 122, Rn. 85, S. 1264; vgl. zum Streitstand Mohrbutter, Peter, S. 179 f.

118 Begründung zum Referentenentwurf 1990, S. 8 in Stoll, Stellungnahmen und Gutachten, S. 290 f.

Betracht kommt, da Vorrechte, die ihnen vorenthalten werden könnten, nicht mehr existieren.[119]

3. §§ 379 – 399 Regierungsentwurf zur Insolvenzordnung

Die Regelungen in den §§ 379 – 399 RegEInsO[120] waren erheblich ausführlicher.[121]

Neu wäre die ausdrückliche umfassende Kollisionsnorm zugunsten der *lex fori concursus* gewesen, ebenso wie die klaren Sonderanknüpfungen, die ausdrückliche Eintragungsoption für ausländische Verwalter, die ausdrückliche Anordnung der Unterbrechung inländischer Prozeße durch ausländische Verfahren, das Erfordernis eines besonderen Interesses des Antragstellers auf Eröffnung eines Parallelverfahrens, die Ausdehnung der Eröffnungszuständigkeiten für dieses auf bloße Vermögensbelegenheit und schließlich die Normierung von Kooperationsregeln.

4. Ausblick

Es wird nunmehr abzuwarten sein, wie sich das deutsche Internationale Insolvenzrecht in der praktischen Anwendung mangels solch detaillierter Regelung

---

119 Eine andere Frage ist die nach der Schlechterstellung gegenüber der *lex fori concursus* des Herkunftslandes, wenn dort Vorrechte vorgesehen wären

120 mit Begründung abgedruckt in Kübler/Prütting, Bd. 1, S. 632 ff.

121 Eingangs wurde die grundsätzliche insolvenzrechtliche Anknüpfung an die *lex fori concur-sus* als allseitige Kollisionsnorm postuliert. Es folgten Sonderanknüpfungen für Miet- und Pacht- sowie Arbeitsverhältnisse und für die Insolvenzanfechtung (kumulative Anfechtbarkeit als Voraussetzung). Der Entwurf sah ausdrücklich eine Herausgabepflicht bezüglich im Ausland auf Kosten der Masse außerhalb von Parallelverfahren Erlangtem vor. Die Anerkennung ausländischer Verfahren knüpfte ebenfalls an die Faktoren internationale Zuständigkeit und die Beachtung des *ordre public* an. Der ausländische Verwalter sollte guten Glauben in die Verfügungsbefugnis des Gemeinschuldners durch Eintrag ins Grundbuch verhindern können. Das Schicksal dinglicher Rechte wurde der *lex rei sitae* unterworfen. Rechtsstreitigkeiten im Inland sollten auch durch ausländische Verfahren unterbrochen werden. Es war ausdrücklich bestimmt, daß es zur Vollstreckung im Inland aus im Rahmen des Verfahrens ergangenen Entscheidungen eines Vollstreckungsurteils nach §§ 722 Abs. 2, 723 Abs. 1 ZPO bedürfe. Die Zuständigkeit für die Eröffnung von Parallelverfahren war ebenfalls schon bei bloßer Vermögensbelegenheit im Inland gegeben. Die Eröffnung eines solchen Parallelverfahrens auf Antrag eines Gläubigers sollte den Nachweis eines besonderen Interesses erfordern. Ferner waren Regelungen zur Kooperation zwischen mehreren Verfahren vorgesehen: Der Verwalter des inländischen Parallelverfahrens sollte die dort angemeldeten Forderungen in ausländischen Verfahren anmelden und damit verbundene Stimmrechte wahrnehmen können (ohne daß dies die Rechte der Gläubiger beschneiden sollte). Ferner sollte der inländische Verwalter zur umfassenden Kommunikation mit dem ausländischen Verwalter verpflichtet sein. Zu guter Letzt sah der Entwurf die Pflicht vor, eventuellen Überschuß an das ausländische Verfahren auszukehren.

entwickelt. Der nächste von der Lehre ganz überwiegend geforderte Schritt scheint vollzogen. Nachdem die BGH-Entscheidung von 1988, wonach insbesondere Gründe der Rechtssicherheit einer Unterbrechung inländischer Prozesse durch ausländische Insolvenzverfahren entgegenstanden,[122] viel Kritik nach sich gezogen hatte[123] und eine explizite gesetzliche Neuregelung der Frage unterblieben war, steht ein Urteil zu dieser Frage zwar nach wie vor aus. Nach einem Vorlagebeschluß des IX. Zivilsenats des BGH vom 26.11.1997 an den Gemeinsamen Senat der obersten Gerichtshöfe des Bundes soll die unterbrechende Wirkung aber heute eingeräumt werden.[124] Die *ratio legis* des § 240 ZPO treffe auch auf anerkennungsfähige Auslandsverfahren zu, jedenfalls soweit nach ausländischem Recht die Prozeßführungsbefugnis auf den Verwalter übergeht.[125] Dabei ist allerdings zunächst zu prüfen, ob das Konkursstatut eine solche Unterbrechung vorsieht.[126] Im Ergebnis dürfte die Frage in der Sache somit als geklärt anzusehen sein.[127] Das Verfahren vor dem Gemeinsamen Senat wurde eingestellt, nachdem der I. Senat des BFH beschlossen hatte, sich der Rechtsauffassung des BGH aus dem Vorlagebeschluß anzuschließen.[128]

Im Ergebnis bleibt schließlich abzuwarten, ob die EuInsVO legislative Maßnahmen in Deutschland im Bereich des autonomen Internationalen Insolvenzrechts nach sich zieht. Eine Umsetzung in deutsches Recht bedarf es wegen der unmittelbaren Wirkung naturgemäß nicht.

II. Vereinigtes Königreich

Zunächst ist im Vereinigten Königreich zu trennen zwischen dem Recht Englands und Wales, Schottlands sowie Nordirland.[129] Die folgende Übersicht beschränkt sich auf das Recht Englands und Wales.

---

[122] BGH ZIP 1988, S. 1200

[123] Kuhn/Uhlenbruck, §§ 237, 238, Rn. 77 m.w.N.

[124] ZIP 1998, S. 659; KTS 1998, S. 198

[125] Wimmer in Wimmer, Anh. 1, Rn. 300

[126] Mincke in Nerlich/Römermann, Art. 102 EGInsO, Rn. 264

[127] Wimmer in Wimmer, Anh. 1, Rn. 300; Mincke in Nerlich/Römermann, a.a.O., Fn. 126; Hess, InsO, Art. 102, Rn. 120 ff.

[128] Bereits vorher hatte der IX. Zivilsenat des BGH durch Beschluß vom 13.5.1997 (KTS 1997, S. 645) beim I. Zivilsenat und beim Kartellsenat angefragt und die Antwort erhalten, daß beide an ihrer bisherigen Rechtsauffassung nicht festhielten, daß § 240 ZPO zugunsten ausländischer Konkursverfahren nicht greife. Der dem Vorlagebeschluß zugrundeliegende Rechtsstreit ist außergerichtlich vergleichsweise beigelegt worden, weshalb eine Sachentscheidung unterblieb, vgl. KTS 1998, S. 198

[129] Dicey and Morris, S. 1164; Woloniecki, ICLQ 1986, S. 644, 649; Fletcher in Fletcher, Studies, S. 276 f.

Wie das Insolvenzrecht selbst ist das Internationale Insolvenzrecht geteilt in das der *individuals* (*bankruptcy*) und jenes der *corporations* (*winding up*). Es ist mit Ausnahme von Sec. 265 und 426 Insolvency Act (I.A.) 1986[130] nicht gesetzlich geregelt.

1. Bankruptcy

Die Eröffnungszuständigkeit englischer Gerichte folgt Sec. 265 (1) I.A. 1986 und bestimmt *domicile*, tatsächliche Gegenwart des Schuldners in England, *residence* in den letzten drei Jahren und *carrying on of business* als alternative Grundlagen. Vom Grundsatz her sind englische Verfahren nicht territorial beschränkt.[131] Das Kriterium bloßer Gegenwart des Schuldners im Inland und der Umstand, daß *carrying on of business* sehr weit ausgelegt wird,[132] zeigen, daß es kaum einen Sachverhalt mit irgend einem Bezug nach England geben dürfte, in dem sich nicht eine englische Zuständigkeit begründen ließe.

Für den Umgang mit ausländischen Verfahren gilt: Sec. 426 sieht die automatische, beschränkte Anerkennung von überall im Vereinigten Königreich eröffneten Verfahren vor. Das betrifft aus der Perspektive Englands namentlich Verfahren in Schottland oder Nordirland.[133] Ferner wird die Möglichkeit zur Rechtshilfe auch gegenüber Rechtsordnungen jenseits des Vereinigten Königreichs eröffnet, nämlich gegenüber "*any relevant country or territory*". Deutschland, Frankreich oder die Vereinigten Staaten fallen nicht darunter.[134]

Jenseits des Anwendungsbereiches von Sec. 426 I.A. 1986, also auch im Verhältnis zu Deutschland, sind ausländische Verfahren über das Vermögen von *individuals* anerkennungsfähig, die am Ort seines *domicile* oder an einem Ort seiner geschäftlichen Tätigkeit eröffnet wurden, oder deren Zuständigkeit der Schuldner sich unterworfen hat. Verläßliche grundlegende Rechtsprechung

---

130 Woloniecki, ICLQ 1986, S. 644, 649

131 Fletcher in Fletcher, Studies, S. 277 und 281

132 Fletcher, a.a.O., Fn. 131: Es genügen noch offene, in England zu begleichende Forderungen, einschließlich Steuerforderungen

133 Sec. 426 (1) und (2) I.A.; Totty/Jordan, Anm. H 26.03, S. 26/2; Woloniecki, ICLQ 1986, S. 644, 649 ff.

134 "*any relevant country*" wird konkretisiert durch Abs. 11 i.V.m. besonderem ministeriellen Erlaß. Es handelt sich durchweg um Gebiete historischer Verbundenheit zum Vereinigten Königreich, wie Australien, Gibraltar, Neuseeland und andere, vgl. Aderhold, S. 92; Das Bemerkenswerteste an Sec. 426 ist eine Formulierung im Hinblick auf die Auswahl der heranzuziehenden Rechtswahlregeln: „*In exercising its discretion...a court shall have regard to the rules of private international law*". Die konkrete Bedeutung dieser Bestimmung, nach welcher die Anwendung von Kollisionsrecht offenbar ermessensabhängig ist, ist auch in England nicht klar, Lewis, Insolvency Law and Practice 1988, S. 156; vgl. Aderhold, S. 91 f.; Dicey and Morris, S. 1164 f.

neuerer Zeit gibt es dazu allerdings nicht.[135] Als weitere anerkennungsfähige Eröffnungszuständigkeiten werden *residence*, aber auch ganz allgemein die Grundsätze der *comity* diskutiert.[136] Traditionell galt nur die Zuständigkeit des Gerichts am Wohnsitz des Schuldners als anerkennungsfähig, was zurückgeht auf den ursprünglichen Rückgriff auf die Kollisionsregel bei freiwilligem Vermögensübergang, "*mobilia sequunt personam*".[137] Es gewann aber schließlich die Erkenntnis Oberhand, daß es sich im Insolvenzfalle nicht um freiwilligen Vermögensübergang handelt.[138]

Englisches Insolvenzrecht ist durch eine einschneidende Unterscheidung gekennzeichnet: Verfahren über *individuals* beinhalten einen Eigentumsübergang vom Schuldner auf den Verwalter. Im *company winding up* hingegen ist das nicht der Fall. Bezüglich in England belegenen beweglichen Vermögens wird ein solcher nach der ausländischen *lex concursus* vorgesehener Eigentumsübergang bei Verfahren über *individuals* dementsprechend akzeptiert.[139] Soweit ein ausländischer automatischer Eigentumsübergang in England anerkannt wird, bedeutet dies in der Konsequenz, daß das so erfaßte Vermögen nicht mehr in später eröffnete Inlandsverfahren fallen kann. Ein solcher Eigentumsübergang wird jedoch nicht in bezug auf englischen Grund und Boden akzeptiert, wobei allerdings ausländische Verwalter auch hier mit der Unterstützung englischer Gerichte bei der Nutzbarmachung für die Masse rechnen können.[140]

Die Anerkennung ausländischer Verfahren findet anders als in Frankreich nicht in den Bahnen der Urteilsanerkennung statt. Diese würden der Insolvenzsituation nicht gerecht, da sie in ihren Wirkungen breiter gefächert sei und vor allem auch Rechte Dritter berühre.[141]

Einer Anerkennung ausländischer Verfahren entgegenstehen können der Grundsatz der *public policy*, *fraud* und *natural justice* und schließlich auch der Grundsatz der Nichtdurchsetzbarkeit ausländischen Strafrechts ebenso wie Steuerrechts.[142]

---

[135] Dicey and Morris, S. 1173; Morse in Rajak, S. 201, 215

[136] Dicey and Morris, S. 1174, Smart, Cross-Border Insolvency, S. 96, 97, 109

[137] Smart, Cross-Border Insolvency, S. 81 f.

[138] Smart, Cross-Border Insolvency, S. 82

[139] Fletcher in Fletcher, Studies, S. 287

[140] Fletcher, a.a.O., Fn. 139, S. 287 f.

[141] Florian, S. 66 f.; Smart, Cross-Border Insolvency, S. 253

[142] Smart, Cross-Border Insolvency, S. 117 ff.

2. Corporations

Im Hinblick auf die auch hier einschlägige Sec. 426 I.A. gilt das unter 1. Ausgeführte uneingeschränkt entsprechend. Im Falle grenzüberschreitender Insolvenzen mit Bezug zu den hier untersuchten Rechtsordnungen ist Sec. 426 I.A. nicht einschlägig. Englische Gerichte sind grundsätzlich für Verfahren über nach englischem Recht gegründete Gesellschaften zuständig, unabhängig davon, wo diese ihre Tätigkeit entfalten.[143] Ausländische Gesellschaften fallen als "*unregistered companies*" unter Sec. 220 I.A. 1986 und können daher auf der Grundlage von Sec. 221 I.A. 1986 Gegenstand eines englischen Verfahrens sein. Die von der Rspr. herangezogenen Zuständigkeitskriterien sind in England belegenes *branch office*, *presence of assets*, letzteres wenn es vor Ort berechtigterweise verteilungsinteressierte Personen gibt, oder schlicht die Möglichkeit, daß Gläubiger nur auf dem Weg eines in England betriebenen Verfahrens einen Vorteil erfahren, auch wenn dieser nicht unmittelbar aus der Masse fließt.[144]

Ausländische Verfahren sind anerkennungsfähig, wenn sie in der Rechtsordnung des Gründungsstatuts durchgeführt werden und wohl auch, wenn sie dort *anerkannt* werden.[145] Anerkennungsfähig sind u.U. auch Verfahren, die als "*ancillary*" im Ausland spiegelbildlich zu den einem englischen Gericht eigenen Möglichkeiten eröffnet wurden. Dabei ist jedoch der genaue Umfang anerkennungsfähiger Gerichtsstände heute nicht sicher.[146] Es kann nicht sicher davon ausgegangen werden, daß alle ausländischen Verfahren, die auf der Grundlage *englischen* Gerichten zugestandener Zuständigkeiten eröffnet wurden, anerkannt werden würden.[147] Es gilt andererseits heute als unwahrscheinlich, daß eine internationale Zuständigkeit auf der Grundlage geschäftlicher Tätigkeit nicht anerkannt werden würde. Unklar ist die Situation für eine auf bloße Vermögensbelegenheit gestützte Zuständigkeit.[148] Vielleicht kann das Kriterium der "*sufficient connection*" des Schuldners zum Ort der Verfahrenseröffnung als Orientierungs-

---

143 Das korrespondiert zur im englischen IPR angewandten sog. Gründungstheorie, nach der für die Rechtsbeziehungen einer Gesellschaft das Recht maßgeblich ist, nach welchem sie gegründet wurde, im Gegensatz zur Sitztheorie, nach der an den tatsächlichen Sitz der Hauptverwaltung angeknüpft wird, vgl. Firsching/v. Hoffmann, § 7, Rn. 24

144 Smart, Cross-Border Insolvency, S. 57 ff.; Morse in Rajak, S. 203 ff.; Verfahren über ausländische Gesellschaften auf der Grundlage bloßer Vermögensbelegenheit nehmen wohl keine universale Wirkung in Anspruch, vgl. Fletcher in Fletcher, Studies, S. 281

145 vgl. Fn. 143

146 Morse in Rajak, S. 215; Smart, Cross-Border Insolvency, S. 83 f.

147 Morse in Rajak, S. 216; Smart, Cross-Border Insolvency, S. 96

148 Aderhold, S. 94 m.w.N.; Smart, Cross-Border Insolvency, S. 97, lehnt dies ab.

größe dienen, die sodann anhand aller Aspekte des Einzelfalls zu bestimmen ist.[149]

Die Gründe, die einer Anerkennung entgegenstehen, sind dieselben wie im Falle von *bankruptcy*.[150]

3. Discretion, Cooperation, Assistance

Zu den Konsequenzen der Anerkennung: Anders als vor allem in Frankreich kann ein ausländisches Verfahren vom Zeitpunkt seiner Eröffnung an in England die Unwirksamkeit von Einzelvollstreckungsmaßnahmen bewirken, die der Verfahrenseröffnung zeitlich nachfolgen, ohne daß es eines gesonderten Verfahrens bedarf.[151] Der Verwalter eines ausländischen anerkannten Insolvenzverfahrens kann in England als solcher auftreten, wird aber Beschränkungen gewärtigen. Etwa wird er sich nicht erfolgreich des Anfechtungsrechts der *lex fori concursus* bedienen können.[152] Dem Verfahren vorhergehende *attachments* in England an beweglichen Vermögenswerten kann ein ausländisches Verfahren nichts anhaben.[153]

Sowohl im Falle von *bankruptcy* als auch beim *winding up* haben englische Gerichte breites Ermessen bezüglich der Frage, *ob* sie ein Verfahren im Inland eröffnen[154] oder ob sie ein bereits eröffnetes Verfahren aussetzen, aber auch *wie* sie ein englisches Verfahren betreiben. Ebenso haben sie breites Ermessen hinsichtlich des Umfanges der Anerkennung ausländischer Verfahren.[155]

Die Ermessenskriterien sind vielfältig, ihre Gewichtung Frage des Einzelfalles. Eine eindeutige Linie läßt sich kaum ableiten. Sicher ist aber, daß die Interessen *aller* Parteien ausschlaggebend sind, nicht nur die der englischen Gläubiger.[156]

Wichtige in den Abwägungsprozeß einfließende Kriterien sind der Wissensstand über das ausländische Recht,[157] der jeweilige Verfahrensstand, die Existenz inländischer Gläubiger, die Belegenheit von Schuldnervermögen im Inland, der Ort des Schuldnerwohnsitzes, und weitere besondere Umstände wie etwa *sub-*

---

[149] das schlägt Morse in Rajak, S. 216, vor; vgl. auch Fletcher in Fletcher, Studies, S. 286

[150] s.o., 1. Kapitel, B. II. 1., S. 27

[151] Smart, Cross-Border Insolvency, S. 148, 149 und 151; Florian S. 68

[152] Galbraith v. Grimshaw (1910) A.C. 508

[153] Smart, Cross-Border Insolvency, S. 93

[154] Fletcher in Fletcher, Studies, S. 277

[155] Fletcher, a.a.O., Fn. 154, S. 288

[156] Smart, Cross-Border Insolvency, S. 54; Dicey and Morris, S. 1159 und 1180

[157] Englische Gerichte behandeln ausländisches Recht - im Ansatz gleich den Franzosen -, anders als deutsche Gerichte als *question of fact*. Die Partei, die sich auf anzuwendendes ausländisches Recht beruft, muß es beweisen; vgl. North/Fawcett, S.108

stancial justice.[158] Es scheint, daß zunächst der Grad der Verbindung zwischen Sachverhalt und jeweiliger Rechtsordnung zueinander in Beziehung gesetzt wird, um sodann inhaltliche Wertungen eingreifen zu lassen. Dabei kommt es etwa auch darauf an, ob englische Gläubiger im ausländischen Verfahren diskriminiert werden oder Vorrechte verlieren. Nicht aber jede Schlechterstellung nach ausländischem Recht gegenüber ihrer Position nach englischem Recht spielt eine Rolle.[159] Gegebenenfalls kommt auch eine bedingte Verfahrensaussetzung im Inland in Betracht, etwa dahingehend, daß die Vorwegbefriedigung englischer Vorrechtsgläubiger aus dem in England belegenen Vermögen angeordnet wird.[160]

Grundsätzlich gilt im Falle paralleler Verfahren in In- und Ausland, daß ein Gläubiger sich eine im Ausland erlangte Quote auf die im englischen Verfahren erzielbare Quote anrechnen lassen muß ("*hotchpot rule*").[161] Die Regel ist aus einer allgemeinen Ablieferungspflicht zugunsten der Masse des englischen Verfahrens hervorgegangen.[162]

Neben der Ermessensausübung über das "Ob" eines englischen Verfahrens und "*hotchpot*" gehen englische Gerichte mit der Situation paralleler Verfahren in In- und Ausland wie folgt um: Das inländische Verfahren richtet sich nach der *lex fori concursus.*[163] Auf der Grundlage umfassender Ermessenserwägungen, die im wesentlichen den bereits genannten Kriterien folgen, entscheiden sie flexibel über die konkrete Gestalt des inländischen Verfahrens. Dabei kommt es zwar entscheidend darauf an, ob englische Gläubiger im Ausland diskriminiert werden. Gleichwohl gilt die Gleichheit *aller* Gläubiger als erstrebenswert, bezogen auf die gesamte Haftungsmasse, nicht nur die inländische. Das gilt jedenfalls für die nicht bevorrechtigten Gläubiger.[164] Wenn es also geboten erscheint, dann wird ein Verfahren in England sich lediglich mit der Realisierung der im Inland belegenen Vermögenswerte befassen und diese sodann, nach Abzug der Kosten und Befriedigung der bevorrechtigten Gläubiger, an das ausländische Verfahren überführen.

Zusammenfassend: Das englische Internationale Insolvenzrecht zeigt sich wesentlich weniger feststehend, als das deutsche. Es erscheint als Mischform mit

---

[158] Smart, Cross-Border Insolvency, S. 41 ff., 48, 146, 213, 253

[159] Smart, Cross-Border Insolvency, S. 48

[160] Smart, Cross-Border Insolvency, S. 49

[161] Smart, Cross-Border Insolvency, S. 88, 173; *Banco de Portugal v. Wadell* (1880) 5 App. Cas. 161; vgl. auch Florian, S. 44

[162] Smart, Cross-Border Insolvency, S. 88, 173

[163] Florian, S. 76 m.w.N.

[164] Smart, Cross-Border Insolvency, S. 48 ff.

universalem Ansatz[165] und territorialen Elementen. Mögliche Verfahrenspluralität ist ein fester Bestandteil. Entscheidend ist das in fast jeder Beziehung sehr ausgeprägte Ermessenselement, das es für einen ausländischen Beobachter im praktischen Fall sehr schwierig machen dürfte, den Verfahrensverlauf zu prognostizieren.

Die dem *Common Law* im Vergleich zu unserem Recht immanente stärkere Orientierung am Ziel der Einzelfallgerechtigkeit gegenüber feststehenden, allgemeingültigen Regeln fällt angesichts der Komplexität grenzüberschreitender Insolvenzsachverhalte und der Quantität der involvierten Interessen, eben auch aus dem Ausland, hier besonders ins Gewicht.

III. Vereinigte Staaten

Auch dem amerikanischen nationalen Insolvenzrecht ist die Gleichstellung in- und ausländischer Gläubiger, sog. "*national treatment of non-citizens*", inhärent.[166]

Traditionell waren die Vereinigten Staaten gegenüber ausländischen Verfahren nicht universalistisch eingestellt:

> "As the bankruptcy law of a foreign country is incapable of operating a legal transfer of property in the United States...".[167]

In Amerika eröffnete Verfahren beanspruchten zwar weltweite Wirkung.[168] Umgekehrt stand man aber der Anerkennung ausländischer Verfahren lange reserviert gegenüber.[169] Erst spät begann die Öffnung zugunsten der Universalität, unter Anwendung der *comity*-Doktrin.[170] Die Einhaltung unter amerikanischem

---

165 vgl. als Ausgangspunkt *Solomons v. Ross*, 1 H. Bl. 131n, 126 E.R. 79n (1764), *Bank of Ethiopia v. National Bank of Egypt and Liguori* (1937) Ch. 513; (1937) 3 All E.R. 8; 106 L.J. Ch. 279, zitiert nach Morse in Rajak, S. 215; vgl. auch ebd., S. 201, 214 m.w.N.

166 American Law Institute, Transnational Law Project, S. 112 f.

167 *Harrison v. Sterry*, (1809) 9 U.S. (5 Cranch) 289, 302; vgl. auch *Ogden v. Saunders*, (1827) 25 U.S. (12 Wheaton) 212, 358 ff.: Nichtanerkennung ausländischer Schuldbefreiung

168 § 70 (A) 66 Stat. 430 (52) (1975) (rep. 1978) Bankruptcy Act of 1898: "*title is assumed to a debtor's property, whereever located*"; Wood, 15-31, Ziff. 2., S. 260; heute: Sec. 541 (a), s.u., Fn. 180 und 181; vgl. auch Fletcher in Fletcher, Studies, S. 281; Vor dem B.A.1898 scheint die Rechtslage in den USA uneinheitlich, aber ganz überwiegend auch bezüglich inländischer Verfahren territorial gewesen zu sein, so v. Savigny, System des heutigen Römischen Rechts, Achter Band, S. 289

169 Bigelow, V.J.T.L. 24 (1991), S. 571 ff., 584

170 *Canada Southern Railway v. Gebhard*, 109 U.S. 527 (1883), wo ein Reorganisationsplan über eine kanadische staatliche Eisenbahngesellschaft gegen den Willen amerikanischer Gläubiger anerkannt wurde, stellt eine Ausnahme dar; vgl. Bigelow, a.a.O., Fn. 169; zur *comity* vgl. Fn. 173

Recht gewährter Rechtspositionen spielte bei Anerkennungsfragen indessen eine große Rolle.[171] Auch als 1962 durch Änderung des *Bankruptcy Act* das Ermessen der Gerichte erweitert wurde, von der eigenen Eröffnungszuständigkeit bei schon eröffneten ausländischen Verfahren keinen Gebrauch zu machen, blieben "*rights and inconvenience*" lokaler Gläubiger die einzigen besonders hervorgehobenen Abwägungskriterien.[172] Die Gesetzgebung knüpfte in diesem Punkt unmittelbar an die Rechtsprechung zur *comity* an. Nach dieser war bereits lange das auf internationaler Ebene Geforderte mit den durch nationales Recht geschützten Interessen (insbesondere denen Einheimischer Gläubiger) abzuwägen.[173] Gegen Ende der 60er Jahre soll sodann die Anzahl der vor US-amerikanischen Gerichten verhandelten grenzüberschreitenden Insolvenzen merkbar zugenommen haben.[174]

Die Rechtslage wurde durch den Bankruptcy Reform Act 1978 neuerlich umgestaltet und weiterentwickelt. Die neuen Vorschriften[175] bieten amerikanischen

---

171 Schechter, S. 107

172 Act of 25.9.1962 zur Änderung von Sec. 2a (22) B.A. von 1898, abgedruckt in Nadler, Teil II, S. 367 vgl. Schechter, S. 111

173 *"leading case"*: *Hilton v. Guyot*, (1895) 159 U.S. 113, 163 f.: "*neither a matter of absolute obligation, on the one hand, nor of mere courtesy and good will, upon the other*"; "*the recognition which one nation allows within its territoty to the legislative, executive, or judicial acts of another nation, having due regard both to international duty and convenience, and to the rights of its own citizens or of other persons who are under the protection of its laws"; comity "does not achieve the force of an imperative or obligation", however, it is "more than mere courtesy and accomodation.*"

174 Schechter, S. 112; vgl. auch Bigelow, V.J.T.L. 24 (1991), S. 571ff., 578

175 vgl. 11 U.S.C. §§ 303 (b) (4), 304, 305 (a) (2) & (b) und 306 (1978);
Sec. 303 (b) (4): "*An involuntary case against a person is commenced by the filing with the bankruptcy court of a petition under Chapter 7 or 11 of this title (...) by a foreign representative of the estate in a foreign proceeding concerning such person.*"
Sec. 304:
"(a) A case ancillary to a foreign proceeding is commenced by the filing with the Bankruptcy court of a petition under this section by a foreign representative.
(b) Subject to the provisions of subsection (c) of this section, if a party in interest does not timely controvert the petition, or after trial, the court may-
(1) enjoin the commencement or continuation of
(A) any action against
(i) a debtor with respect to property involved in such foreign proceeding; or
(ii) such property; or
(B) the enforcement of any judgement against the debtor with respect to such property, or any act or the commencement or continuation of any judicial proceeding to create or enforce a lien against the property of such estate;
(2)order turnover of the property of such estate, or the proceeds of such property, to such foreign representative; or

Gerichten sehr viel Flexibilität im Umgang mit grenzüberschreitenden Insolvenzsachverhalten und mit ausländischen Verfahren. Der fremde Verwalter kann unter Sec. 304 Bankruptcy Code (B.C.) in den USA ein Hilfsverfahren beantragen, das in seinen Wirkungen nicht dem gewöhnlichen US-Verfahren entspricht, etwa nicht zum *automatic stay* führt, sondern es dem Antragsteller überläßt, die von ihm begehrte Maßnahme zu benennen. Das Gericht hat breites Ermessen in bezug auf die Frage, was anzuordnen ist.[176] Im Lichte dessen ist die Möglichkeit, neben einem ausländischen Verfahren gem. Sec. 303 (b) (4) B.C. ein "normales" Verfahren in den USA zu beantragen, in der Praxis von untergeordneter

---

(3) order other appropriate relief.
(c) In determining whether to grant relief under subsection (b) of this section the court shall be guided by what will best assure an economical and expeditious administration of such estate, consistent with-
(1) just treatment of all holders of claims against or interest in such estate;
(2) protection of claim holders in the United States against prejudice and inconvenience in the processing of claims in such foreign proceeding;
(3) prevention of preferential or fraudulent dispositions of property of such estate;
(4) distribution of proceeds of such estate substantially in accordance with the order prescribed by this title;
(5) comity; and
(6) if appropriate, the provision of an opportunity for a fresh start for the individual that such foreign proceeding concerns."
Sec. 305:
"(a) The court, after notice and a hearing, may dismiss a case under this title, or may suspend all proceedings in a case under this title, at any time if-
(...) (2) (A) there is pending a foreign proceeding; and (B) the factors specified in section 304 (c) of this title warrant such dismissal or suspension.
(b) A foreign representative may seek dismissal or suspension under subsction (a) (2) of this section. (...)"
Sec. 306:
"An appearance in a bankruptcy court by a foreign representative in connection with a petition or request under section 303,304, or 305 of this title does not submit such foreign representative to the jurisdiction of any court in the United States for any other purpose, but the bankruptcy court may condition any order under section 303, 304, or 305 of this title on compliance by such foreign representative with the order of such bankruptcy court."
(Eine deutsche Übersetzung von Sec. 304 und 305 ist zu finden in Hirte, ZIP 1989, S. 1493, 1494 f.)

176 Schechter, S. 114 f.; DeAmicis in Low/Norton/Drory, S. 313; vgl. auch House Report No 95-595, 95th Cong., 1st Sess. 324-325 ('77); Senate Report No 95-989, 95th Cong., 2nd Session 35 (1978), abgedruckt bei Herzog/King, S. 80 f.; Sec. 304 BC kann im Hinblick auf autonomes Internationales Insolvenzrecht bisher als einmalig bezeichnet werden. *"...a dramatic step beyond what any other national insolvency law has done"*, Westbrook in Clarke, S. 27, 36

Bedeutung,[177] wenngleich gerade im Hinblick auf den *automatic stay* bisweilen für ausländische Verwalter nicht uninteressant. Entsprechende Rechtsfolgen müssen im Rahmen eines Sec. 304-Verfahrens auf Antrag vom Gericht gesondert ausgesprochen werden. Nicht übersehen werden darf, daß auch eine Anerkennung des ausländischen Insolvenzverfahrens ohne jedes Inlandsverfahren in den Vereinigten Staaten nicht ausgeschlossen ist.[178]

Zu Sec. 303 B.C. ist anzumerken, daß Insolvenzverfahren in den USA gem. Sec. 109 (a) B.C. bereits auf der Grundlage bloßer Vermögensbelegenheit eröffnet werden können,[179] und daß ferner ein in den Vereinigten Staaten eröffnetes Verfahren gemäß Sec. 541 (a)[180] Anspruch auf Einbezug allen, d.h. auch im Ausland belegenen Vermögens erhebt.[181] Im amerikanischen Insolvenzrecht gibt es keine gesetzlichen Regelungen für territorial beschränkte Partikularverfahren.

Soweit das U.S.-Recht also als universal erscheint, ist zu fragen, welche Bedeutung potentieller Schlechterstellung von amerikanischen Gläubigern in ausländischen Verfahren zukommt. Es hat Rechtsprechung gegeben, die Schlechterstellung eines US-Gläubigers gegenüber der Position, die dieser nach amerikanischem Recht hätte, mit Verweigerung der Unterstützung bzw. der Anerkennung des ausländischen Verfahrens sanktionierte.[182] Hier geht es um die Frage universaler Gläubigergleichbehandlung. Je schneller Abweichungen von der inländischen Rechtslage zur Verweigerung der Anerkennung führen, desto geringer sind die Chancen auf erfolgreiche grenzüberschreitende Gesamtbewältigung.

Vor der Reform von 1978 basierte jede Auseinandersetzung amerikanischer Gerichte mit ausländischen Verfahren auf der *comity*-Doktrin.[183] Sec. 304 (c) nennt *comity* heute nur noch als *ein* Kriterium unter einer Reihe anderer:

---

177 Booth, A.B.J.L. 1992, S. 219; Aderhold, S. 71; Trunk, International Insolvency Review 1994, S. 145, 161

178 Wood, 15-6 Ziff. 1, S. 245 und 15-31 Ziff. 1, S. 259 f.; Fletcher in Fletcher, Studies, S. 287

179 Fletcher in Fletcher, Studies, S. 276; Weitere Zuständigkeitsgrundlagen sind *residence, domicile, place of business*

180 "*...property, wherever located...*"

181 Huber, V.J.T.L. 19 (1986), S. 741, 772

182 *Matter of Toga Manufacturing Ltd.*, 28 B.R. 165 (E.D. Mich. 1983); vgl. Bigelow, V.J.T.L. 24 (1991), S. 580 m.w.N.; *Overseas Inns S.A. P.A. v. United States*, 685 F. Supp. 968, *aff'd*, 911 F. 2d 1146; Die Kritik knüpfte denn auch daran an, daß in der Konsequenz ausländische Verfahren "*carbon copies*" amerikanischer Verfahren sein müßten, um in den Genuß universalistischer Offenheit zu kommen, vgl. Huber, V.J.T.L.19 (1986), S. 741, 754; Wood, 15-32, S. 261 a.E.

183 s.o., Fn. 170 und 173

(1) just treatment of all holders of claims against or interest in such estate;

(2) protection of claim holders in the United States against prejudice and inconvenience in the processing of claims in such foreign proceeding;

(3) prevention of preferential or fraudulent dispositions of property of such estate;

(4) distribution of proceeds of such estate substantially in accordance with the order prescribed by this title;

(5) comity; and

(6) if appropriate, the provision of an opportunity for a fresh start for the individual that such foreign proceeding concerns."[184]

Der Wortlaut von Sec. 304 (c) scheint jedenfalls die Möglichkeit für amerikanische Gerichte nahezulegen, sich weitgehend von den Interessen amerikanischer Gläubiger leiten zu lassen. Die Kriterien sind teils universalen, teils territorialen Charakters.[185] Dabei stellt sich in erster Linie die Frage des Maßstabs: Inwieweit genügt es amerikanischen Schutzvorstellungen, daß amerikanische Gläubiger in ausländischen Verfahren gerecht gemäß den dortigen Vorstellungen behandelt werden und insbesondere nicht wegen ihrer Eigenschaft als ausländische Gläubiger diskriminiert werden, oder inwieweit wird umgekehrt Schutz bereits verlangt, sobald die Stellung amerikanischer Gläubiger im ausländischen Verfahren in irgendeiner Weise hinter jener zurück bleibt, die sie in einem amerikanischen Verfahren inne hätten? Anders als nach altem Recht ist *comity* heute in Sec. 304 (c) nur noch *ein* Kriterium, wenngleich die weiteren Kriterien ehedem teilweise als Teil der *comity* geprüft wurden. Der Grundsatz der Gläubigergleichbehandlung ist gleichwohl heute explizit neben den Gedanken des Schutzes lokaler Gläubiger gestellt.[186] Die konkrete Grenzziehung, d.h. die Beantwortung der Frage, wie sehr ausländisches Insolvenzrecht von den amerikanischen Vorstellungen abweichen darf, ohne insbesondere an Sec. 304 (c) (2) und (4) zu scheitern, hat der Gesetzgeber dabei bewußt der Rechtsprechung zugewiesen.[187] Gleichwohl wirkt die Formulierung in Sec. 304 (c) (4) besonders protektionistisch.

Aus deutscher Sicht ist vor allem entscheidend, daß das US-amerikanische Recht, vergleichbar dem englischen, für die Frage der Anerkennung, ihren Umfang und ihre Folgen ein breites Spektrum an Billigkeitsgesichtspunkten zur Verfügung stellt und nicht nur die „Notbremse“ des *ordre public*.

---

184 s.o., Fn. 175

185 vgl. Booth, A.B.L.J. 1992, S. 135, 168

186 Huber, V.J.T.L. 19 (1986), S. 741, 771; Aderhold, S. 80 f.

187 Westbrook in Clarke, S. 27, 39

Die Rechtsprechung seit Inkrafttreten des geltenden Bankruptcy Codes zeigt im übrigen keine einheitliche Linie.[188] *Aderhold* hat dargelegt, die U.S.-Rechtsprechung habe sich im Laufe der Zeit tatsächlich von einem zunächst eher protektionistischen, d.h. territorialistischen Ansatz abgewandt,[189] hält aber die Rechtsprechung zu Sec. 304[190] anders als die ältere auf der Grundlage von *Comity* für noch nicht gefestigt.[191] Die Tendenz zu steigender Anerkennungsbereitschaft und Öffnung der Gerichte wird zwar auch in der US-amerikanischen Literatur beschrieben.[192] Die Stimmen sind aber nicht einheitlich und teilweise explizit anderslautend.[193] Auch die Betrachtung neuerer Rechtsprechung[194] ermöglicht keine eindeutige Aussage über eine prinzipielle Zu- oder Abnahme der Anerkennungsfreundlichkeit. Das ist nicht zuletzt auf die Vielfältigkeit der heranzuziehenden Abwägungskriterien und auf die (trotz Ansteigens) geringe Zahl an Entscheidungen[195] zurückzuführen.

Man wird heute hoffen dürfen, daß die Rechtsprechung auf Gleichbehandlung Wert legt, ohne ein Schutzniveau für lokale Gläubiger zu fordern, das die universale *par condicio creditorum* zugunsten amerikanischer Gläubiger gefähr-

---

188 Booth, A.B.L.J. 1992, S. 135, 172

189 Aderhold, S. 71 ff. und 80 ff.

190 *Matter of Culmer*, 25 B.R. 621 (S.D.N.Y. 1982); *Matter of Axona International Credit & Commerce Ltd.*, 88 B.R. 597 (S.D.N.Y. 1988); *In Re Lineas Aereas de Nicaragua*, 10 B.R. 790 (S.D.Fla. 1981); *Banco de Descuento*, 78 B.R. 337, 340 (S.D.Fla. 1987); *Matter of Toga*, 28 B.R. 165 (E.D. Mich. 1983); *Matter of Papeleras Reunidas*, 92 B.R. 584 (E.D.N.Y.1988)

191 Aderhold, S. 81; vgl. auch Westbrook in Clarke, S. 27, 37; Booth, A.B.L.J.1992, S. 135, 147 ff.; Wood, 15-36, S. 263

192 vgl. Huber, V.J.T.L. 19 (1986), S. 741, 771; Schechter, S. 127 f.; Barrett, I.B.L., 1996, S. 208, 209 f.

193 Bigelow, V.J.T.L. 24 (1991), S. 580; Booth, A.B.J.L. 1992, S. 135, 172; vgl. auch Boshkoff in Ziegel, S. 686, der auf der Grundlage der Analyse von Aderhold noch nicht berücksichtigter Entscheidungen zum entgegengesetzten Ergebnis kommt: "*American bankruptcy law is changing in ways which will make it harder to unify insolvency administrations. The trend towards more frequent special treatment for narrowly defined financial interests undercuts the argument that it is unfair to favour local creditors. The addition of substantial public policy components to bankruptcy's traditional distributional rules will increase the probability of conflict between insolvency systems and reduce the possible range of inter-system cooperation.*",

194 Z.B. *In re Gerke*, 122 B.R. 621, 629 f. (Bankr. D.DC 1991); *In re Hourani*, 180 B.R. 58, 69 (Bankr. S.D.N.Y. 1995): Das Recht von Jordanien, welches nach Vorwegbefriedigung bestimmter bevorrechtigter Forderungen Verteilung *pro rata* vorsah, stand der Unterstützung gem. Sec. 304 B.A. entgegen, weil es nicht zwischen gesicherten und ungesicherten Gläubigern differenziere; *In re Hackett*, 184 B.R. 656 (Bankr. S.D.N.Y. 1995)

195 *Overseas Inns*, 685 F. Supp. 968, S. 971

det.[196] Die genaue Grenzziehung ist indessen eine Frage des Einzelfalls. Und es erscheint nicht ausgeschlossen, daß es auch in Zukunft einzelne protektionistische Entscheidungen geben wird.

Zum Verhältnis von Sec. 303 und 304 B.C. ist festzuhalten, daß es dem ausländischen Verwalter zunächst frei steht, ob er in den Vereinigten Staaten ein „normales" Insolvenzverfahren oder ein Hilfsverfahren beantragt. Gleichwohl kann aber nach Eröffnung eines Verfahrens gemäß Sec. 304 B.C. noch ein Verfahren nach Sec. 303 B.C. beantragt werden. Ebenso wie die Eröffnung als solche liegt dann auch die Entscheidung darüber, welches Verfahren weiter betrieben wird, gem. Sec. 305 B.C. im Ermessen des Gerichts.

Auch das amerikanische Internationale Insolvenzrecht erscheint also als klassische Mischform der historischen Grundprinzipien. Eine rein prinzipienorientierte Betrachtungsweise wäre zu seiner Beschreibung ungeeignet. Dem *Common Law* entstammend ist das amerikanische wie das englische Internationale Insolvenzrecht offener und ermessensgesteuerter, als uns dies vertraut ist. Der Gesetzgeber begnügt sich damit, einen Rahmen vorzugeben. Klare Aussagen zur Entwicklung einer Insolvenzabwicklung mit Bezug zu den Vereinigten Staaten, über die *möglichen* Linien hinaus, lassen sich kaum treffen.[197] In dieser Anpassungsfähigkeit wird allerdings oft auch der Vorzug des amerikanischen Rechts gesehen.

Ergänzend ist darauf hinzuweisen, daß die USA gegenwärtig eine Berücksichtigung des UNCITRAL-Modellgesetzes in ihrem Internationalen Insolvenzrecht planen.[198]

IV. Frankreich

Das geltende französische internationale Insolvenzrecht ist als solches nicht gesetzlich geregelt. Es gibt keine geschriebenen international-insolvenzrecht-lichen Normen, mit der Ausnahme einiger bilateraler Staatsverträge.[199] Das internationale Insolvenzrecht ist von der Rechtsprechung entwickelt und basiert vollständig auf den allgemeinen Prinzipien des französischen Kollisionsrecht. Die Rechtsprechung ist gleichwohl selten, uneinheitlich und weitgehend älteren Da-

[196] vgl. Wood, 15-35, S. 263 und 15-36, S. 264

[197] vgl. Arnold in Gottwald, Handbuch, § 122, Rn. 73 a.E., S. 1260

[198] vgl. Eidenmüller, IPRax 2001, S: 3 mit dem Hinweis auf http://thomas.loc.gov. zum Stand des Gesetzgebungsverfahrens

[199] Auch Frankreich ist bisher nicht Partei von multilateralen Verträgen; bilaterale Verträge gibt es mit Belgien, Italien, Monaco und Österreich, vgl. Soinne, S. 211 f., 213 f. und 215 f.; Remery, S. 16; Witz/Zierau RIW 1989, S. 929

tums.[200] Auch das französische Internationale Insolvenzrecht muß aus Sicht der hergebrachten Prinzipien als „système mixte" angesehen werden.[201]

Nach französischem Recht sind die Gerichte am Ort des Sitzes des Schuldners zuständig, in Ermangelung eines Sitzes jene am Ort seines Interessenmittelpunktes.[202] Gleich dem deutschen Recht handelt es sich hierbei um eine Regelung zur örtlichen Zuständigkeit, nach der sich aber traditionell auch die internationale Zuständigkeit bestimmt.[203] Die Eröffnung eines Verfahrens in Frankreich kommt gemäß alter Rechtsprechung auch in Betracht, wenn der Schuldner zwar seinen Geschäftssitz im Ausland hat, seinen Wohnsitz aber im Inland, sofern er von dort aus seine wesentlichen Angelegenheiten regelt. Das soll auch heute noch reichen. Die Ausführung der wesentlichen Angelegenheiten von Frankreich aus begründe eine hinreichende räumliche Beziehung.[204] Dies kann natürlich Anlaß zur Eröffnung mehrerer konkurrierender Verfahren geben.

Bei Schuldnern mit Hauptsitz im Ausland sind auch Zweigniederlassungen[205] und selbst Vermögensbelegenheit in Frankreich hinreichende Grundlage für die Eröffnung inländischer Verfahren und damit gegebenenfalls für Verfahrenspluralität.[206]

Schließlich ist das generelle Zuständigkeitsprivileg gem. den Art. 14 und 15 Code Civil (C.civ.) zugunsten von Personen französischer Staatsangehörigkeit, gleich in welcher Beteiligtenstellung, zu nennen.[207] Es kann sogar zur Eröff-

---

200 Witz/Zierau, a.a.O., Fn. 199; vgl. C.Cas. v. 29.6.1971 mit Anm. Tochu, J.D.I. (Clunet) 1973, S. 383

201 Witz/Zierau, a.a.O., Fn. 199; Audit, Anm. 770, S. 633; Cass.civ. 1re v. 8.1.1991, D91.276, J.D.I. (Clunet) 1991, S. 993

202 Art. 1 des Decrets Nr. 85-1388 vom 27.12.1985 und Decret Nr. 94-910 vom 21.10.1994; Soinne, S. 194; Remery, S. 27; Fletcher in Fletcher, Studies, S. 279

203 Remery, a.a.O., Fn. 202

204 Soinne, S. 195

205 Remery, S. 43 f.; Fletcher in Fletcher, Studies, S. 279

206 Die auf bloße Vermögensbelegenheit gestützte Zuständigkeit findet sich in Rechtsprechung älteren Datums. Das Bestehen solcher Zuständigkeit nach heutigem Recht wird in der Literatur bestritten, Remery, S. 46 f., auch Witz/Zierau, RIW 1989, S. 929, 930, zumindest aber kontrovers diskutiert, Soinne, S. 196;

207 Art. 14: "*L'étranger, même non résidant en France, pourra être cité devant les tribunaux francais, pour l'exécution des obligations par lui contractées en France avec un francais; il pourra être traduit devant les tribunaux de France, pour les obligations par lui contractées en pays étranger envers des francais*", Art. 15: "*Un francais pourra être traduit devant un tribunal de France, pour des obligations par lui contractées en pays étranger, même avec un étranger.*" Das EuGVÜ, im Rahmen dessen gem. Art. 3 Abs. 2 in Frankreich eine Berufung auf Art. 14, 15 C.Civ. ausgeschlossen wurde, ist gemäß seinem Art. 1 Abs. 2 Nr. 2 auf Konkursangelegenheiten nicht anwendbar; Soinne, S. 196; Die Anwendbarkeit von Art. 14 und 15

nung von Verfahren im Inland führen, obwohl dort gar kein Schuldnervermögen belegen ist.[208]

Die Eröffnung eines Verfahrens im Ausland steht der Eröffnung eines inländischen Verfahrens nur dann entgegen, wenn sich dies aus einem völkerrechtlichen Vertrag ergibt oder wenn zugunsten des ausländischen Verfahrens Exequatur erteilt worden ist.[209]

Ausländische und inländische Gläubiger stehen grundsätzlich gleich.[210] Es kommt auch in keiner Weise darauf an, ob sie ihre Forderung in weiteren Verfahren anmelden oder nicht.[211]

Bemerkenswert ist, daß ein in Frankreich eröffnetes Insolvenzverfahren immer universale Wirkung beansprucht, also alle dem Schuldner gehörenden Vermögenswerte erfassen will. Dabei kommt es nicht darauf an, auf welcher Grundlage die französische Zuständigkeit gegeben ist. Das heißt, daß es im französischen Recht, gleich dem U.S.-Recht,[212] eine Beschränkung der Verfahrensreichweite auf das im Inland belegene Vermögen, vergleichbar § 238 KO bzw. Art. 102 Abs. 3 S. 1 EGInsO, nicht gibt.[213] Ob und in welchem Umfang Verfahren, die auf der Grundlage einer Zweigniederlassung oder auch bloßer Vermögensbelegenheit im Inland eröffnet wurden, im Ausland Wirkungen zugestanden werden, ist, wie gesagt,[214] eine andere Frage. Es könnte bei Verfahrensmultiplizität insbesondere bzgl. Vermögen in Drittstaaten Schwierigkeiten geben, wenn ausländische Verfahren dort um Wirkungserstreckung konkurrieren.

C.civ. im Internationalen Inssolvenzrecht ist ebenfalls nicht unbestritten, Remery, S. 48 f., Soinne, S. 196 f. m.w.N. und Witz/Zierau, RIW 1989, S. 929, 931 m.w.N., es sei aber nicht zu erkennen, daß eine entsprechend einschränkende Anwendung in der Rechtsprechung erwartet werden könne, Soinne, S. 197; Fletcher in Fletcher, Studies, S. 279; zu Zweifeln an der Überzeugungskraft neuerer Argumente gegen die Anwendbarkeit Witz/Zierau, RIW 1989, S. 929, 931

208 Witz/Zierau, RIW 1989, S. 929, 930

209 Soinne, S. 197; Witz/Zierau, RIW 1989, S. 929, 931

210 Soinne, S. 201; Remery, S. 93

211 Soinne, S. 197, 201; Witz/Zierau, RIW 1989, S. 929, 931 f.

212 Verfahren nach Sec. 303, nicht das *ancillary proceeding* gem. Sec. 304 B.C., s.o., Fn. 180 und 181

213 Remery, S. 45, 46 und 95; Soinne, S. 197, 201, a.A. Witz/Zierau, RIW 1989, S. 929, 930; Lt. Trunk ist die Frage, ob ein französisches Nebeninsolvenzverfahren universale Sollgeltung beansprucht oder nur das inländische Vermögen erfaßt, nicht eindeutig geklärt, S. 51, Fn. 198 m.w.N.; Dafür wohl Audit, Anm. 769, S. 632, allerdings ohne explizite Aussage über den Umfang der Sollgeltung

214 s.o., 1. Kapitel, A. I. 2., S. 12 ff.

Das französische Insolvenzrecht trennt im Ansatz zwischen Kaufleuten und Nichtkaufleuten. Ursprünglich waren nur Kaufleute insolvenzfähig. Da heute aber auch nichtkaufmännische juristische Personen des Privatrechts ebenso wie Handwerker insolvenzfähig sind, bleiben nur noch Privatleute und Freiberufler außen vor.[215] In Ländern wie Frankreich, die den sog. Privatkonkurs nicht kennen, stellt sich international-insolvenzrechtlich als Konsequenz die Frage der Anerkennung ausländischer Verfahren, die das Vermögen von im Inland nicht konkursfähigen Schuldnern zum Gegenstand haben. Die französische Rechtsprechung betrachtet die mangelnde Konkursfähigkeit nach dem eigenen Insolvenzrecht nicht als Anerkennungshindernis.[216]

Auch in Frankreich eröffnete Verfahren richten sich nach der *lex fori*.[217] Das gilt allgemein für die Eröffnungsvoraussetzungen, die Ablauforganisation, die Verfahrenswirkungen, das Verbot der Individualverfolgung, die Unwirksamkeit und die Anfechtbarkeit von Verfügungen in der Krise sowie für alle sonstigen das Insolvenzstatut betreffenden Fragen, ohne daß dadurch die Berücksichtigung anderer Rechtsordnungen, namentlich jener des Personal-, Vertrags- oder Belegenheitsstatutes, ausgeschlossen wäre.[218] Entgegen den zwischenstaat-lichen Entwürfen und anders, als im deutschen Recht entscheiden französische Gerichte die Frage der Konkursfestigkeit von Sicherungsrechten nach der *lex fori concursus*, und zwar auch zugunsten ausländischer Insolvenzstatute und somit „gegen" nach französischem Recht begründete Rechtspositionen.[219]

Zur Anerkennung von aus französischer Sicht ausländischen Verfahren:

Eine *automatische* Anerkennung[220] ausländischer Insolvenzverfahren gibt es in Frankreich jenseits von vertragsrechtlichen Regelungen nicht. Die Anerkennung von im Ausland eröffneten Insolvenzverfahren verläuft in den Bahnen der Regeln über die Urteilsanerkennung, wobei wieder zu beachten ist, daß das EuGVÜ gemäß seinem Art. 1 Abs. 2 Nr. 2 keine Anwendung findet. Es bedarf zur Anerkennung ausländischer Insolvenzverfahren in Frankreich eines Exequaturverfahrens.[221] Dieses ist zivilprozessuales Anerkennungs- und Vollstreckbar-

---

215 Soinne, S. 198; es gibt allerdings ein Verfahren bei Überschuldung Privater ("*surendettement*"), das aber nicht oder nicht wesentlich auf Gleichbehandlung der Gläubiger zielt, Art. L 331-1 C. de la Consommation, abgedruckt in Dalloz, Nouveau Code de Procedure Civile, S. 1087 ff.

216 Soinne, S. 198 f.

217 Soinne, S. 193 und 197 ff.; Remery, S. 26, 74

218 Soinne, S. 198 ff., Remery, S. 73 ff.

219 Remery, S. 83, 85 und 88

220 Homann, KTS 2000, S. 340, nennt sie "formlose Inzidentanerkennung"

221 Remery, S. 53; Soinne, S. 205

keitserklärungsverfahren[222] und unterscheidet sich daher vom deutschen Zivilprozeßrecht, nach dem es eines gesonderten Ausspruches der Anerkennung nicht bedarf.[223]

Ohne ein solches Exequatur sind in Frankreich auf der Grundlage der Verfahrenseröffnung keinerlei Maßnahmen mit Zwangscharakter möglich.[224] Gleichwohl kommt der Verfahrenseröffnung schon vorher ein "*effet probatoire*" („*force probante*")[225] zu, aufgrund dessen der ausländische Verwalter in Frankreich zumindest als solcher auftreten kann, um Sicherungsmaßnahmen zu begehren oder Einwände gegen die Eröffnung eines weiteren Verfahrens zu erheben.[226] Der ausländische Verwalter kann als solcher in Frankreich vor Gericht auftreten.[227] Er kann auch Gläubigerforderungen zur Tabelle eines französischen Verfahrens anmelden.[228] Zu den möglichen Sicherungsmaßnahmen gehören Handlungen zur Verjährungsunterbrechung und massebeschlagnahmende Maßnahmen durch Siegelanbringung.[229]

Allerdings behält der Schuldner bis zur Exequaturerteilung die Verfügungsbefugnis über sein in Frankreich belegenes Vermögen. Alle nach der *lex fori* des ausländischen Verfahrens vorgesehenen Beschränkungen bleiben ohne Wirkung. Die Individualvollstreckung in in Frankreich belegenes Vermögen bleibt möglich.[230]

Ohne Exequatur hat der ausländische Verwalter keine Möglichkeit, in Frankreich Vermögenswerte für die Masse zu realisieren, denn das würde mit der grundsätzlich ungeschmälerten Rechtsposition des Schuldners im Inland konkurrieren.[231]

---

222 Witz/Zierau, RIW 1989, S. 929, 931 f.

223 vgl. Thomas/Putzo, § 328 ZPO, Anm. 1; Coester-Waltjen in Lüke/Prütting, Bd. 7, 18/150, F III. und V.

224 Soinne, S. 205, unter Berufung auf Art. 509 Code de procédure civil ("*Les jugements rendus par les tribunaux étrangers et les actes recus par les officiers étrangers sont exécutoires sur le territoire de la République de la manière et dans le cas prévus par la loi*") und 2123 C.civ. (betrifft *hypotheques judicaires*); Remery, S. 54; Weber/Hoffmann, S. 126

225 Weber/Hoffmann, a.a.O., Fn. 224

226 Remery, S. 61, Soinne, S. 205; Witz/Zierau, RIW 1989, S. 929, 935; Audit, Anm. 472 a.E., S. 402, Anm. 770, S. 633

227 Remery, S. 54

228 Soinne, S. 205

229 Witz/Zierau, RIW 1989, S. 929, 935, Fn. 74; Soinne, S. 205

230 Soinne, S. 205 f.; Witz/Zierau, RIW 1989, S. 929, 935; Audit, Anm. 770, S. 633

231 Remery, S. 54 ff.; Soinne, S. 207

Ein Antrag auf Erteilung des Exequatur kann von jedem, der ein Interesse daran hat, gestellt werden, namentlich vom Schuldner, von Gläubigern oder vom ausländischen Verwalter. Sachlich zuständig ist stets das *Tribunal de grande instance.* Es gibt keine Frist, so daß der Antrag auch lange Zeit nach Eröffnung des ausländischen Verfahrens noch gestellt werden kann. Die Voraussetzungen zur Erteilung des Exequatur wurden von der Rechtsprechung entwickelt.[232] Es sind dies: *Erstens* Internationale Zuständigkeit des ausländischen Gerichts, das eröffnet hat; (dies wird weder anhand der Zuständigkeitsregeln des Forum, noch spiegelbildlich zu den französischen geprüft, sondern ist der Fall, wenn französisches Recht keine ausschließliche Zuständigkeit vorsieht und eine charakteristische Bindung des Sachverhalts zum Forum besteht, also das Forum nicht willkürlich gewählt ist und der Gang vor dieses ausländische Gericht keine mißbräuchliche Handlung darstellt[233]); *zweitens* ordnungsgemäßes Verfahren, *drittens* Anwendung des nach französischen Kollisionsregeln zutreffenden Rechts,[234] *viertens absence de fraude à la loi* und schließlich *fünftens* Vereinbarkeit mit dem *ordre public.*[235] Die Eröffnung eines Verfahrens im Inland steht der Anerkennung eines ausländischen Verfahrens unbedingt entgegen.

Ist Exequatur erteilt, kommt der ausländischen Eröffnungsentscheidung Rechtskraft und Vollstreckbarkeit zu. Die nach der ausländischen *lex fori concursus* vorgesehenen Rechtsfolgen greifen in Frankreich Platz. Erforderlich ist allerdings, daß die Exequatur gewährende Entscheidung gleich einer französischen Verfahrenseröffnung veröffentlicht wird.[236] Nur mittels Exequatur kann ein ausländischer Verwalter sichergehen, daß nicht auch im Inland ein weiteres Verfahren eröffnet werden wird. Ist hingegen in Frankreich ein Verfahren eröffnet worden, kommt die Exequaturerteilung nicht mehr in Betracht.[237]

Das eigentliche Problem des Exequaturerfordernisses betrifft den Zeitraum zwischen Verfahrenseröffnung im Ausland und späterer Exequaturentscheidung im Inland. Grundsätzlich erlaubt das Exequatur dem ausländischen Verfahren nur,

---

232 Witz/Zierau, RIW 1989, S. 929, 932

233 Witz/Zierau, RIW 1989, S. 929, 933, Witz/Zierau weisen darauf hin, daß die Art. 14 und 15 C.civ. nach französischer Rechtsprechung exklusive Zuständigkeiten begründen. Indem er sich auf Art. 15 C.civ. beruft, könnte ein Franzose auf dieser Grundlage verhältnismäßig leicht die Anerkennung eines im Ausland eröffneten Verfahrens in Frankreich verhindern, wenn er nicht das ausländische Verfahren selbst beantragt hat.

234 Von der Rechtsprechung eingeschränkt: ein gleichwertiges/vergleichbares genügt, Witz/Zierau, RIW 1989, S. 929, 934

235 Zu den Voraussetzungen insgesamt: Soinne, S. 207; *Arret Munzer*, Cass. civ. 7. janvier 1964, Rev. crit. DIP 1964, 344; Remery, S. 61 ff.; Witz/Zierau, RIW 1989, S. 929, 933; Zum *ordre public*-Maßstab ebd., S. 934

236 Soinne, S. 208

237 Remery, S. 59 f.

im Inland Wirkungen für die Zukunft zu entfalten.[238] Ein vor Erteilung des Exequatur erfolgter Rechtserwerb Dritter zu Lasten der Masse ist mithin nicht angreifbar. Die französische Rechtsprechung hat indessen der *vor* Erteilung des Exequatur erfolgten Eintragung einer *hypothèque judiciaire provisoire*[239] zu Lasten einer inländischen Immobilie im Hinblick auf das Einzelvollstrekkungsverbot der *lex fori concursus* eines dänischen Verfahrens die Konkursfestigkeit abgesprochen.[240] Die Eintragung der *hypothèque judiciaire provisoire* war am 3.8.1981 vollzogen. Der Antrag auf Erteilung der Exequatur wurde später gestellt und am 15.1.1982 positiv beschieden.[241] An diesem Fall hat sich die Diskussion um die Rückwirkung des Exequatur in Insolvenzsachen und die exakte Reichweite der Entscheidung, d.h. die exakte Bestimmung der gegebenen Rückwirkung[242] entzündet.[243] Das Spannungsverhältnis zwischen verfügungsbefugtem Schuldner und der Frage nach dem Eintritt gewisser Wirkungen im Zusammenhang mit einem ausländischen Insolvenzverfahren, sei es per Rückwirkung des Exequatur, sei es im Rahmen beschränkter, aber unmittelbarer Inlandswirkung des ausländischen Verfahrens, erscheint aber bisher nicht vollständig geklärt.[244] Sicher kann nur gesagt werden, daß es im besagten zeitlichen Zwischenraum bei voller Verfügungsbefugnis des Schuldners über das im Inland belegene Vermögen bleibt, ebenso wie bei allen Möglichkeiten zu Rechtsverfolgung und Zwangsvollstreckung, daß aber die Erteilung des Exequatur Zahlungsklagen und der Eintragung von bestimmten Sicherheiten rückwirkend die Zulässigkeit bzw. die Wirksamkeit entzieht.

Während früher ein strenges Gegenseitigkeitserfordernis als Mittel zum Schutz vor einseitiger Benachteiligung französischer Gläubiger eingesetzt wurde, hat man schon seit langer Zeit davon Abstand genommen.[245]

Allerdings ist in inländischen Verfahren mit Berücksichtigung dessen, was Gläubiger, in- und ausländische gleichermaßen, durch die Teilnahme an weiteren Verfahren erlangt haben, zu rechnen. Es ist unklar, ob dies durch Heraus-

---

238 Soinne, S. 208; Witz/Zierau RIW 1989, S. 929, 935, Fn. 75

239 mit einer deutschen Arresthypothek zu vergleichen, Witz/Zierau, RIW 1989, S. 929, 935

240 *arrêt Kléber* vom 25.2.1986, Cass. civ. 1re, J.D.I. (Clunet) 1988, S. 425; Audit, Anm. 770, S. 633: "*progrès vers l'universalité*"

241 Remery, S. 64 ff.

242 so auch Wood, 15-6 Ziff. 2, S. 246

243 Soinne, S. 209, Remery, S. 64 ff., insb. S. 67 f.; vgl. auch Trunk, International Insolvency Review 1994, S. 145, 157 f.

244 Soinne, S. 209; Witz/Zieraum RIW 1989, S. 929, 936 m.w.N.; Trunk, S. 52; Weber/Hoffmann, S. 126; Lt. Weber/Hoffmann stellen sich die Frage, ob die Beschränkungen nur solche Gläubiger treffen, die am ausländischen Verfahren teilnehmen

245 Cass. civ. 11 mars 1913, DP 1914, 1, 185, zitiert nach Soinne, S. 202; Remery, S. 95

gabepflicht oder durch Anrechnung auf die Quote erfolgt.[246] Soweit Herausgabe verlangt wird, stellt sich regelmäßig das Problem der Durchsetzung gegenüber ausländischen Gläubigern.

Wenngleich auch das französische Internationale Insolvenzrecht rechtsprechungsgeprägt ist, erscheint es klarer und vorhersehbarer als das englische und das amerikanische. Kernpunkt ist das Exequaturerfordernis. Im Falle erteilten Exequaturs ist das französische Recht universaler, als alle anderen hier in Rede stehenden autonomen Internationalen Insolvenzrechte. Vor Exequaturerteilung ist allerdings das krasse Gegenteil der Fall.

Das französische Internationale Insolvenzrecht ist mithin von starkem "Entweder, Oder" geprägt. Kooperationselemente sind wenig zu finden. Allein einem einmal anerkannten ausländischen Verfahren gegenüber ist die französische Rechtsordnung offener, als es die anderen Rechtsordnungen sind. Ermessensgesteuerte Einflußmöglichkeiten gibt es nicht, Territorial beschränkte Parallelverfahren gibt es nicht. Der Umstand, daß Frankreich in der Sache sehr anerkennungsfreundlich ist, das Exequaturerfordernis aber aufgrund des Zeitmomentes jeden Erfolg einer Anerkennung in Frage stellt, zeigt, daß diese Form der Anerkennung an den national wie grenzüberschreitend identischen insolvenzrechtlichen Erfordernissen vorbeigeht. Mangels zeitnahen Wirkungseintritts kommt es auf dessen erfreuliche Weite in der Regel nicht mehr an.

V. Resümee

Die Bewältigung grenzüberschreitender Insolvenzen geschieht durch Zusammenspiel aller involvierten internationalen Insolvenzrechte. Wie in der Übersicht gezeigt, sind die nationalen Internationalen Insolvenzrechte sehr unterschiedlich. Die sachverhaltsabhängigen Kombinationsmöglichkeiten sind bei diesem Zusammenspiel unbegrenzt. Materielle Regelungen nationalen Insolvenzrechts werden durch die prozeduralen Wirkungen, die der Grenzübertritt des Sachverhalts hervorruft, überlagert. Was von Erstgenannten im Ergebnis übrigbleibt, ist Frage des Einzelfalles.

Das englische und das U.S.-amerikanische Recht weisen dabei die größeren Möglichkeiten auf, die eigenen Rechtsvorstellungen durchzusetzen, denn ihre durchgängigen Ermessenselemente erlauben ein – mehr oder weniger fein abgestimmtes – individuelles Gegensteuern nach eigenen Vorstellungen gegen die Ergebnisse im Vergleich dazu starrer Regeln des deutschen und französischen Rechts. Das deutsche und das französische Recht sind statischer. Den Gerichten

---

246 Witz/Zierau, RIW 1989, S. 929, 932; Soinne, S. 202: Herausgabepflicht; a.A. Remery, S. 92 ff.

dieser letzteren Rechtsordnungen steht als Korrektiv nur der *ordre public* zur Verfügung.

Angesichts der Komplexität des Zusammenspiels verschiedener nationaler materieller Insolvenzrechte in Zusammenhang mit den jeweiligen Internationalen Insolvenzrechten verwundert es nicht, daß das Bestreben nach Vereinheitlichung des Internationalen Insolvenzrechts bisher Mühe bereitete.[247] Der diesbezügliche Stand der Dinge ist der folgende:

C. Zwischenstaatliches und vereinheitlichtes Internationales Insolvenzrecht

I. Verträge aus dem letzten Jahrhundert

Im 19. Jahrhundert begannen die deutschen Staaten, Fragen grenzüberschreitender Konkurse staatsvertraglich zu regeln, und zwar nicht nur innerdeutsch:[248] Es ist insbesondere auf den Vertrag von 1825/26 zwischen Württemberg und den meisten Schweizer Kantonen hinzuweisen, der internationalkonkursrechtliche Fragen regelt und vor allen Dingen als heute noch in Kraft angesehen wird.[249] Das Gleiche gilt für den weiteren Vertrag zwischen Bayern und Schweizer Kantonen.[250]

II. Deutsch-österreichischer Konkurs- und Vergleichsvertrag

Daneben gibt es nur einen international-insolvenzrechtlichen Vertrag mit Beteiligung der Bundesrepublik Deutschland, den "Vertrag zwischen der Republik Österreich und der Bundesrepublik Deutschland auf dem Gebiet des Konkurs- und Ausgleichs(Vergleichs)rechts" von 1979 (DÖKV), der am 1.7.1985 in Kraft getreten ist.[251] Er soll im folgenden kurz skizziert werden.

Der Vertrag sieht Universalität und Einheit vor: erstens erstrecken sich die Wirkungen eines Verfahrens auf den anderen Staat (Art. 1) und zweitens ist nach

---

[247] vgl. Auch Häsemeyer, 2. Aufl., Rn. 35.07, S. 761; Wimmer, ZIP 1998, S. 982 und 983, Strub, EuZW 1994, S. 424, 425

[248] Hanisch in Festschrift Merz, S. 159, 170 m.w.N.

[249] vgl. Lipstein in Fletcher, Papers, S. 224 und Hanisch in Festschrift Merz, S. 159, 171 m.w.N., der anführt, eine neuere Stellungnahme der Rspr. stehe allerdings noch aus; Blaschczok, ZIP 1983, S. 141 ff.; auch: Begründung zu § 379-399 RegE in Stoll, Vorschläge und Gutachten, S. 145 unter 3.; in diesem Vertrag wurde zum ersten Mal die Zuständigkeit für Konkurs-verfahren allgemein an den Wohnsitz des Schuldners geknüpft. Der Vertrag bekennt sich ferner zur Einheit, Universalität und zur Gläubigergleichbehandlung gemäß dem Recht des Forum, Art. II und IV, vgl. Lipstein in Fletcher, Papers, a.a.O.

[250] Hanisch in Festschrift Merz, S. 159, 171 m.w.N.

[251] BGBl. 1985 II, S. 410, 712; Jayme/Hausmann Nr. 125; vgl. Braun/Uhlenbruck, S. 155, 156 m.w.N.; ferner Hess, KO, Einl., Rn. 69 ff.

Eröffnung eines Verfahrens keine Eröffnung eines Parallelverfahrens im anderen Staat möglich.[252] Die Zuständigkeit richtet sich nach dem Mittelpunkt der wirtschaftlichen Betätigung des Schuldners, in Abwesenheit eines solchen nach Sitz oder gewöhnlichem Aufenthalt.[253] Im Konfliktfalle entscheidet zeitliche Priorität.[254] Art. 4 bestimmt für Eröffnung, Verfahren und Wirkungen die grundsätzliche Anknüpfung an die *lex fori concursus*. Der Schutz guten Glaubens in Bezug auf eingetragene Rechte richtet sich nach dem Recht des Eintragungsortes. Die Rechtsmacht des Verwalters richtet sich in beiden Staaten nach der *lex fori concursus*. Der Verwalter bedarf keines Vollstreckungsurteils des Ziellandes, will er dort aus dem Eröffnungsbeschluß vollstrecken.[255] Es kann ein sog. besonderer Verwalter für das Gebiet des anderen Staates ernannt werden.[256] Das Konkursgericht und der Verwalter können die Amtsgerichte des anderen Staates um Anordnung von Zwangsmaßnahmen zur Erfassung, Sicherung und Inbesitznahme der Masse ersuchen.[257] Die Nichtzugehörigkeit von Vermögensteilen zur Masse wegen Unpfändbarkeit bestimmt sich nach der *lex rei sitae*.[258] Gesondert anzuknüpfen sind Wirkungen des Verfahrens auf schwebende Verträge mit einer Niederlassung im Nichtverfahrensstaat, die Anfechtung von Rechtshandlungen der Niederlassung[259], Konkurswirkungen auf Arbeits-, Miet- und Pachtverhältnisse[260] sowie die Wirkungen des Verfahrens auf Zwangsvollstreckungsmaßnahmen.[261] Die Anfechtung des Erwerbs eingetragener Rechte bestimmt sich nach der *lex rei sitae*,[262] und vor allem auch das Schicksal der Aus- und Absonderungsrechte.[263] Die Befriedigungsreihenfolge bestimmt sich grundsätzlich nach der *lex fori concursus*,[264] mit der Ausnahme von Forderungen aus Arbeits-

---

252 vgl. Begründung zu §§ 379-399 RegE InsO in Stoll, Vorschläge und Gutachten, S. 146

253 Art. 2; Unter Umständen ergibt sich noch eine Niederlassungszuständigkeit

254 Art. 3

255 Art. 8

256 Art. 9

257 Art. 10

258 Art. 11

259 Art. 13 Abs. 1 Ziff. 2: Es ist das Recht des Nichteröffnungsstaates anzuwenden, wenn der Gemeinschuldner von einem Sitz, Wohnsitz oder einer Niederlassung, die im Nichteröffnungsstaat liegen, eine anfechtbare Handlung vorgenommen hat und der Anfechtungsgegner seinen Sitz oder gewöhnlichen Aufenthalt nicht im Konkurseröffnungsstaat hat; I.ü. unterliegt das Anfechtungsrecht der *lex fori concursus*; vgl. Leitner, S. 68

260 Art. 13

261 Art. 15

262 Art. 16; Die Anfechtung i.ü. unterliegt der *lex fori concursus*, *arg. ex contr.* Art 4 a.E., Art.13 Abs.1 Ziff.2 und Art.16.

263 Art. 18

264 Art. 19 Abs. 1

verhältnissen, für die insoweit rechnerische Untermassen gebildet werden. Bei der Unzulänglichkeit dieser Untermassen nehmen die Ansprüche aus Arbeitsverhältnissen an der Verteilung am Verfahrensort teil, rangieren aber hinter den dortigen Arbeitnehmern.[265] Die Teilnahme von Steuern, Zöllen, Gebühren und anderen öffentlich-rechtlichen Ansprüchen folgt dem gleichen Muster, allerdings nehmen sie, soweit sie nicht aus der Untermasse voll befriedigt werden, sodann grenzüberschreitend lediglich als gewöhnliche Konkursforderung teil.[266] Art. 20 bestimmt, daß entgegen der allgemeinen Regel Feststellungsverfahren über Ansprüche aus Arbeitsverhältnissen und über öffentlich-rechtliche Forderungen im Staat des Tätigkeits- bzw. Herkunftsort zu betreiben sind. Schließlich erklärt Art. 23 im Rahmen eines Verfahrens ergangene - nach Art. 22 grundsätzlich anzuerkennende - Entscheidungen für vollstreckbar.

III. Europa

Am 23.11.1995 haben "die im Rat vereinigten hohen Vertragsparteien, die Mitgliedsstaaten der Europäischen Union" in Ausführung von Art. 220 EGV[267] nach dreißig Jahren Diskussion und mehreren verworfenen Entwürfen (allesamt gescheitert: ein Vorentwurf von 1970, ein Entwurf von 1980 und ein revidierter Entwurf von 1984)[268] ein Europäisches Übereinkommen über Insolvenzverfahren (EuInsÜ) verabschiedet. Mangels Zeichnung durch das Vereinigte Königreich ist das Übereinkommen nicht in Kraft getreten.[269] Nachdem die Zeich-

---

265 Art. 19 Abs. 2

266 Art. 19 Abs. 3; Zur korrespondierenden Lage bei der Individualvollstreckung, im Hinblick auf den Grundsatz der grenzüberschreitenden Nichtdurchsetzbarkeit s.u., 3. Kapitel, B. V. 2. e., S. 135

267 Zur Frage der Reichweite von Art. 220 EGV vgl. Groeben/Thiesing/Ehlermann, Art. 220 EGV, Rn. 113 f.

268 Bei Schaffung des EuGVÜ ist die Insolvenzthematik wegen ihrer Komplexität ausgenommen worden. Sie sollte in einem parallelen Übereinkommen Regelung finden.; vgl. Arnold, ZIP 1984, S. 1144, 1146; Der erste Vorentwurf von 1970 ist zu finden in Kegel/Thieme, Vorschläge und Gutachten, S. 3 ff. und in KTS 1971, S. 167 ff.; Zur Kritik daran vgl. DAV, KTS 1975, S. 59, 67 ff. und Jahr, RabelsZ 1972, S. 620 ff.; Die Entwürfe von 1980 und 1984 sind zu finden in Kegel/Thieme, a.a.O., S. 45 ff. und KTS 1981, S. 167 der eine sowie in Kegel/Thieme, a.a.O., S. 417 ff. der andere; Zur Kritik: Großfeld, ZIP 1981, S. 925 und Flessner, ZIP 1989, S. 749 f.; An dieser Stelle ist auch zu nennen der Entwurf des Europarates, das sog. "Istanbul"-Abkommen, v. 5.6.1990, dem Deutschland, Frankreich, Griechenland, Luxemburg und die Türkei beigetreten sind, das aber nicht ratifiziert wurde; vgl. Arnold, a.a.O.; Weber/Hoffmann, S. 129

269 vgl. Stoll, Vorschläge und Gutachten, S. 3; Jayme/Kohler, IPRax 1996, S. 377, 388 f.; Ursache war die Verweigerungshaltung verursacht durch das Exportverbot der EU für britisches Rindfleisch wegen BSE; Rechtsgrundlage für das Übereinkommen ist Art. 220 EGV

nungsfrist abgelaufen war, drohte auch diesem bisher am weitesten gediehenen Versuch einer europäischen Regelung das Schicksal seiner Vorläufer.[270]

Im Folgenden wurde mit dem Vertrag von Amsterdam ein Ausschnitt des Bereiches „Justiz und Inneres“, der sog. „dritten Säule“[271], in das Gemeinschaftsrecht überführt.[272] Damit ist nicht nur die Kompetenz im Bereich des EuGVÜ[273] auf die Gemeinschaft übergegangen.[274] Auch konnte das Internationale Insolvenzrecht als sekundäres Gemeinschaftsrecht in Angriff genommen werden. Die Reichweite der neuen Gemeinschaftskompetenz ist allerdings nicht unumstritten.[275] Es wird vertreten, daß es sich nur um eine konkurrierende Gemeinschaftskompetenz handele. Es müsse ein gewisser Bezug zum freien Personenverkehr gegeben sein. Ferner müsse die Rechtsetzung für das Funktionieren des Binnenmarktes erforderlich sein.[276]

Den Mitgliedsstaaten wurde für einen Übergangszeitraum von 5 Jahren in Art. 67 Abs. 1 EGV neben der Kommission ein Initiativrecht eingeräumt. Deutschland und Finnland nutzten diese weitreichende[277] und zeitlich zusammenfallende Kompetenzzuweisung und brachten 1998 auf der Grundlage der neuen Art. 61c, 65 EGV die Initiative einer Verordnung über Insolvenzverfahren (EuInsVO) in den Rat ein.[278]

Die Initiative übernahm inhaltlich vollständig die Regelungen des EuInsÜ.[279] Der Verordnungsvorschlag wurde vom Rat als Verordnung 1346/00 am 29.5.

---

270 vgl. Art. 49 Abs. 2 und 3 EuInsÜ; Stoll, Vorschläge und Gutachten, S. V

271 Art. K1 Nr. 6 EUV

272 Art. 67 EGV gilt für „Visa, Asyl, Einwanderung und andere Politiken betreffend den freien Personenverkehr“, so die Überschrift des Titel IV; Dies umfaßt die in Art. 65 geregelte justizielle Zusammenarbeit. Geiger, Art. 61, Rn. 1; Röben in Grabitz/Hilf, vor Art. 61, Rn. 1; Der dritte Säule und damit der intergouvernementalen Zusammenarbeit verblieben sind die Bereiche justizielle Zusammenarbeit in Strafsachen und polizeiliche Zusammenarbeit, Geiger, Art. 61, Rn. 1; Röben in Grabitz/Hilf, vor Art. 61, Rn. 1

273 vgl. Spellenberg, EuR 1980, S. 329, 330 und 347

274 Es könnte in sekundäres Gemeinschaftsrecht überführt werden, Röben in Grabitz/Hilf, Art. 65, Rn. 8

275 Eidenmüller, IPRax 2001, S. 3 m.w.N.

276 Eidenmüller, a.a.O.

277 Nach Röben in Grabitz/Hilf, vor Art. 61, Rn. 1, handelt es sich neben der Aufwertung des Europäischen Parlamentes um die langfristig wichtigste Weichenstellung des Vertrages von Amsterdam

278 Amtsblatt C 221/8 vom 3.8.1999; Stellungnahme des Wirtschafts- und Sozialausschusses: Amtsblatt C 75/1 vom 15.3.00

279 Die deutsche Fassung weist einige inhaltlich neutrale sprachliche Änderungen auf. In Art. 31 Abs. 2 heißt es ferner heute “gegenseitige Zusammenarbeit” statt “Zusammenarbeit”. In

2000 verabschiedet. Sie tritt am 31.5.2002 in Kraft.[280] Verordnungen haben Gesetzescharakter mit Rang vor jedem nationalen Recht.[281] Die EuInsVO wird mithin in den Mitgliedstaaten unmittelbare Wirkung entfalten. Bemerkenswert ist, daß England, welches das Scheitern des EuInsÜ verursacht hat, seine ablehnende Haltung im Laufe der Entstehung der Verordnung aufgegeben hat.[282] Während zunächst vorgesehen war, daß die Verordnung im Vereinigten Königreich keine Anwendung findet, gilt dies heute nur noch für Dänemark.[283]

Die Präambel des Übereinkommensentwurfes nannte als tragende Erwägung, daß es geboten sei, die Zuständigkeitsregeln innergemeinschaftlich festzulegen, gewisse Kollisionsregeln zu harmonisieren, die Anerkennung zu gewährleisten, Sekundärverfahren zu ermöglichen sowie für die Gläubiger Information und das Recht auf Forderungsanmeldung zu gewährleisten. Es fällt auf, daß der Verzicht auf den Einheitsgedanken von vornherein klargestellt wurde. Es fällt ferner auf, daß der Gläubigergleichbehandlungsgrundsatz nicht ausdrücklich genannt wurde. Die Präambel der verabschiedeten Verordnung hebt ebenfalls die einheitliche Regelung der Zuständigkeiten hervor, ferner die Regelung der Anerkennung und des anwendbaren Rechts.[284] Sie benennt als Regelungsziel ausdrücklich die Verbesserung der Effizienz und Wirksamkeit von Insolvenzverfahren mit grenzüberschreitender Wirkung.[285] Der Gleichbehandlungsgrundsatz wird auch in der Verordnung nicht ausdrücklich genannt.

Das EuInsÜ gliederte sich in die fünf Kapitel: *Allgemeine Vorschriften*, *Anerkennung der Insolvenzverfahren*, *Sekundärinsolvenzverfahren*, *Unterrichtung der Gläubiger und Anmeldung ihrer Forderungen*, schließlich *Auslegung durch den Gerichtshof* (und *Übergangs- und Schlußbestimmungen*). Die Verordnung stimmt damit in den Kapiteln 1 - 4 überein. Ihrem gemeinschaftsrechtlichen

---

Art. 36 ergibt sich ein materieller Unterschied: Nach dem EuInsÜ galten die Kooperationsregeln der Art. 31 – 35 auch für vor einem Hauptverfahren eröffnete Partikularverfahren, soweit dies nach dem Stand dieser Verfahren **erforderlich** ist, in der Verordnung gelten die Kooperationsregeln für das früher eröffnete Partikularverfahren, soweit dies nach dem Stand des Verfahrens **möglich** ist. Schließlich fehlen in der Verordnung naturgemäß die Regelungen über das Auslegungsmonopol des EuGH (Art. 43 und 44 EuInsÜ). Schließlich ist der Wortlaut von Art. 5 Abs. 1 durch den Einbezug von "Mehrheiten nicht bestimmter Gegenstände mit wechselnder Zusammensetzung" zugunsten des endeutigen Einbezugs englischer *floating charges* ergänzt worden, vgl. Eiden-müller. IPRax 2001, S. 8

280 vgl. Eidenmüller, s.o., Fn. 275

281 Maurer, § 4, Rn. 51 und 54

282 Präambel zur EuInsVO, Ziff. 32

283 Präambel, Ziff. 33

284 Ziff. 6 und 8

285 Ziff. 8

Charakter folgend bedurfte es der Regelung des fünften Kapitels nicht. Dem vierten Kapitel folgen die *Übergangs- und Schlußbestimmungen*.

Die Verordnung gilt für Gesamtverfahren, die *„die Insolvenz des Schuldners voraussetzen und den vollständigen oder teilweisen Vermögensbeschlag gegen den Schuldner sowie die Bestellung eines Verwalters zur Folge haben*“, Art. 1 Abs. 1. Welche Verfahren im jeweiligen Mitgliedsstaat dies sind, ist in Anhang A enumerativ aufgelistet, so daß Konflikte insoweit ausgeschlossen sind. Es sind dies gleichermaßen Liquidations- und Sanierungsverfahren.

In Art. 3 vereinheitlicht die EuInsVO die Regeln der Internationalen und örtlichen Zuständigkeit zur Verfahrenseröffnung: Sie soll in allen Mitgliedsstaaten einheitlich am Ort des Mittelpunkts der hauptsächlichen Interessen des Schuldners gegeben sein, der bei Gesellschaften und juristischen Personen am Ort des satzungsmäßigen Sitzes vermutet wird, Art. 3 Abs. 1. Hat der Schuldner seinen Interessenmittelpunkt innerhalb eines Mitgliedsstaates, bietet Art. 3 Abs. 2 zusätzlich die Möglichkeit der Verfahrenseröffnung am Niederlassungsort, unter Beschränkung der Wirkungen des Verfahrens auf das im Eröffnungsstaat belegene Vermögen. Die sukzessive Eröffnung zweier Hauptverfahren i.S.d. Abs. 1 ist ausgeschlossen. Das spätere Verfahren ist stets Sekundärverfahren, Art. 3 Abs. 3 S. 1. Die isolierte Eröffnung eines Territorialverfahrens soll nur auf Antrag von inländischen Gläubigern oder solchen, die mit der vor Ort belegenen Niederlassung kontrahiert haben, oder im Falle fehlender Eröffnungsmöglichkeit am Ort des Interessenmittelpunktes möglich sein, Art. 3 Abs. 4 EuInsVO.

Die Zuständigkeitsregeln werfen die Frage auf, was gilt, wenn der Mittelpunkt der Schuldnerinteressen außerhalb des beabsichtigten Geltungsbereiches der EuInsVO liegt, also etwa in den Vereinigten Staaten, der Schuldner aber in einem oder mehreren Mitgliedsstaaten Niederlassungen oder Vermögen hat. Während die isolierte Betrachtung von Abs. 2 ergibt, die EuInsVO regele diesen Sachverhalt gar nicht, so daß die Mitgliedsstaaten die Eröffnungszuständigkeiten autonom zu bestimmen hätten, könnte aus Abs. 1 zu schließen sein, daß im besagten Fall eine Zuständigkeit zur Eröffnung auch von Partikularverfahren innerhalb der jeweiligen Mitgliedsstaaten schlicht ausgeschlossen wurde. Beides erscheint zweifelhaft. Die letztere Lesart kann von den Urhebern des Verordnungstextes nicht beabsichtigt gewesen sein, denn sie bedeutete, innereuropäisch untereinander auf der Notwendigkeit von Partikularverfahren zu bestehen, aber außereuropäischen Verfahren nicht entsprechend begegnen zu können. Der einzig verbleibende Rückgriff auf das autonome Internationale Insolvenzrecht erscheint aber unangemessen, weil innereuropäisch in diesem Fall all das wieder gälte, was Anlaß gab, eine zwischenstaatliche Einigung anzustreben und Abstimmungs- und Kooperationsregelungen zu begehren. Wie aufgezeigt ist im autonomen Internationalen Insolvenzrecht einiger Mitgliedsstaaten schon bei Vermögensbelegenheit im Inland die Eröffnung von Verfahren mit universalem

Wirkungsanspruch denkbar. Auch fehlt es in den autonomen Internationalen Insolvenzrechten an Koordinations- und Abstimmungsregeln innerhalb Europas. Es wäre unerfreulich, bei fehlendem Interessenmittelpunkt des Gemeinschuldners innerhalb der Mitgliedsstaaten auf den durch die EuInsVO erreichten Fortschritt verzichten zu müssen.

Dies ist im Ergebnis aber der Fall. Denn die Verordnung tritt neben die autonomen Internationalen Insolvenzrechte. Die nationalen Zuständigkeitsregeln werden nicht durch die der EuInsVO ersetzt. Letztere gehen jenen nur vor, wenn der Anwendungsbereich der EuInsVO eröffnet ist, wenn also der Schuldner seinen Interessenmittelpunkt in einem Mitgliedsstaat hat. Unabhängig davon, wie intensiv der Bezug eines Insolvenzsachverhalt in die Gemeinschaft hinein ist, bleibt es unter der EuInsVO bei den Zuständigkeiten aus dem autonomen Internationalen Insolvenzrecht und den mangelnden Kooperationsbestimmungen, wenn der Schuldner seinen Interessenmittelpunkt außerhalb der Mitgliedsstaaten hat.[286] In der Tat bleibt das Verhältnis zu Drittstaaten von der EuInsVO unberücksichtigt.[287]

Art. 4 Abs. 1 und 17 postulieren die grundsätzliche Anwendbarkeit der *lex fori concursus* auf Verfahren und Verfahrenswirkungen. Die *lex fori concursus* soll Eröffnungsvoraussetzungen, Verfahrensdurchführung und Verfahrensbeendigung regeln, wobei die EuInsVO in Art. 4 Abs. 2 S. 2 einen Katalog „insbesondere" darunter fallender Aspekte vorgibt. Die Wirkungen auf anhängige Rechtsstreitigkeiten gehören ausdrücklich nicht dazu, Art. 4 Abs. 2 f. 2. HS. und Art. 15. Genannt werden Insolvenzfähigkeit, Bestimmung des Masseumfangs und Behandlung von Neuerwerb, Verwalterbefugnisse, Aufrechnungswirksamkeit, Behandlung laufender Verträge, Wirkungen auf Vollstreckungsmaßnahmen, Forderungsanmeldung, -prüfung, -feststellung und -behandlung, Verteilung und Verteilungsordnung, Verfahrensbeendigung und ihre Wirkungen samt der Rechte der Gläubiger nach Abschluß des Verfahrens und schließlich, neben der Kostenfrage, die Regelungen zur Verhinderung von die Gläubigergesamtheit benachteiligenden Akten (in Deutschland also das Insolvenzanfechtungsrecht). Es folgen sodann in den Art. 5 bis 15 gesonderte Anknüpfungen, unter anderem für die Wirkungen auf dingliche Rechte (wozu auch Rechte an Forderungen gezählt werden; *lex rei sitae*) und eintragungspflichtige Rechte an unbeweglichen Gegenständen (Recht des Registerstaates), die Aufrechnungsbefugnis (Forderungsstatut der dem insolventen Schuldner zustehenden Gegenforderung, welches natürlich nicht mit der *lex concursus* identisch sein muß), das Schicksal von Eigentumsvorbehalten (Eigentumsvorbehalt bleibt bei Käuferinsolvenz und Belegenheit der Sache außerhalb des Eröffnungsstaates unberührt; Käuferposition

286 Diesen Punkt rügt auch Gottwald, Vortrag, S. 18

287 vgl. Gottwald, Vortrag, S. 46; Woodland in Leonard/Besant, S. 7

bleibt bei Verkäuferinsolvenz und Belegenheit der Sache außerhalb des Eröffnungsstaates ebenfalls unberührt), Wirkungen auf Verträge über unbewegliche Gegenstände (*lex rei sitae*) und auch Wirkungen auf Arbeitsverträge (Vertragsstatut). Die Anknüpfung masseschädigender Rechtshandlungen nach der *lex fori concursus* wird in Art. 13 dahingehend eingeschränkt, daß der Nachweis fehlender Angreifbarkeit der Rechtshandlung nach dem für sie maßgeblichen Recht diese unangreifbar macht. Art. 14 schließlich stellt klar, daß im Falle von entgeltlichen Verfügungen des Schuldners über u.a. Immobilien und eintragungsbedürftige Wertpapiere nach Verfahrenseröffnung die Gutglaubensbestimmungen des Belegenheits- bzw. Registerstaates einschlägig sind.

Die EuInsVO sieht die automatische Anerkennung eines auf der Grundlage ihrer Zuständigkeiten eröffneten Verfahrens in allen anderen Mitgliedsstaaten vor, sobald ihre Eröffnung wirksam wird, Art. 16 Abs. 1. Wirkungen und Wirkungserstreckung werden bei Niederlassungsverfahren bereits *per se*, bei Verfahren nach Art. 3 Abs. 1 nur durch die vorgesehenen Sonderanknüpfungen und durch parallele Niederlassungsverfahren durchbrochen und begrenzt. Art. 25 erstreckt die automatische Anerkennung auch auf alle weiteren zur Durchführung und Beendigung des Verfahrens ergangenen Entscheidungen und verweist zu ihrer Vollstreckung auf Art. 31 – 51 EuGVÜ. Dazu gehören auch einstweilige Maßnahmen im Zeitraum zwischen Antrag auf Verfahrenseröffnung und Entscheidung über die Eröffnung.

Natürlich steht auch die nach der EuInsVO vorgesehene Anerkennung unter dem Vorbehalt des ordre public (Art. 26):

> „Jeder Mitgliedsstaat kann sich weigern, ein in einem anderen Mitgliedsstaat eröffnetes Insolvenzverfahren anzuerkennen oder eine in einem solchen Verfahren ergangene Entscheidung zu vollstrecken, soweit diese Anerkennung oder diese Vollstreckung zu einem Ergebnis führt, das offensichtlich mit seiner öffentlichen Ordnung, insbesondere mit den Grundprinzipien oder den verfassungsmäßig garantierten Rechten und Freiheiten des einzelnen, unvereinbar ist."

Art. 20 normiert die auch im deutschen Recht gegebene Herausgabepflicht bzgl. dessen, was Gläubiger nach Verfahrenseröffnung außerhalb von Verfahren zu Lasten der Masse erlangt haben, ferner die Anrechnungspflicht: „*Zur Wahrung der Gleichbehandlung*" nimmt ein Gläubiger an der Verteilung immer erst dann teil, wenn die anderen Gläubiger gleichen Ranges die gleiche Quote erhalten haben, die er bereits aus der Verteilung in anderen Verfahren erlangte.[288] Es wird das Erlangte so auf die Quote angerechnet.

---

288 dazu unten, S. 102

In Kapitel III wird sodann das Sekundärverfahren konkretisiert. Es ist auf das im Inland belegene Vermögen beschränkt. Das Recht, ein solches Verfahren zu beantragen, ist in keiner Weise eingeschränkt (es sei denn, ein Hauptverfahren ist noch nicht eröffnet, s.o., Art. 3 Abs. 4) und steht auch dem Verwalter des Hauptverfahrens zu. Forderungen dürfen hier wie dort angemeldet werden, Art. 32 Abs. 1, und zwar schriftlich und von jedem Gläubiger, der seinen gewöhnlichen Aufenthalt, Wohnsitz oder Sitz in einem anderen Mitgliedsstaat als dem der Verfahrenseröffnung hat, einschließlich der Steuer- und Sozialversicherungsbehörden der Mitgliedsstaaten. (Letzteres regelt Art. 39, der für Haupt- und Parallelverfahren gleichermaßen gilt.[289]) Verwalter aller Verfahren sind untereinander zum InformationsAustausch und zur Zusammenarbeit verpflichtet. Der Verwalter des Hauptverfahrens hat das Recht, dem Verwalter des Sekundärverfahrens Vorschläge zu Verwertung und Verwendung der Masse zu machen. Er kann auch die vollständige oder teilweise zeitweise Aussetzung der Verwertung im Sekundärverfahren beantragen, Art. 33. Dieser Aspekt der Kooperation hängt mit dem grundsätzlchen Verhältnis von Verfahren nach Art. 3 Abs. 1 zu parallelen Verfahren nach Art. 3 Abs. 2 zusammen:

Die EuInsVO will den Sanierungs- und den Liquidationsgedanken nämlich auf grenzüberschreitender Ebene unterschiedlich verfolgen. Sanierungsverfahren können territorial beschränkt auf Grundlage der Zuständigkeit nach Art. 3 Abs. 2 nur solange eröffnet werden, wie es nicht bereits ein Hauptverfahren gemäß Art. 3 Abs. 1 gibt. Im letzteren Falle sind die territorial beschränkten Verfahren zwingend Liquidationsverfahren, Art. 3 Abs. 3 S. 2. Die Durchbrechung der Verfahrenseinheit schien also offenbar im Hinblick auf die Unterschiede nationalen Sanierungsrechts nicht erforderlich, sondern nur im Hinblick auf im Liquidationsfalle voneinander abweichende Gläubigerpositionen. Die Staaten, die den Verordnungstext[290] verhandelt haben, sahen offenbar keine Rechtspositionen nach eigenem Recht, die im Rahmen von Sanierungsbemühungen der Unterwerfung unter eine andere Rechtsordnung im Wege stünden. Wenn also Parallelverfahren aus Gründen sich unterscheidender Rechtspositionen im Liquidationsfalle unumgänglich sind, dann muß gleichzeitig dafür gesorgt werden, daß solche Parallelverfahren universale Sanierungsbemühungen nicht verhindern. Diesem Zweck dient Art. 33. Art. 34 stellt sodann u.a. klar, daß in Abstimmung mit dem Hauptverfahren auch eine Beendigung von Sekundärverfahren ohne Liquidation möglich ist.

Art. 35 ist in der Praxis in der Regel bedeutungslos. Er verlangt die Herausgabe eines nach Befriedigung aller teilnehmenden Gläubiger verbleibenden Überschusses an den Verwalter des Hauptverfahrens. Eine umgekehrte Regelung gibt

---

289 s.u.. 3. Kapitel, C.II., S. 147

290 als Übereinkommensentwurf, s.o., S. 48

es indessen nicht. Die Verordnung geht offenbar davon aus, daß Sekundärverfahren regelmäßig vor dem Hauptverfahren Beendigung finden. Vorgeschrieben ist das nicht. Da alle Forderungen an allen Verfahren partizipieren können und das Hauptverfahren das einzige ist, welches nicht auf das im Inland belegene Vermögen beschränkt ist, scheint es sehr wohl denkbar, daß die Wahrscheinlichkeit eines Überschusses im Hauptverfahren höher ist, als in Partikularverfahren.

Da, wie gesagt, ein Verfahren auf der Grundlage von Art. 3 Abs. 2 als Nichtliquidationsverfahren nur vor Eröffnung eines solchen nach Art. 3 Abs. 1 eröffnet werden kann, bedarf es der Abstimmung für den Fall, daß es *anschließend* zur Eröffnung eines Hauptverfahrens kommt. Gemäß Art. 36 und 37 kann das erstgenannte Verfahren auf Antrag des Hauptverfahrens-Verwalters umgewandelt werden, *„wenn es sich erweist, daß die Umwandlung im Interesse der Gläubiger des Hauptverfahrens liegt.*" Die Formulierung erscheint unbe-stimmt. Ferner gelten die vorstehend beschriebenen Kooperationsregeln, *„soweit nach dem Stand dieses Verfahrens erforderlich*". Das Funktionieren solch vager Formulierungen setzt voraus, daß die Verwalter sich einig sind, d.h. gleichsam „zum gemeinen Besten" zusammenarbeiten. Es erscheint mutig, davon ohne weiteres auszugehen.

IV. UNCITRAL-Mustergesetz

Die *United Nations Commission on International Trade Law* (UNCITRAL) hat nach ausführlichen Beratungen auf ihrer 28. Sitzung 1995 befunden, daß es lohnend sei, einheitliche Rechtsvorschriften zur Regelung von Fragen grenzüberschreitender Insolvenzen (insbesondere in bezug auf gerichtliche Kooperation, Klagebefugnis ausländischer Insolvenzverwalter und Anerkennung ausländischer Insolvenzverfahren) zu entwerfen.[291] Eine *Working Group on Insolvency Law* beschäftigte sich infolgedessen 1995 und 1996 mit einem ersten Entwurf, der auf positive Resonanz stieß. Die der Working Group eingangs unterbreitete Aufgabenstellung umfaßte eine Liste von zu behandelnden, aus der Verschiedenheit der nationalen Rechte resultierenden Problemkreisen.[292] Dabei beschränkte man sich von vornherein zur Steigerung der Erfolgsaussichten des

---

291 UNCITRAL-Report zur 29. Sitzung 1996, Anm. 235; Die Erwägungen von UNCITRAL, sich mit International-insolvenzrechtlichen Fragen zu beschäftigen, gehen zurück auf Vorschläge von Praktikern auf einem UNCITRAL-Kongress "*Uniform Commercial Law in the 21st Century*", denen sich UNCITRAL 1993 annahm; vgl. UNCITRAL-Report zur 28. Sitzung, Anm. 391: "*...it was stated, that... the subject was not necessarily of a strictly commercial nature.*" und Report zur 26. Sitzung, 1993, Anm. 302 ff.

292 UNCITRAL-Yearbook 24, 1993, S. 248, 250: Crossborder insolvency, note by the Secretariat (A/CN.9/378/Add.4); darunter auch der Ausschluß der Teilnahme ausländischer Hoheitsträger; dazu s.u., 3. Kapitel, B., S. 116

Unterfangens auf die wichtigsten Fragen. Im Mai 1997 wurde das Modellgesetz "*on Cross-Border Insolvency*" beschlossen.[293]

Es zielt darauf ab, als *nationales* Internationales Insolvenzrecht von möglichst vielen Rechtsordnungen übernommen zu werden. Es ist also nach Übernahme in eine nationale Rechtsordnung *autonomes* Internationales Insolvenzrecht, das auch dann funktionieren soll, wenn der betroffene Staat unter allen in eine Insolvenzbewältigung involvierten Staaten der einzige sein sollte, der das Mustergesetz übernommen hat. Das ist in erster Linie durch seine Flexibilität gewährleistet. Gleichwohl soll es nach den Vorstellungen seiner Schöpfer in möglichst viele Rechtsordnungen Eingang finden, so daß in der Praxis möglichst oft harmonisiertes Internationales Insolvenzrecht aufeinander trifft.

In der Präambel werden die Ziele des Mustergesetzes aufgezählt, wobei vor allem auffällt, daß der Grundsatz der Gläubigergleichbehandlung auch hier nicht explizit genannt wird.[294] Es ist nur vom Ziel einer fairen und effizienten Verwaltung die Rede, welche die Interessen aller Gläubiger und aller anderen betroffenen Personen, einschließlich des Schuldners, zu schützen hat.[295] Dies wird erst an dritter Stelle genannt, hinter dem Gedanken der Rechtssicherheit.[296] An erster Stelle steht „*cooperation between the courts and other competent authorities...*". „*Hintergrund für diese starke Betonung der justiziellen Zusammenarbeit sind (...) die weitgehenden Befugnisse der anglo-amerikanischen Richter*".[297]

Das UNCITRAL-Mustergesetz gliedert sich in fünf Abschnitte: *Allgemeine Vorschriften, Stellung ausländischer Verwalter und Gläubiger vor inländischen Gerichten, Anerkennung ausländischer Verfahren, Zusammenarbeit mit ausländischen Gerichten und Verwaltern* und schließlich *Verfahrensmehrheit.*

Es soll auf Insolvenzangelegenheiten Anwendung finden, in denen *aus* dem Ausland von Gerichten oder Verwaltern um Unterstützung ersucht wird, ebenso wenn *im* Ausland um Unterstützung gebeten wird, wenn in mehreren Staaten Verfahren gleichzeitig laufen und wenn ausländische Personen ein Verfahren im Inland einleiten oder daran teilnehmen wollen, Art. 1.

Das Mustergesetz definiert ein ausländisches Insolvenzverfahren als kollektives gerichtliches oder behördliches Verfahren in einem anderen Staat, einschließlich einstweiliger Verfahren, auf der Grundlage von Insolvenzrecht, in dem die Ab-

---

293 Benning/Wehling, EuZW 1997, S. 618; *Modell Law* und *Guide to Enactment* sind zugänglich im Internet unter *http://www.uncitral.org/en-index.htm*

294 vgl.o., S. 50

295 Präambel, (c): "*fair and efficient administration of cross-border insolvencies that protects the interests of all creditors and other interested persons, including the debtor*"

296 Präambel, (d): "*greater legal certainty for trade and investment*"

297 Wimmer, ZIP 1997, S. 2220, 2223; siehe auch Paulus, ZIP 1998, S. 977, 979

wicklung der Vermögenswerte und Angelegenheiten des Schuldners gerichtlicher Aufsicht unterliegt, mit dem Ziel der Sanierung oder Liquidation.[298] Es trennt im Ansatz ausländische „Haupt-“ und „Nicht-Hauptverfahren“. Hauptverfahren sind die in dem Staat eröffneten, in welchem der Schuldner seinen Interessenmittelpunkt (*centre of main interests*) hat, „Nicht-Hauptverfahren“ jene am Ort einer Niederlassung (*establishment*), worunter wie in der EuInsVO jede Stätte nicht nur vorübergehender wirtschaftlicher Tätigkeit verstanden wird, Art. 2.

Bemerkenswert ist, daß bei „Nicht-Hauptverfahren“ eine Beschränkung auf das Inlandsvermögen nicht ausdrücklich vorgesehen ist. Art. 21 Abs. 3 sieht allerdings vor, daß das entscheidende Gericht des Staates, der ein „Nicht-Hauptverfahren“ anerkennt, bei den zu treffenden Maßnahmen überzeugt sein muß, daß die betroffenen Vermögensgegenstände nach der *lex fori* des anerkennenden Staates dem Unterstützung suchenden Verfahren unterfallen sollten („*must be satisfied, that (...) under the law of this state (...) should be administered in the foreign non-main procedure*"). Das ermöglicht, die Ausdehnung eines „Nicht-Hauptverfahrens“ auf jenseits seines Eröffnungsstaates belegenes Vermögen zu unterbinden. Es läßt aber auch eine Zuordnung nach anderen Kriterien zu. Kriterien für die Frage, welches Vermögen welchem Verfahren unterfallen soll, gibt das Mustergesetz nicht vor, mit der Ausnahme des Art. 28 Abs. 2, der im folgenden noch angesprochen wird.

Anerkennungsfähig sollen gem. Art. 17 Abs. 2, Art. 2 (a) als Insolvenzverfahren zu qualifizierende Verfahren am Ort des Interessenmittelpunktes und solche am Niederlassungsort sein, im einen Fall als „Haupt-“ im anderen als „Nicht-Hauptverfahren“. Weitere Voraussetzungen für die Anerkennung sind Antragstellung durch den ausländischen Verwalter und die Einhaltung bestimmter Formalien, Art. 15-17. Art. 6 sieht ferner den *ordre public*-Vorbehalt vor.

Art. 8 verweist für die Auslegung des Übereinkommens auf seine internationale Herkunft, Art. 9 gewährt ausländischen Verwaltern direkten Zugang zu inländischen Gerichten, Art. 11 das Recht auf Verfahrensbeantragung im Inland gemäß seiner *lex fori concursus*. Ist ein ausländisches Verfahren anerkannt, kann dessen Verwalter an einem inländischen Verfahren teilnehmen, Art. 12.

Art. 13 stellt in- und ausländische Gläubiger gleich, nimmt aber das Anrecht auf Einräumung von Vorrechten ausdrücklich aus, Abs. 2. In einem alternativ zur

298 Art. 2 (a): "*a collective judicial or administrative proceeding in a foreign State, including an interim proceeding, pursuant to a law relating to insolvency in which proceeding the assets and affairs of the debtor are subject to control or supervision by a foreign court, for the purpose of reorganization or liquidation*"

Übernahme angebotenen Art. 13 Abs. 2 werden auch Steuer- und Sozialversicherungsansprüche ausdrücklich von der Gleichstellung ausgenommen.

Es folgen die Regelungen zum Verfahren der Anerkennung, Art. 15 ff.. Der Verwalter stellt den Antrag. Die Anerkennung erfolgt, wenn es sich um ein Verfahren i.S.d. Definition von Art. 2 (a.) handelt, und zwar um ein Haupt-verfahren am Ort des Interessenmittelpunktes oder ein „Nicht-Hauptverfahren" an einem Niederlassungsort, jeweils unter dem *ordre public*-Vorbehalt.

In Art. 19 ist die Möglichkeit zu allen erforderlichen Maßnahmen einstweiligen Rechtsschutzes für den Zeitraum zwischen Antragstellung auf Anerkennung und Entscheidung vorgesehen. Art. 20 bestimmt sodann die Wirkungen, welche die Anerkennung eines ausländischen Hauptverfahrens hat. Die Anerkennung führt nach dem Mustergesetz also nicht zur Wirkung des ausländischen Verfahrens auf der Grundlage der *lex fori concursus*. Die Wirkungen ergeben sich aus dem Recht des Anerkennungsziellandes.[299] Als Wirkungen der Anerkennung von Hauptverfahren sind die Aussetzung aller Rechtsverfolgungs- und Vollstreckungsmaßnahmen gegen den Schuldner und der Verlust der Verfügungsbefugnis über sein Vermögen genannt. Bei der Anerkennung eines „Nicht-Hauptverfahrens" können die gleichen Folgen auf Ermessensgrundlage ausgesprochen werden, wenn das Gericht davon überzeugt ist, daß die betroffenen Vermögenswerte zurecht diesem Verfahren unterworfen werden. Weitere situationsadäquate Maßnahmen zur Bewahrung und Realisierung des Schuldnervermögens können gem. Art. 21 ausgesprochen werden. Ferner steht dem ausländischen Verwalter mit Anerkennung gem. Art. 23 Abs. 1 das Anfechtungsrecht des anerkennenden Staates zur Verfügung.

Art. 22 spezifiziert nochmals den schon in der Präambel erwähnten Ausgleich aller individuellen Interessen als Kriterium für die Ausübung des breiten Ermessens, das die meisten Lösungen des Mustergesetzes prägt. Abs. 2 erlaubt, im Zuge der Anerkennung auszusprechende Maßnahmen an Bedingungen zu knüpfen.

In Art. 25 – 27 schließlich wird das Ziel möglichst umfassender Kooperation zwischen allen involvierten Gerichten, Behörden und Verwaltern konkretisiert.

Nach dem Mustergesetz kann im Inland ein Verfahren unabhängig davon betrieben werden, ob ausländische Verfahren im Inland Anerkennung suchen oder anerkannt sind. Ist allerdings ein ausländisches Hauptverfahren anerkannt worden, ist der Wirkungsanspruch des Inlandsverfahrens beschränkt, allerdings nicht zwingend nur auf das Inlandsvermögen. Das Nebenverfahren kann eröffnet werden, wenn Schuldnervermögen im Inland belegen ist. Auch hier kommt wieder zum Ausdruck, daß Nebenverfahren nicht immer auf das Inlandsver-mögen beschränkt sein müssen. Art. 28 S. 2 sieht folgendes vor: Fällt nach der *lex fori*

---

299 vgl. *Guide to enactment* (s.o., Fn.293), Rn. 143 S. 4, Rn. 159 S. 1

concursus eines Nebenverfahrens weiteres Vermögen in die Masse, soll dies nach Anerkennung eines ausländischen Hauptverfahrens dem Nebenverfahren nur unterfallen, wenn dies zur Koordination der Verfahren erforderlich ist.

Die Wirkungen der Anerkennung sind den Erfordernissen des Inlandsverfahren anzupassen, entweder von vornherein, oder durch nachträgliche Änderung, je nach zeitlicher Reihenfolge von Verfahrenseröffnung und Anerkennung, Art. 29.

Art. 30 regelt die Unterstützung mehrerer ausländischer Verfahren. Dabei wird dem ausländischen Hauptverfahren Priorität eingeräumt. Maßnahmen zugunsten von Nebenverfahren sind von vornherein oder auch nachträglich an dessen Erfordernisse anzupassen.

Auch das Mustergesetz sieht schließlich eine Anrechnungsregel vor, die inhaltlich der des Art. 20 EuInsVO entspricht, also eine Anrechnung auf die Quote.

Zusammenfassend läßt sich sagen, daß die Regelungstiefe des UNCITRAL-Modells begrenzt ist. Es handelt sich gleichsam um einen ersten Schritt zur Harmonisierung.[300] Das Modell ist indessen ein gutes Beispiel für die damit verbundenen Schwierigkeiten, zumal seine Regelungen von unserer Rechtskultur recht weit entfernt scheinen. Es erscheint fraglich, ob es sich als Grundlage für die zukünftige Entwicklung internationaler Insolvenzrechte, jedenfalls im Verhältnis wirtschaftlich intensiv verbundener Staaten, durchsetzen kann.[301]

D. Zusammenfassung des gegenwärtigen Entwicklungsstands

Ein Überblick über die international-insolvenzrechtlichen Regelungen in den verschiedenen Rechtsordnungen muß unvollständig sein, da er die nationalen Insolvenzrechte unberücksichtigt läßt, Probleme in der grenzüberschreitenden Insolvenz aber gerade aus deren Regelungen fließen können.

Festzustellen ist aber, daß sich im modernen Internationalen Insolvenzrecht der Universalitätsgedanke als Ansatz durchgesetzt hat, in Reinform jedoch nicht anzutreffen ist. Die dargestellten Internationalen Insolvenzrechtssysteme erscheinen alle als Mischanwendungen der beschriebenen Prinzipien.

Die Übersicht zeigt auf, daß der Grenzübertritt eines Insolvenzsachverhaltes Prognosen schwierig macht, welcher Vermögensbestandteil des Schuldners unter welchen Umständen nach welchem Recht wem zugute kommt. Es wurde ferner aufgezeigt, daß es bis zur EuInsVO lange Zeit nicht gelungen ist, durch zwischenstaatliche Regelungen Fortschritt zu erzielen.

---

300 Cunningham/Werlen, I.F.L.R. 1996, S. 53

301 Die USA sind im Begriff, das MG zu übernehmen; bis heute ist das MG aber nur von Mexico und Eritrea übernommen worden, vgl. Neue Zeitschrift für Insolvenzrecht 2000, S. 304; Eidenmüller, IPRax 2001, S. 2; vgl. "*Status of Conventions and Model Laws*", Ziff. 13, unter *http://www.uncitral.org/en-index.htm*

Die Unterschiedlichkeit der autonomen Internationalen Insolvenzrechte hat bis heute nicht abgenommen. Die autonomen Internationale Insolvenzrechte sind geprägt von Unvereinbarkeiten, nicht zuletzt hinsichtlich des sehr unterschiedlichen Verhältnisses zum Ermessensgebrauch.[302] Das ist bedeutsam, weil ein grenzüberschreitender Insolvenzsachverhalt nicht *einem* internationalen Insolvenzrecht unterfällt, sondern dem Zusammenspiel der Internationalen Insolvenzrechte aller beteiligten Staaten.

Während das deutsche Recht ebenso wie die EuInsVO (und die vorangegangenen Entwürfe) gezielt Einheits- und Pluralitätsmodell kombinieren,[303] taucht die „faillité locale" im französischen Recht nur als unvermeidbare Folgeerscheinung im Falle ausländischer Verfahren auf, die auf entsprechender Zuständigkeitsgrundlage bereits eröffnet sind.[304]

Die Option des Partikularverfahrens soll in Deutschland Schutz vor unerwünschten Abweichungen von den Rechtsfolgen gewähren, die durch Anwendung der inländischen Rechtsordnung erzielbar sind, im Vergleich zu denen, die sich bei Anwendung der *lex fori* ergäben. Solche Abweichungen sind dabei jeweils insoweit denkbar, als Rechtsfragen der (jeweiligen) *lex fori concursus* unterliegen, ferner deren Anwendung in den betroffenen Verfahrensstaaten tatsächlich zu abweichenden Ergebnissen führt. Gesonderte Anknüpfungen machen hingegen Rechtsfolgen vom Verfahrensort unabhängig. Die Parallelverfahrensoption spielt mithin vor allem im Hinblick auf abweichende Verteilungsordnungen eine Rolle, denn die Verteilungsfrage ist immer der *lex fori concursus* zugewiesen.

Die Diskrepanz zwischen der Internationalisierung der Wirtschaft einerseits und den souveränitätsbezogenen Regelungskompetenzen der einzelnen Staaten andererseits macht sich nach alledem im Internationalen Insolvenzrecht bis heute besonders bemerkbar.[305] Je komplexer ein Insolvenzsachverhalt und je ausgeprägter sein Auslandsbezug, desto weniger ist der Verlauf der Bewältigungsbemühungen auf der Grundlage der heranzuziehenden nationalen Rechte vorher-

---

302 UNCITRAL-Yearbook 26, 1995, S. 207, Crossborder insolvency, note by the Secretariat (A/CN.9/413)

303 Es ist insoweit oft von sog. "kontrollierter Universalität" die Rede, worin offenbar zum Ausdruck kommen soll, daß die Option nationaler Partikularverfahren das Ausüben von Kontrolle über ausuffernde Konsequenzen der Anerkennung ausländischer universaler Verfahren gestattet. Der Begriff der "kontrollierten Universalität" geht zurück auf Hanisch, vgl. Aderhold, S. 147. Die Bezeichnung "eingeschränkter" Universalität scheint sachnäher, s.o., Fn. 30

304 s.o., Fn. 213; Bemerkenswert ist diesbezüglich der deutsch-österreichische Vertrag, der Verfahrensmehrheit ausschließt, wenn auch nur bilateral zwischen vertrauten Rechtsordnungen.

305 vgl. Cunningham/Werlen, I.F.L.R. 1996, S. 51

sehbar. Sehr weite Zuständigkeitsgrundlagen können zu einer Vielzahl von Verfahren führen. Dabei ist nicht gewährleistet, daß ein Wettstreit mehrerer Verfahren um grenzüberschreitende Wirkungserstreckung in Drittstaaten unterbleibt. Der Gesamtablauf hängt dann nicht zuletzt von der zeitlichen Reihenfolge ihrer Eröffnung ab.

Eines ist aber sicher: mit Ausnahme des Deutsch-Österreichischen Konkursvertrages ist Verfahrensmehrheit auch nach den neuesten Konzepten ausdrücklich möglich. Die Möglichkeit des Aufeinandertreffens mehrerer Verfahren ist fester Bestandteil grenzüberschreitender Insolvenzsituationen.

Auch wenn die Zahl von Staatsverträgen im letzten Jahrhundert zugenommen hat, waren geltende multilaterale Verträge bisher nur auf regionaler Ebene zu finden.[306] Die Entwicklung in Europa in den letzten Jahrzehnten, bis hin zur EuInsVO, läßt sich wie folgt zusammenfassen: Um territorialistischen Störungen entgegenzutreten versuchte man, zu einem harmonisierten Internationalen Insolvenzrecht zu gelangen. Dabei waren Universalität und Verfahrenseinheit bei einheitlicher Anwendung der *lex fori concursus* angesichts der unterschiedlichen Insolvenzrechte nicht zu erreichen.[307] So wurde zunächst ein System der Einheit mit kollisionsrechtlicher Ausnahme geplant: das Untermassenmodell des Entwurfes von 1980. Es scheiterte als zu kompliziert und unpraktikabel.[308] So blieb es bei den autonomen Internationalen Insolvenzrechten, bis sich in der Verordnung heute doch noch das Modell der Einheit mit Ausstiegsoption zugunsten sekundärer Verfahren durchsetzte, wie es im gescheiterten Übereinkommen entwickelt worden war.

Die neue EuInsVO schließt zumindest die Entstehung von Insolvenzlücken aus, ohne daß es andererseits zu Zuständigkeitskonflikten kommt. Während es bisher, von einer Ausnahme (DÖKV)[309] abgesehen, kein geltendes zwischenstaatliches Internationales Insolvenzrecht gab und alles darauf hindeutete, daß es für Europa bis auf weiteres dabei bleibt, erscheint die Verordnung heute als Chance. Dies insbesondere, da die Verordnung entgegen anderslautender Ankündigungen auch in England gilt. Ein europäisches Internationales Insolvenzrecht, das in England nicht gilt, hätte im Hinblick auf die wirtschaftliche Bedeutung Englands für den Gemeinsamen Markt sein Ziel verfehlt.

Bemerkenswert ist, daß die jüngsten Entwicklungen EuInsÜ/EuInsVO und UNCITRAL-MG für die klassischen methodischen Unterschiede zwischen Civil Law- und Common Law-Rechtsordnungen kennzeichnend sind. Die entspre-

---

306 vgl. Trunk, S. 68, 81

307 Strub, EuZW 1994, S. 424, 426

308 s.o. Fn. 71 und Fn.268; Strub, a.a.O., Fn. 307

309 s.o., 1. Kapitel, C. II., S. 46

chenden Traditionen spiegeln sich, offenbar entsprechend der Zusammensetzung der Entwurfsgremien, mehr oder weniger deutlich in ihnen wider.

2. Kapitel – Verteilung bei grenzüberschreitendem Insolvenzsachverhalt; Probleme der *par condicio creditorum* und der Rechtssicherheit

A. Fragestellung

Kann das Internationale Insolvenzrecht im Rahmen der Verteilung Gläubigergleichbehandlung und Rechtssicherheit gewährleisten? Kann es die Nachteile, die der Grenzübertritt für die Realisierung der grundlegenden Ziele materiellen Insolvenzrechts mit sich bringt, lösen?

Insolvenzrecht greift ein, wenn das Schuldnervermögen droht, zur Haftungsverwirklichung nicht auszureichen.[310] Es hat die Aufgabe, Forderungsausfälle gering zu halten, ihren Anstieg ins Bodenlose rechtzeitig zu verhindern[311] und die Verlustverteilung von Zufall und Willkür zu befreien.[312] Der Kern aller Insolvenzrechte ist eine planmäßige Haftungsverwirklichung.[313] Alle Rechtsordnungen berufen sich dafür auf die Grundsätze der Gläubigergleichbehandlung[314] und der Rechtssicherheit.[315]

Das Universalitätsprinzip hat sich in den meisten Rechtsordnungen durchgesetzt, weil das nationale Insolvenzrecht nur so das Ziel der Gläubigergleichbehandlung auch grenzüberschreitend verfolgen kann. Das Universalitätsprinzip korrespondiert mit dem materiellrechtlichen Ansatz des Insolvenzrechts, nach

---

310 Uhlenbruck in Gottwald, Handbuch, § 7, Rn. 16, S. 114; Balz, ZIP 1988, S. 1438; vgl. auch von Savigny,s.o., Fn. 168, S. 283

311 vgl. Balz, ZIP 1988, S. 1438, 1439; Häsemeyer, 2. Aufl., Rn. 2.25, S. 36 f.

312 von Savigny, s.o., Fn. 168, S. 282, 283, zieht die Realisierung eines Ausgleiches zwischen mehreren Gläubigern als das wesentliche Ziel des Insolvenzverfahrens heran, um seinen Anspruch auf Universalität abzuleiten; die Vokabel "Gläubigergleichbehandlung" benutzt er aber gerade nicht; er spricht hingegen von Verteilung "*nach irgend einer Regel*"; vgl. auch Uhlenbruck in Gottwald, Handbuch, § 7, Rn. 1, S. 109, und Fn. 16, S. 114

313 Fletcher in Fletcher, Studies, S. 270

314 Der BGH nennt die gleichmäßige Befriedigung aller Konkursgläubiger "*das Kernstück des Konkurses*", BGHZ 88, 147, 153; vgl. auch Uhlenbruck in Gottwald, Handbuch, § 7, Rn 1, S. 109; auch Girsberger, Rn. 728, S. 395 und Rn. 741, S. 402 ; für die USA: Huber, V.J.T.L. 19 (1986), S. 741, 742 f. m.w.N.; Schechter, S. 99, 102, Fn. 10; Frankreich: Art. 2093 C.civ.; vgl. auch Sonnenberger, VII 30, S. 388; Wood, 1-14, S. 10

315 Cunningham/Werlen, I.F.L.R. 1996, S. 51 f., die auch darlegen, daß die fehlende Vorhersehbarkeit im Internationalen Insolvenzrecht in starkem Gegensatz steht zum diesbezüglich inzwischen erreichten Niveau bei allgemeiner internationaler Streitentscheidung: "*The quest for legal certainty in cross-border insolvencies should be of paramount importance to market participants, regulators and legislators*"; vgl. auch ebd., S. 54

dem sich ein Verfahren auf das gesamte Schuldnervermögen erstrecken soll.[316] Das Universalitätsprinzips wird in den autonomen Internationalen Insolvenzrechten aus dieser Perspektive eines im Inland eröffneten Verfahrens begründet,[317] und zwar als *conditio sine qua non* universaler Gläubigergleichbehandlung, d.h. als erforderliche, aber nicht hinreichende Bedingung.

Das entscheidende Merkmal grenzüberschreitender Insolvenzen ist aber die Ungewissheit, inwieweit sich der Universalitätsanspruch eines Verfahrens im Zuge der Kombination der beteiligten Rechtsordnungen durchsetzt. Entnimmt man dem Konsens der Rechtsordnungen über die Universalität auch einen Konsens über das Ziel universaler Gläubigergleichbehandlung, muß sich Internationales Insolvenzrecht daran messen lassen, inwieweit Gläubigergleichbehandlung und Rechtssicherheit[318] bezogen auf die *Gesamtheit* des Insolvenzsachverhaltes verwirklicht werden können, und zwar losgelöst vom einzelnen Verfahren.

Man kann sich also nicht darauf beschränken, zu betrachten, inwieweit die nationale Ausgestaltung der Gläubigergleichbehandlung durch ein Inlandsverfahren grenzüberschreitend erfolgreich durchgesetzt werden kann. Darüber hinaus ist zu prüfen, ob das universale Gesamtergebnis als Folge des Zusammenspiels aller betroffenen Rechtsordnungen *par condicio creditorum* und Rechtssicherheit gewährleistet. Ist das nicht der Fall, wäre die Verwirklichung der insolvenzrechtlichen Grundprinzipien durch den Auslandsbezug beeinträchtigt, obwohl das Universalitätsprinzip in allen betroffenen Rechtsordnungen gilt.

Fraglich ist also, ob das Zusammenspiel mehrerer Rechtsordnungen, sei es im Rahmen eines oder mehrerer Verfahren, bezogen auf das Weltvermögen des Schuldners, *par condicio creditorum* und Rechtssicherheit verwirklichen kann, wie es nationales Insolvenzrecht tut.

Im nationalen Insolvenzrecht werden *par condicio creditorum* (Verteilungsgerechtigkeit) und Rechtssicherheit (Vorhersehbarkeit) in zwei Schritten verwirklicht:

Der erste Schritt ist der vollständige und wirkungsvolle Ausschluß der individuellen Rechtsverfolgung und Zwangsvollstreckung, zum Zwecke der Kollektivierung aller Gläubiger als Verlustgemeinschaft. Das Prioritäts- oder Konkurrenzprinzip wird verdrängt, das Schuldnervermögen haftungsmäßig der Gläubi-

---

316 vgl. § 35 InsO, § 1 Abs. 1 KO; Uhlenbruck in Gottwald, Handbuch, § 7, Rn. 1, S. 109; Prütting, ZIP 1996, S. 1277 spricht von "*Weltvemögen*"

317 vgl. Fletcher in Fletcher, Studies, S. 281; Jahr in Lüke/Prütting, Bd. 7, 18/145, Anm. D. I.; Gramming, s.o., Fn. 48, S. 345, 347

318 Rechtssicherheit ist in der Präambel des UNCITRAL-MG als notwendig ausdrücklich genannt, s.o., Fn. 296

gergemeinschaft zugewiesen.[319] In diesem Sinne ist § 89 InsO Ausfluß der *par condicio creditorum*.[320] Ohne einheitliche Erfassung des Schuldnervermögens und Verhinderung des Individualzugriffs ist Gläubigergleichbehandlung nicht zu realisieren.[321]

Der zweite Schritt ist die Verteilung der realisierten Insolvenzmasse auf die Gläubiger gemäß der jeweiligen Verteilungsordnung, also nach feststehenden Regeln.[322] Die Verteilungsordnung legt fest, welcher Gläubiger welchen Verlust tragen muß. Häsemeyer spricht von *Ausgleichshaftung* der Gläubiger untereinander.[323]

Diese Systematik wird durch weitere Regelungen ergänzt. Hierher gehören Anfechtungs- und Aufrechnungsregeln, Rückschlagsperren usw.[324] Mit diesen Regeln wird der Umfang der Insolvenzmasse abgegrenzt und über die Insolvenz-

---

[319] Jaeger/Henckel, § 3, Rn. 3ff.; § 14, Rn. 1; Heilmann/Klopp in Gottwald, Handbuch, § 20, Rn. 1, S. 218 m.w.N.; Häsemeyer, 2. Aufl., Rn. 16.01, S. 286; vgl. auch § 3 Abs. 1 KO; Dorndorf, S. 31, 33

[320] vgl. Uhlenbruck in Gottwald, Handbuch, § 7, Rn. 1, S. 109, m.w.N.: "*Bei Konkurs tritt an die Stelle der individuellen Gläubigerbefriedigung das Prinzip der quotalen Befriedigung unter Gleichbehandlung aller Gläubiger. Das Prinzip der Priorität wird ausgeschaltet. Der Kampf ‚Alle gegen alle' wird abgelöst durch das Prinzip der* par condicio creditorum. *Die Gläubiger werden zu einer Verlustgemeinschaft zusammengefaßt...*"; Baur/Stürner legen dar, daß das Prioritätsprinzip seine Rechtfertigung in der Privatautonomie findet (Art. 2 Abs. 1 GG, Art. 14 GG), die *par condicio creditorum* hingegen auf Art. 3 Abs. 1 fußt. Die erforderliche praktische Konkordanz erfülle das Vollstreckungsrecht in der Gesamtschau aus Einzelvoll-streckung und Insolvenzrecht; das Recht auf volle Rechtswahrnehmung sei grundsätzlich gewahrt; es liege in den Händen der konkurrierenden Gläubiger, mittels Antragstellung dem Gleichheitssatz Geltung zu verschaffen; Baur/Stürner, Bd. 1, § 7 III 7., S. 91 f.; ferner Jaeger/Henckel, § 14, Rn. 1; Smid, JZ 1995, S. 1150. Der Aussagegehalt der Digestenstelle, auf die der Terminus *par condicio creditorum* zurückgeführt wird, soll sich auf diesen Aspekt beschränken, vgl. o., Fn. 1

[321] Gramming, s.o., Fn. 48, S. 345, 347; Die Frage nach in § 237 KO verankertem materiellen Zuweisungsgehalt (BGHZ 95, 256, 270 nennt § 237 prozessuale Gläubigerschutzvorschrift) zielt demgemäß darauf ab, den Verstoß gegen die insolvenzrechtliche Gleichbehandlung in verfahrensrechtlicher Hinsicht (indem der Vollstreckungsgläubiger sich der Kollektivität entziehen kann) auf der nachgeordneten materiellen Ebene wieder zu heilen, durch die Möglichkeit, das vom erfolgreichen Vollstreckungsgläubiger erlangte zugunsten der Masse herauszuverlangen.

[322] v. Savigny, s.o., Fn. 168, S. 283, konstatiert rechtsvergleichend Verteilung "*nach irgend einer Regel*"; s.o., Fn. 312

[323] Er spricht vom haftungsrechtlichen Ausgleichsprinzip der Gläubigergleichbehandlung und will zu seiner Begründung allein privatrechtliche Gründe gelten lassen, Häsemeyer, S. 39, 45 und 2. Aufl., Rn. 2.24 ff., S. 36 ff., 38 f. und 44; ders. , KTS 1982, S. 507 ff.

[324] vgl. auch Huber in Gottwald, Handbuch, § 49, Rn. 1, S. 524; Häsemeyer, 2. Aufl., Rn. 1.15, S. 18, ferner Rn. 2.15, S. 29 und Rn. 2.23, S. 35

festigkeit vorinsolvenzlicher privatautonomer Gestaltungen entschieden. Sie sind nicht Gegenstand der Arbeit.[325]

Die Kollektivierung ist *conditio sine qua non* zur Erreichung von Gläubigergleichbehandlung.[326] Jede erfolgreiche individuelle Rechtsverfolgung geht zulasten der Verlustgemeinschaft.[327]

Die Verteilung nach feststehender Regel realisiert die jeweilige rechtspolitische Ausgestaltung der *par condicio creditorum*. Die Existenz feststehender Verteilungsregeln schafft Rechtssicherheit durch Vorhersehbarkeit.

So ergeben sich in Bezug auf die Bewältigung grenzüberschreitender Insolvenzsachverhalte die folgenden Fragen:

Kann Internationales Insolvenzrecht universal, also bezogen auf den grenzüberschreitenden Gesamtsachverhalt, wirkungsvolle Kollektivierung aller Gläubiger gewährleisten? Kann Internationales Insolvenzrecht Verteilung nach feststehenden, vorhersehbaren Verteilungsregeln gewährleisten? Kann zumindest ein universal gültiger Mindeststandart an Rechtssicherheit und Vorhersehbarkeit gewahrt werden? Sind Nachteile gegenüber rein nationaler Insolvenzbewältigung erforderlich? Sind sie gerechtfertigt? Sind sie vermeidbar?

B. Kollektivierung – Verhinderung insolvenzfremder Vermögensverwertung universal

Fraglich ist, ob bei grenzüberschreitenden Insolvenzsachverhalten der Ausschluß der Rechtsverfolgung durch einzelne Gläubiger universal sichergestellt ist, und zwar in räumlicher und zeitlicher Hinsicht.

I. autonomes Internationales Insolvenzrecht

1. Grundsatz

Es war dieses Problem der universalen Kollektivierung, das der BGH 1985 heranzog, um den Schwenk zur Universalität auch bezüglich ausländischer Konkursverfahren zu begründen:

> "Das Konkursverfahren als Rechtsinstitut findet seine Rechtfertigung im Grundsatz der Gleichbehandlung aller Gläubiger. Diese Gleichbehandlung erfordert, das den Gläubigern als Grundlage für wirtschaftliches Handeln mit dem Gemeinschuldner dienende Vermögen im Konkurs unabhängig davon zu

325 International-insolvenzrechtlich zu klären ist hier, ob solche Regelungen der *lex fori concursus oder* der *lex rei sitae* entnommen werden, ob die Rechte kumuliert werden oder wie sonst anzuknüpfen ist.

326 Häsemeyer, 2. Aufl., Rn. 2.14, S. 28: "*unverzichtbar*"

327 dazu Baur/Stürner, Bd. 2, § 1, Rn. 1.2., S. 1; Es ist grundsätzlich von rationalem Gläubigerverhalten mit dem Ziel der eigenen Verlustminimierung auszugehen

erfassen, wo es belegen ist. Nur dann ist international, und damit lückenlos gewährleistet, daß die Gläubiger tatsächlich gleichbehandelt werden *können* (Hervorhebung durch den Verf.). Vermögensverschiebungen des Gemeinschuldners zu seinen Gunsten oder zur Bevorzugung bestimmter Gläubiger werden verhindert."[328]

Der BGH hat einschränkend formuliert, der universale Wirkungsanspruch eines Verfahrens gewährleiste, daß Gleichbehandlung erfolgen *könne*. Darin kommt zum Ausdruck, daß der universale Ansatz nicht den Umkehrschluß zulasse, er ziehe die Verwirklichung universaler *par condicio creditorum* zwingend nach sich.[329] Ein Universalität beanspruchendes Verfahren bedarf in Staaten, in denen es wirken will, der Anerkennung, also der Bereitschaft, dem ausländischen Verfahren im Inland Wirkungen zuzubilligen. Dazu wurde festgestellt, daß alle betrachteten Rechtsordnungen im Grundsatz nicht nur selbst universale Sollgeltung (erste Komponente) beanspruchen, sondern heute auch in ihrer Anerkennungsbereitschaft übereinstimmen.[330] Damit sind heute keine unverrückbaren systembedingten Hindernisse mehr gegeben, wie sie dem Territorialitätsprinzip eigen sind. „Anerkennung" von ausländischen Insolvenzverfahren ist rechtsvergleichend aber nichts Einheitliches.

2. Anerkennung und Individualvollstreckung

Die universale Kollektivierung ist aber nicht gewährleistet, wenn trotz Anerkennung eines ausländischen Insolvenzverfahrens die Individualvollstreckung im Inland möglich ist. In den betrachteten Rechtsordnungen gilt hierzu verschiedenes:

a. Im deutschen autonomen Recht werden, wie dargestellt, ausländische Verfahren automatisch anerkannt, bei grundsätzlicher Anwendung der *lex fori concursus*. Dadurch wird der Einzelzugriff so wirksam verhindert, wie von der *lex fori concursus* vorgesehen. Das war nicht immer so. Bis zum 31.12.1998 galt § 237 KO. Die Vorschrift diente bis zur „Wende" im deutschen Internationalen Insolvenzrecht als Grundlage zur dogmatischen Begründung des Territorialitätsansatzes im deutschen Internationalen Insolvenzrecht. Ihr Regelungsgehalt, nach dem jeder Gläubiger ungeachtet ausländischer Verfahrenseröffnung und ungeachtet

---

328 BGHZ 95, 256, 268; Die Argumentation des BGH lehnte den Ansatz der Verfahrensmehrheit auf Grundlage des Territorialitätsprinzips mit dem Argument ab, universale *par condicio creditorum* sei so nicht erreichbar.

329 Zu Mindestanforderungen an eine bei grenzüberschreitender Insolvenzbewältigung zu realisierende materielle Gleichbehandlung hat sich der BGH in seiner Entscheidung von 1985 nicht geäußert. Schollmeyer, IPRax 1995, S. 150, 152 meint offenbar, dem Ansinnen des BGH nach "internationaler Gleichbehandlung" sei auch materiell inhaltliches zu entnehmen.

330 s.o., 1. Kapitel, B., S. 19 ff.

ihrer Anerkennung im Inland vollstrecken konnte, war ein normierter Verstoß gegen die universale *par condicio creditorum* und damit das Paradebeispiel dafür, daß Auslandsbezug verhindert, was in allen nationalen Rechten als Grundsatz gilt. Die Norm wurde mit einem Schutzbedürfnis inländischer Gläubiger begründet. Allerdings durften *alle* Gläubiger im Inland vollstrecken, nicht nur diejenigen, denen der Schutz zugedacht war.[331] § 237 KO ist zwar im Vorfeld der Insolvenzrechtsreform überwiegend als systemwidrig und gegen das Gebot der Gläubigergleichbehandlung verstoßend kritisiert worden.[332] Seine Abschaffung war aber nicht unumstritten. Mit Art. 17 des Vorentwurfes war zunächst eine modifizierte Version der Vorschrift diskutiert worden. Die Befürworter argumentierten, es bestehe ein Bedürfnis, hoch bewerteten Inlandsinteressen notfalls im Wege der Einzelrechtsverfolgung zur Durchsetzung zu verhelfen.[333] Sie haben sich nicht durchgesetzt. § 237 KO wurde richtigerweise ersatzlos gestrichen. Auch für die Zeit nach seiner Abschaffung gibt es aber Stimmen, die Möglichkeiten der Einzelrechtsverfolgung für Gläubiger fordern, denen im ausländischen Verfahren Fairneß nicht zuteil wird, freilich ohne dies konkretisierend auszuführen.[334]

Ausgehend von der Gesetzeslage steht Deutschland heute, fast zwei Jahrzehnte nach der „Wende"-Entscheidung, der Möglichkeit universaler *par condicio creditorum* nicht mehr schon systematisch ablehnend gegenüber. Im Rahmen der Anerkennung sind Individualrechtsverfolgungsmaßnahmen auch in Deutschland heute grundsätzlich ausgeschlossen.[335]

b. Auch in Frankreich ist der Individualzugriff grundsätzlich so effektiv verhindert, wie nach der *lex fori concursus* vorgesehen. Es kann auf die Ausführungen zum französischen Internationalen Insolvenzrecht verwiesen werden. In Frankreich ist das nicht neu.

Die Wirksamkeit dieser Rechtslage wird allerdings dadurch unterwandert, daß Voraussetzung für die Wirkungserstreckung die Erteilung des Exequatur ist. Die Erteilung des Exequatur nimmt Zeit in Anspruch. Während dieser Zeit greifen die Wirkungen des ausländischen Verfahrens in Frankreich, abgesehen von den aufweichenden Ansätzen in der französischen Rechtsprechung, nicht.[336] Das

---

331 Schmidt, Jürgen, s.o., Fn. 82, S. 165: "Spezialnorm des deutschen *ordre public*"

332 Kuhn/Uhlenbruck, §§ 237, 238, Rn. 80 m.w.N.; Mincke in Nerlich/Römermann, Art. 102, Rn. 303; Trunk, S. 309 ff.

333 Zu diesem Art. 17 des Vorentwurfes vgl. i.e. oben, Fn. 104

334 Trunk, International Insolvency Review 1994, S. 145, 151

335 Mincke in Nerlich/Römermann, Art. 102, Rn. 302 f.

336 Remery, S. 69; Trunk, International Insolvency Review 1994, S. 145, 157; Das in Frankreich erforderliche Verfahren kann Anreiz dazu bieten, rechtzeitig vor Eröffnung eines Verfahrens in einem andere Land Vermögen nach Frankreich zu verschieben, weil dort der

Zeitmoment beeinträchtigt die Realisierung universaler *par condicio creditorum*. Erfolgreiche Individualvollstreckung bis zum Zeitpunkt der Exequaturerteilung kann die Funktion der Wirkungserstreckung aushöhlen. Die Notwendigkeit dieser Beeinträchtigung ist aus rechtsvergleichender Sicht zweifelhaft. Es handelt sich um ein echtes, aus international-insolvenzrechtlicher Sicht nicht begründbares Hindernis gegen die Realisierung von Universalität. Die französische Rechtsprechung hat sich allerdings, wie dargestellt, des Themas angenommen, wenngleich bis dato mit ungewissem Ende.[337] Im Verhältnis zu den Mitgliedsstaaten der Europäischen Union ist das Problem allerdings durch die zum 31.05.2002 in Kraft tretende Verordnung gelöst, da Art. 16 die automatische Anerkennung auch in Frankreich vorschreibt.

c. In den *Common Law*-Rechtsordnungen herrschen, wie dargestellt, hinsichtlich der Anerkennung ausländischer Verfahren flexible Ansätze vor. Die Fragestellung nach Anerkennung oder Nichtanerkennung erscheint hier zu statisch.

So greift in den USA im Rahmen des § 304 B.C. kein *automatic stay*, weder nach der *lex fori concursus*, noch nach der *lex fori*. Es erscheint trotzdem weitgehend ausgeschlossen, daß Gläubiger Möglichkeiten zum individuellen Zugriff erhalten. Im Rahmen von *ancillary proceedings* nach § 304 B.C. ist „*appropriate relief*“ anzuordnen. Dabei muß der ausländische Verwalter beantragen, was er begehrt. Die Einstellung von Individualvollstreckungsmaßnahmen wird dabei in § 304 (b) (1) (B)[338] ausdrücklich genannt. Systembedingte Hindernisse gibt es insoweit nicht.

Das gleiche gilt für England. Was „Anerkennung“ bedeutet, ist angesichts des den Gerichten zustehenden Ermessens Frage des Einzelfalles. Die Anerkennungshindernisse[339] fallen in den Bereich des *ordre public*.

d. Ergebnis: Im Normalfall geht mit heutigem autonomen Internationalen Insolvenzrecht – aus der Perspektive des Schuldnervermögens als von Grenzen unabhängiger Einheit – kein systembedingter Verstoß gegen das Kollektivierungsgebot, den universal gemeinsamen Nenner insolvenzrechtlicher Gläubigergleichbehandlung, einher. Die betrachteten Rechtsordnungen ermöglichen grundsätzlich die Verhinderung individuellen Vollstreckungszugriffs auf die Teile des Schuldnervermögens, die ihrer jeweiligen Reichweite unterfallen, entweder durch automatische Anerkennung, durch förmliche Entscheidung über die Aner-

---

Schuldner eben bis zur Exequaturerteilung seine Verfügungsbefugnis behält; s. aber o., Fn. 240

337 s.o., Fn. 336

338 s.o., Fn. 175

339 s. o., 1. Kapitel, unter B. II. 1 und 2, S. 28 und 30

kennung oder durch gesonderte Anordnung der Rechtsfolge. Insoweit liegt kein Widerspruch zum in allen Rechtsordnungen geltenden Universalitätsprinzip vor.

Nachdem Deutschland seine territoriale Abschottung vollständig aufgegeben hat, muß grenzüberschreitende Insolvenzbewältigung nicht mehr mit einer Verletzung von Rechtsprinzipien, die in allen beteiligten Rechtsordnungen gelten, einhergehen. Nur das französische Exequaturerfordernis steht effizienter Durchsetzung des Gleichbehandlungsgrundsatzes von einer Qualität, die mit nationaler Insolvenzbewältigung vergleichbar ist, entgegen. Dogmatisch war Frankreich Deutschland zeitlich voraus. Die verfahrensrechtliche Ausgestaltung kann diesen Umstand aber praktisch zunichte machen.

Eine Rechtsangleichung durch zwischenstaatliche Regelungen war nach alledem nicht nötig, um der Durchsetzung des Grundsatzes der Gläubigergleichbehandlung überhaupt erst eine Basis zu schaffen. Das war zu Beginn der europäischen Bemühungen anders. Vielleicht kann das als Indiz dafür gewertet werden, daß die lange Zeit erfolglosen Bemühungen mittelbar den Zweck erfüllt haben, Bereitschaft für Veränderungen in den nationalen Rechten zu schaffen.

II. EuInsVO und UNCITRAL-Mustergesetz

Nach Art. 16 EuInsVO werden Verfahren, die in Mitgliedsstaaten eröffnet werden, automatisch anerkannt. Das Gleiche gilt für gerichtliche Anordnungen einstweiliger Maßnahmen bei oder nach Antragstellung bis zur Entscheidung über die Eröffnung, Art. 25.

Nach Art. 15 UNCITRAL-MG muß die Anerkennung beantragt werden. Der Zeitraum bis zur Entscheidung kann gem. Art. 19, ebenfalls auf Antrag, durch einstweilige Maßnahmen abgedeckt werden.

Die Regelungen in EuInsVO und UNCITRAL-MG sind nicht zu beanstanden. Auf ihrer Grundlage ist die Kollektivierung aller Gläubiger im Grundsatz auch grenzüberschreitend effektiv gewährleistet. Das gilt auch für den Zeitraum zwischen Antragstellung und Entscheidung über die Verfahrenseröffnung.

Beim Antragserfordernis im UNCITRAL-MG hängt die Effizienz freilich davon ab, daß zeitnah über den Antrag auf Anerkennung, jedenfalls aber zeitnah über den Antrag auf Anordnung einstweiliger Maßnahmen entschieden wird. Das hängt von der jeweiligen Rechtsordnung ab.

Die automatische Anerkennung nach der EuInsVO beseitigt alle Nachteile, die denkbar oder nach den autonomen Internationalen Insolvenzrechten noch gegeben sind, insbesondere die zeitlichen Verzögerungen durch das französische Exequaturerfordernis, ferner etwaige Nachteile in zeitlicher Hinsicht und bzgl. der Vorhersehbarkeit, die mit dem Ermessen englischer Gerichte einhergehen können.

III. *par condicio creditorum*-widrige *ordre public*-Anwendung?

Fraglich ist, ob trotz grundsätzlicher Anerkennungsbereitschaft *Beschränkungen* bei der Anerkennung zu einer Verletzung des Kollektivierungsgebotes *durch* den Grenzübertritt führen können. Dies erscheint bei der Anwendung des *ordre public*-Vorbehaltes möglich, gleichermaßen nach autonomem Recht, der Verordnung und dem UNCITRAL-MG. Denn auch die beiden letztgenannten sehen einen allgemeinen *ordre public*-Vorbehalt vor, dessen Formulierung keine Besonderheiten aufweist (Art. 26 EuInsVO und Art. 17 UNCITRAL-MG).

Gem. § 6 S.1 EGBGB ist

> „eine Rechtsnorm eines anderen Staates (...) nicht anzuwenden, wenn ihre Anwendung zu einem Ergebnis führt, das mit den wesentlichen Grundsätzen des deutschen Rechts offensichtlich unvereinbar ist."

§ 328 Abs. 1 Ziff. 4 ZPO erklärt die Anerkennung eines ausländischen Urteils unter den selben Voraussetzungen für ausgeschlossen, wenn nämlich

> „die Anerkennung zu einem Ergebnis führt, das mit den wesentlichen Grundsätzen des deutschen Rechts offensichtlich unvereinbar ist."

Nach Art. 26 EuInsVO kann

> „jeder Mitgliedsstaat (...) sich weigern, ein in einem anderen Mitgliedsstaat eröffnetes Insolvenzverfahren anzuerkennen oder eine in einem solchen Verfahren ergangene Entscheidung zu vollstrecken, soweit diese Anerkennung oder diese Vollstreckung zu einem Ergebnis führt, das offensichtlich mit seiner öffentlichen Ordnung (...) unvereinbar ist.

Mangels ausdrücklicher Regelung waren unter der Konkursordnung die beiden erstgenannten Vorschriften für das Internationale Insolvenzrecht entsprechend heranzuziehen.[340] Dabei finden sowohl der kollisionsrechtliche, als auch der verfahrensrechtliche *ordre public* Anwendung, je nachdem ob es in der Sache um die Anerkennung der an eine ausländische Entscheidung angeknüpften Rechtsfolgen geht, oder um die Anwendung ausländischen Rechts durch Inlandsgerichte.[341]

Art. 102 Abs. 1 S.2 Nr. 2 EGInsO hat den *ordre public*-Vorbehalt nunmehr aufgenommen.

> „Ein ausländisches Insolvenzverfahren erfaßt auch das im Inland befindliche Vermögen des Schuldners. Dies gilt nicht:
>
> (...)

---

340 vgl. Spellenberg in Stoll, Stellungnahmen und Gutachten, S.183

341 vgl. Spellenberg in Stoll, Stellungnahmen und Gutachten, S. 184 ff.

2. soweit die Anerkennung des ausländischen Verfahrens zu einem Ergebnis führt, das mit wesentlichen Grundsätzen des deutschen Rechts offensichtlich unvereinbar ist, insbesondere soweit sie mit den Grundrechten unvereinbar ist."

Die Formulierung des *ordre public*-Vorbehalts im Internationalen Insolvenzrecht weist mithin keine inhaltliche Besonderheiten gegenüber dem allgemeinen internationalprivatrechtlichen *ordre public* auf.

Eine Beeinträchtigung des in allen Insolvenzrechten zu findenden Kollektivierungsgebots ist gegeben, wenn ausländische Verfahren aufgrund des *ordre public*-Vorbehalts gar nicht anerkannt werden. In diesem Fall scheitert die grenzüberschreitende Insolvenzbewältigung. Universale Gläubigergleichbehandlung könnte nur noch erreicht werden, wenn es im Inland zur Eröffnung eines weiteren Verfahrens kommt. Unter der EuInsVO reicht Vermögensbelegenheit zur Begründung einer diesbezüglichen Zuständigkeit nicht aus, so daß eine Insolvenzlücke entstehen kann.

Angesichts der gebotenen strikten Zurückhaltung bei der Anwendung des *ordre public* ist die vollständige Nichtanerkennung allerdings die Ausnahme, wobei das Verfahren selbst, das Anerkennung begehrt, den Makel, der die vollständige Nichtanerkennung rechtfertigt, in sich tragen muß. Sowohl im autonomen Internationalen Insolvenzrecht, als auch unter der neuen Verordnung dürfte die vollständige Anerkennungsverweigerung faktisch nicht vorkommen. Unter der Verordnung gilt das schon wegen ihres Kataloges der nationalen Verfahren, auf die die Verordnung Anwendung findet (Annex A, Art. 2 (a)).

Problematisch könnten aber Fälle der *teilweisen* Nichtanerkennung sein, wenn z.B. eine Gläubigergruppe im Auslandsverfahren in einer Weise diskriminiert wird, die mit den wesentlichen Grundsätzen des deutschen Rechts unvereinbar ist, und hiervon inländische Gläubiger betroffen sind. Grundsätzlich findet die Kollektivierung der Gläubiger ihren rechtfertigenden Ausgleich im Recht auf adäquate Teilhabe an der Verteilung. Bleibt sie – gleich aus welchem Grund – aus, droht dem betroffenen Gläubiger faktisch vollständiger Rechtsverlust, wenn das ausländische Verfahren im Inland anerkannt und ihm so das hier belegene Vermögen als Zugriffsobjekt entzogen wird. Dies kann ein Verstoß gegen den *ordre public* sein.

Die Rechtsfolge eines *ordre public*-Verstoßes ist – wo möglich – auf den zu beanstandenden Teilaspekt zu beschränken.[342] Eine ausdrückliche Begrenzung von Nichtanerkennungswirkungen dahingehend, daß jedenfalls kein Individual-

---

342 für Deutschland: Wenner in Mohrbutter, Handbuch, Anm. XXIII.119, S. 927; Blumenwitz in Staudinger, EGBGB, Art. 6, Rn. 7; Soergel/Kegel, EGBGB, Art. 6, Rn. 35; für Frankreich: Mayer, Rn. 213; Audit, Anm. 308, S. 273

zugriff stattfinden dürfe, weist aber keine der betrachteten Anerkennungsregelungen auf. Es ist also denkbar, daß den im Auslandsverfahren diskriminierten Gläubigern über die Anwendung des *ordre public*-Vorbehaltes der Individualzugriff im Inland ermöglicht wird, indem dem Verbot der Individualvollstreckung insoweit die Wirkung abgesprochen wird. Rechtsprechung dazu gibt es in Deutschland nicht, da sich für alle bis zum 31.12.1998 eröffneten Verfahren die Zulässigkeit des Individualzugriffes bereits aus § 237 KO ergab und die Rechtsprechung zum *ordre public*-Vorbehalt ohnedies selten ist. Die Konstellation scheint auch bisher nicht problematisiert worden zu sein.

Es wurde zum alten Recht vertreten, daß andere Gläubiger solchem Individualzugriff auf dem Wege der Beantragung eines Partikularverfahrens begegnen könnten, weshalb man ihn hinnehmen könne. Denn es wäre ein unnötiger Bruch mit dem deutschen Insolvenzsystem, wenn der Gläubiger selbst einen Konkurs beantragen müßte, um überhaupt seine Rechte vollstrecken zu können.[343] Diese Möglichkeit steht jedoch dann nicht zur Verfügung, wenn bloße Vermögensbelegenheit keine Eröffnungszuständigkeit im Inland begründet und die tatsächlichen Voraussetzungen anderer Eröffnungszuständigkeiten nicht vorliegen. Dazu kann es auch nach der EuInsVO kommen. Danach könnte der Individualvollstreckungsmöglichkeit nur in manchen Fällen begegnet werden, in anderen nicht. Im Übrigen kann zwar universale Insolvenzbewältigung auch durch eine Mehrheit von Verfahren bewerkstelligt werden. Ausgangspunkt des Universalitätsprinzips ist jedoch das Bestreben nach Verfahrenseinheit. Es erscheint daher bedenkenswert, ob es sich nicht verhindern läßt, Wege zur sicheren Verfahrenspluralität zu beschreiten oder zu provozieren. Die mit Verfahrenspluralität einher gehenden Nachteile träfen alle Beteiligten. Auch erscheint eine Notwendigkeit, den Individualzugriff zuzulassen, fraglich. Wird das ausländische Verfahren im Grundsatz anerkannt, dann bedeutet dies doch auch die Anerkennung des Ziels universaler insolvenzrechtlicher Haftungsrealisierung *im Rahmen dieses* Verfahrens. Die Zulassung der Individualvollstreckung über den *ordre public*-Vorbehalt verstieße gegen insolvenzrechtliche Prinzipien, auch wenn dieser Verstoß auf Antrag Dritter wieder „geheilt" werden könnte.

Wenn also die Voraussetzungen der Eröffnung eines Partikularverfahrens nicht vorliegen, erscheint es denkbar, den *ordre public* dahingehend beschränkt anzuwenden, dem betroffenen Gläubiger lediglich aus dem im Inland belegenen Vermögen eine fiktive Quote vorzubehalten, wobei man streiten mag, wie diese der Höhe nach zu bestimmen ist (bezogen auf Gesamtmasse oder Inlandsvermögen, nach der Verteilungsordnung des Inlands oder der *lex fori concursus*). Ein zwingendes Erfordernis, wegen einer *ordre public*-widrigen Auswirkung eines konkreten Aspekts der ausländischen Insolvenzbewältigung gezielt

343 Spellenberg in Stoll, Stellungnahmen und Gutachten, S. 197

gegen den Grundsatz der Kollektivierung und damit den Grundsatz der Gläubigergleichbehandlung willentlich zu verstoßen, erscheint jedenfalls nicht ersichtlich.

Unabhängig davon, inwieweit eine Auswirkung nationaler Insolvenzbewältigung aus der Perspektive einer anderen Rechtsordnung im Einzelfall als inakzeptabel erscheint, läuft vollständige oder teilweise Nichtanerkennung, die ihrerseits insolvenzrechtswidrigen Einzelzugriff ermöglicht oder sanktioniert, auf einen dogmatischen Zirkelschluß hinaus. Auch unter den autonomen Internationalen Insolvenzrechten - in Europa also bis zum 31.05.2002 - ist solch einem praktizierten Widerspruch, bei dem gerade in der Sanktion gegen für unerträglich gehaltene Auswirkungen ausländischer Rechtsanwendung ein Verstoß gegen den Grundsatz der Gläubigergleichbehandlung steckt, eine Absage zu erteilen. Die Universalität eines Verfahrens - wird sie grundsätzlich anerkannt - kann bei Mißbilligung einzelner Wirkungen durch den *ordre public* nur soweit beschränkt werden, wie zum konkreten Schutz der betroffenen Interessen tatsächlich erforderlich ist. Die Zulassung des Individualzugriffes auf im Inland belegenes Vermögen wäre eine unnötig weitgehende Lösung. Daß je nach Umfang des Inlandsvermögens und Anzahl der betroffenen Gläubiger der Individualzugriff diese ggf. besser stellt, als sie im Falle ihrer Nichtdiskriminierung im ausländischen Verfahren stünden, stellt einen Verstoß des den *ordre public* anwendenden Staates gegen das Universalitätsprinzip dar. Auch ein Verweis auf mögliche Heilung durch Ansprüche auf Herausgabe des Erlangten zur Masse, also darauf, daß ein Ausgleich etwaiger Vorteile („Verteilungsfehler“[344]) erfolgen könne, ändert das nicht. Oft werden solche Ansprüche nicht durchsetzbar sein, weil ihr Schuldner sich hüten wird, das Erlangte dem unmittelbaren Zugriff des Verfahrensstaates preiszugeben. Auch dürfte eine effiziente grenzüberschreitende Insolvenzbewältigung mit dem Ziel universaler *par condicio creditorum* nicht über Rückerstattungsansprüche zu erreichen sein.

Nach alledem ist die Zulassung der Individualvollstreckung zugunsten von im ausländischen Verfahren diskriminierten Gläubigern aus den Grundsätzen des *ordre public* nicht herzuleiten. Es wäre dies ein Verstoß gegen das Gebot des geringstmöglichen Eingriffes in das ausländische Recht. Gleich, ob das per *ordre public* an seiner Anwendung gehinderte ausländische Recht auf kollisionsrechtlichem oder auf materiellrechtlichem Weg ersetzt wird,[345] sollte man richtigerweise nur zu einer Lösung gelangen, die die Kollektivierung der Gläubiger berücksichtigt. Im Rahmen insolvenzrechtlicher Haftungsrealisierung gibt es keine Grundlage, weder im in-, noch im ausländischen Recht, dem Gläubiger, dessen

---

344 vgl. dazu insg. Mohrbutter, Peter

345 vgl. Blumenwitz in Staudinger, EGBGB, Art. 6, Rn. 129 ff. m.w.N.; Soergel/Kegel, EGBGB, Art. 6, Rn. 35

Diskriminierung zur Anwendung des *ordre public* führt, mehr als quotale Beteiligung einzuräumen. Ein Zurückdrängen der Diskriminierungsfolgen dergestalt, daß der von der *lex fori concursus* diskriminierte Gläubiger materiell an der Masseverteilung partizipiert, erscheint adäquat und hinreichend. Das könnte durch quotale Vorabbefriedigung aus dem Inlandsvermögen des anerkennenden Staates erfolgen oder noch besser durch Anerkennung des ausländischen Verfahrens unter der Bedingung quotaler Vorabbefriedigung der betroffenen Gläubiger. Dieser letzte Ansatz würde dem sachlogisch notwendigen zeitlichen Ablauf (Verwertung der Aktiva und Feststellung der Passiva pp. vor Verteilung) am ehesten entsprechen und dürfte daher auch organisatorisch realisierbar sein.

IV. Ergebnis

Es ist in bestimmten Fallkonstellationen nicht auszuschließen, daß der Grenzübertritt von Insolvenzsachverhalten auch bei allseitigem Rekurs auf das Universalitätsprinzip Ursache für eine Mißachtung dessen sein kann, was sich als allgemeingültiger Kern des Gläubigergleichbehandlungsgrundsatzes erwiesen hat. Es ist kein Grund ersichtlich, diesen Umstand hinzunehmen, etwa weil er selten wäre. Dies betrifft zum einen in den autonomen Internationalen Insolvenzrechten insbesondere die Effekte des französischen Exequaturerfordernisses. Sie sind aber für EG-Binnensachverhalte mit der EuInsVO überwunden. Zum anderen wird eine Anwendung des *ordre public*-Vorbehaltes diskutiert, die das Universalitätsprinzip und damit die *par condicio creditorum* verletzen würde. Dieses Problem stellt sich in den autonomen Rechten, dem Mustergesetz und der Verordnung gleichermaßen. Eine Einschränkung von Beschränkungen der Anerkennung ausländischer Insolvenzverfahren im Rahmen der *ordre public*-Anwendung auf das Maß, das der Gläubigergleichbehandlung nicht zuwider läuft, scheint indessen denkbar, indem man den den betroffenen Gläubigern durch die Anerkennungsweigerung gestatteten Zugriff auf Inlandsvermögen auf das beschränkt, was sie insolvenzrechtlich erhielten, etwa nach den Verteilungsregeln des Forums und nur bezogen auf das Inlandsvermögen oder aber fiktiv, bezogen auf das gesamte Schuldnervermögen. Das scheint unter dem Gesichtspunkt der Universalität und damit für dem Universalitätsprinzip verhaftete Rechtsordnungen geboten. Dabei wäre im Sinne einheitlicher Insolvenzbewältigung eine quotale Vorabbefriedigung in Höhe dessen, was ungeachtet der Diskriminierung die Verteilungsordnung der *lex fori concursus* ergäbe, in der Gesamtschau einer Verquickung mehrerer Verteilungsordnungen vorzuziehen.

Es erscheint denkbar, solches in den *ordre public*-Vorbehalt zwischenstaatlicher Regelungen aufzunehmen, so daß diese nicht dem Makel ausgesetzt sind, einen Verstoß gegen die Gleichbehandlungsmaxime zu sanktionieren. Art. 102 Abs. 1 S. 2 Nr. 2 EGInsO und Art. 26 EuInsVO sehen aber lediglich einen allgemein formulierten *ordre public*-Vorbehalt vor. Die Erlaubnis, bei *ordre public*-Verstößen die Anerkennung zu verweigern, wird darin nicht dahingehend beschränkt, daß gerade in der Weigerung nicht ihrerseits ein Verstoß gegen den Gleichbehandlungsgrundsatz liegt. Dies ist ein Manko der EuInsVO, das unverändert aus dem EuInsÜ übernommen wurde.[346] Das Gleiche gilt für Art. 17 UNCITRAL-MG.

C. Universale Verteilung nach feststehenden, vorhersehbaren Regeln ?

Wenn der Ausschluß der Individualrechtsverfolgung universal sichergestellt ist, stellt sich die Frage danach, wie die Gesamtheit des Schuldnervermögens verteilt wird. Welche Auswirkungen hat der Auslandsbezug auf die Verteilung? Kann Internationales Insolvenzrecht Verteilung nach feststehenden, vorhersehbaren Regeln - wie dies alle nationalen Insolvenzrechte vorsehen - gewährleisten?[347]

Alle nationalen Insolvenzrechte geben eine Verteilungsordnung vor. Bei Auslandsbezug des Insolvenzsachverhalts kann das Schuldnervermögen einer einzigen Verteilungsordnung unterfallen. Dann stellt sich die Frage, *welcher*. Wegen der grundsätzlichen kollisionsrechtlichen Anknüpfung an den Verfahrensort bestimmt die Auswahl des Eröffnungsforum auch die zur Anwendung kommenden Verteilungsregeln. Hier stellt sich die Frage, ob Auslandsbezug Möglichkeiten der Beeinflußbarkeit eröffnet.[348]

Das Schuldnervermögen kann aber auch auf zwei oder mehr Verfahren aufgeteilt werden. Dann ist offen, *wo*, *wann*, *wie* und *zu welchen Anteilen*. Auch hier ist die Frage nach den Beeinflussungsmöglichkeiten zu stellen, die sich durch den Auslandsbezug des Sachverhaltes ergeben. Daraus folgt die Frage nach den

---

346 Die EuInsVO wird allerdings einen kleinen Vorteil bringen, daß nämlich wie beim EuGVÜ (dort Art. 27 Nr. 1) bei der Anwendung des *ordre public* Rüchsichtnahme auf die diesbezüg-lichen Vorstellungen der anderen Mietgliedstaaten geboten wäre, Bundesstelle für Außenhandelsinformationen, S. 112; Es ist letztlich indessen offen, ob und inwieweit dadurch eine Vereinheitlichung der Anwendung des *ordre public* bewirkt würde, denn jedenfalls bliebe der *ordre public* autonom zu bestimmen; vgl. zum EuGVÜ Kropholler, Art. 27, Rn. 4, EuGH v. 4. 2. 1988, Rs. 145/86, Hoffmann/Krieg, Schlußantrag des Generalanwaltes, Anm. 16, Slg. 88 I, S. 656

347 Es erscheint zwar fraglich, ob die Befriedigungsaussichten im Vergleich der verschiedenen Verteilungsordnungen für Gläubiger in der Praxis bei der Auswahl ihrer Geschäftspartner die gleiche Bedeutung haben, wie die Bonität, d.h. die Wahrscheinlichkeit des Insolvenzeintrittes an sich. Das läßt das Problem aber nicht hinfällig werden. Sonst wäre die Auseinandersetzung mit der Gläubigergleichbehandlung im Falle der Insolvenz stets entbehrlich. Es geht um Beeinflussungsmöglichkeiten angesichts der Krise. Das rechtspolitische Bedürfnis nach gerechtem Ausgleich unter den Gläubigern wird nicht dadurch gemindert, daß die Gläubiger darauf gesetzt hatten, der Zusammenbruch werde nicht eintreten

348 Denkbar ist eine Beeinflussung der Forumauswahl gemäß eigener Präferenzen (*forum shopping)*, ferner ggf. auch des Zeitpunktes der Verfahrenseröffnung.

Wirkungen des Auslandsbezuges auf die Gesamtverteilung. Es ist zu betrachten, ob den sich stellenden Problemen im Internationalen Insolvenzrecht wirkungsvoll begegnet wird.

Würde Gläubigergleichbehandlung proportionale Verlustgemeinschaft aller Gläubiger bedeuten, müßten Gläubiger bei der Verteilung tatsächlich materiell gleich behandelt werden.[349] Die Möglichkeit der Gesetzgeber, das Verhältnis der Gläubiger untereinander über den Ausschluß von Zufall hinaus materiellrechtlich zu gestalten, wurde aber immer dazu verwandt, Gläubiger aus rechtspolitischen Gründen unterschiedlich zu behandeln, d.h. Vorrechte vorzusehen.[350] *Baur/Stürner* halten dies auf der Grundlage des Erfordernisses, Ungleiches ungleich zu behandeln, für geboten und führen den sog. „Konkurs des Konkurses“[351] durch Aufzehrung der Masse auf falsche Gewichtung, nicht aber auf den Umstand der Privilegierung an sich zurück.[352] Danach ist die *par condicio creditorum* kein Gebot formaler Gleichheit. Die Gläubigergleichbehandlung, über die geäußert wird, sie habe erstaunlich geringes dogmatisches Interesse geweckt,[353] wird demgemäß als *Grundsatz*, *Prinzip*, *Charakteristikum*, *fundamentales Ziel*, *Basis* oder auch als *Ideal* bezeichnet.[354] Andere nennen sie die „Seele des Konkurses“[355] oder sein „Kernstück“.[356] Sie wird als rein verfahrensrechtliche Billigkeitsmaxime angesehen. Es wird ihr aber auch materielle Bedeutung über das Willkürverbot hinaus zugesprochen.[357] Dabei wird

---

349 Baur/Stürner, Bd. 2, § 5, Rn. 5.37

350 vgl. Häsemeyer, 2. Aufl., Rn. 2.17, S. 30 zum gemeinrechtlichen Konkursverfahren; Baur/ Stürner, Bd. 2, § 3, Rn. 3.31, S. 18; Allan/Drobnig, RabelsZ 1980, S. 615, 616 f.; Fletcher, Insolvency, S. 614; Delebeque, Juris-Classeur Commercial, Fasc. 2750. Hagens, der Verfasser des Entwurfes einer deutschen Gemeinschuldordnung, der Grundlage für das Gesetzgebungsverfahren zur KO, hatte nur zwei Vorrechte vorgesehen. In den Motiven heißt es: “*Die Beseitigung aller Vorrechte muß das Ziel sein...*”, vgl. Motive zum Entwurf einer Deutschen Gemeinschuldordnung, Bd. 1, S. 330. Hagens setzte sich nicht durch. Im Laufe des Gesetzgebungsverfahrens waren zunächst sieben Vorrechte vorgesehen. Es wurden schließlich fünf, vgl. Dann, S. 18

351 Begriff geht zurück auf Kilger KTS 1975, S. 142 ff.; Allan/Drobnig, RabelsZ 1980, S. 1438, 1439; Baur/Stürner, Bd. 2, § 3, Rn. 3.31, S. 18

352 Baur/Stürner, a.a.O., Fn. 349

353 Häsemeyer, 2. Aufl., Rn. 2.31, S. 42; Schmidt, Reinhard, S. 41; Milman in Clarke, S. 64 f.

354 Paulus, ZIP 1998, S. 982, 983; Baur/Stürner, Bd. 2, § 5, Rn 5.36; Cork-Report, s.u., Fn. 420, Anm. 1396, S. 317; Allan/Drobnig, RabelsZ 1980, S. 615, 616 f.; Collier, Bd. 4, Ch. 507.02, S. 507-13; Cunningham/Werlen, I.F.L.R. 1996, S. 51, 52; Derrida/Godé/Sertais, Anm. 544, S. 412

355 Le Cannu/Lucheux pp., § 1 Ziff. 6, S. 3: “*L'egalité est l'âme des faillites*”

356 BGHZ 88, 147, 153

357 Schmidt, Reinhard, S. 41; Häsemeyer, 2. Aufl., Rn. 2. , S. 27 und Rn. 2.17, S. 30

vertreten, der Gleichbehandlungsgrundsatz gelte nur innerhalb einer Gläubigergruppe[358] und keinesfalls für absonderungsberechtigte Gläubiger.[359] Der Begriff wird offenbar je nach Kontext mit unterschiedlicher Bedeutung verwandt, im engen und im weiten Sinne, bezogen auf die konkret gleichgestellten Gläubiger bzw. die Gläubigergemeinschaft insgesamt. Gesprochen wird von Gleichberechtigung, Gleichbehandlung, Gleichheit, Chancengleichheit und Verteilungsgerechtigkeit. Übereinstimmend gilt sie als Ausgleich für den Entzug der Möglichkeiten individueller Rechtsverfolgung.[360] Das Gebot formaler Gleichheit oder eine sonstige materielle Verteilungsaussage wird ihr in den nationalen Rechten aber nicht zugeschrieben.

Es kann also nicht damit gerechnet werden, daß die nationalen Verteilungsordnungen sich gleichen. In diesem Falle würde der Auslandsbezug keine Probleme unter Verteilungsgesichtspunkten bereiten, sei es durch Forumauswahl oder Verfahrensmehrheit. Weder Rechtswahl noch die Anwendung mehrerer Verteilungsordnungen würden das Gesamtverteilungsergebnis beeinflussen.

Es dürfte aber umso mehr mit Auswirkungen des Auslandsbezuges auf die Verteilung zu rechnen sein, je unterschiedlicher die nationalen Verteilungsordnungen sind.

I. Vergleich der nationalen Verteilungsordnungen

Die nationalen Verteilungsregeln gestalten sich wie folgt:

1. Deutschland

a. Konkursordnung

§ 3 Abs. 1 der Konkursordnung sprach von gemeinschaftlicher, nicht von gleicher Befriedigung aller Konkursgläubiger.[361] Während die Konkursordnung demgemäß in § 61[362] eine differenzierte Vorrechtsordnung vorsah, gehört

---

358 Fletcher, Insolvency, S. 614

359 Eickmann in Gottwald, Handbuch, § 32, Rn. 81, S. 308; a.A. Häsemeyer, 2. Aufl., Rn. 2.36, S. 46 Die Geltung der *par condicio creditorum* kann allenfals begrenzt sein:. Erstens beschränkt sich der Suspens auf den Gegenstand des Schuldnervermögens, an dem ein das Absonderungsrecht begründende Recht besteht. Zweitens ist der Suspens bisweilen insolvenzverfahrensrechtlich konkretisiert, insbesondere in der neuen InsO, vgl. insb. § 166 Abs. 1 InsO, wonach Absonderungsberechtigte Gläubiger Sicherungsgut in Besitz des Insolvenzverwalters grundsätzlich nicht mehr selbst verwerten dürfen

360 Kilger in Festschrift für Merz, S. 253, 279

361 Heinmann/Klopp in Gottwald, Handbuch, § 20, Rn. 1, S. 218

362 Dazu gehören auch die Erweiterung des Masseschuldbegriffes in § 59 Abs. 1 Nr. 3 und das Sozialplangesetz von 1985, Kuhn/Uhlenbruck, § 61, Rn. 32f.; vgl. auch Eickmann in Gottwald, Handbuch, § 62, Rn. 1, S. 591

Deutschland seit dem 1.1.1999 zu den wenigen Rechtsordnungen, die auf gesetzlich vorgeschriebene Abstufungen unter den ungesicherten Gläubigern verzichten, mit Ausnahme der Massegläubiger (§ 53 – 55 InsO).[363] Unter denen, die bereits zum Zeitpunkt der Verfahrenseröffnung einen begründeten Vermögensanspruch gegen den Schuldner haben, haben nach der InsO nur noch vertraglich oder gesetzlich insolvenzfest gesicherte Gläubiger bevorzugten Zugriff auf Schuldnervermögen.

Die Konkursordnung findet gegenwärtig noch in allen vor dem 1.1.1999 eröffneten Verfahren Anwendung. Daher wird das alte Rangordnungsrecht kurz dargestellt:

Es rangieren an erster Stelle (§ 61 Abs. 1 Ziff. 1 a. – e KO) die Arbeitnehmer und Handelsvertreter ebenso wie der Sozialversicherungsträger und die Bundesanstalt für Arbeit, alle wegen ihrer Rückstände für das letzte Jahr vor Verfahrenseröffnung. Hierher gehören gem. § 4 S. 1 Sozialplangesetz auch Sozialplanforderungen.[364]

Ein Versuch der Rspr., Sozialplanansprüche ohne gesetzliche Grundlage im Rang vor den Ansprüchen des § 61 Abs. 1 Nr. 1 KO einzuordnen,[365] scheiterte, als das BVerfG[366] 1983 feststellte, die Grenzen richterlicher Rechtsfortbildung seien damit überschritten.[367]

Es folgen für den gleichen Zeitraum alle Abgabenforderungen, dahinter Arztforderungen (u.ä.), dem folgend Forderungen von Kindern und Betreuten pp. aus Vermögensverwaltung durch den Schuldner und schließlich alle übrigen Konkursforderungen (§ 61 Abs. 1 Ziff. 2 – 6 KO).

Die KO bevorzugte gewisse Forderungen dergestalt, daß sie systemwidrig den Masseforderungen zugeordnet waren, die grundsätzlich deshalb vorweg befriedigt werden sollen, weil sie ihren Ursprung erst *nach* Verfahrenseröffnung haben. Es sind dies rückständige Ansprüche der Sozialversicherungsträger nach § 59 Abs. 1 Nr. 3 e KO für die letzten 6 Monate vor Verfahrenseröffnung.

Auch in Deutschland gab es ferner einige wenige sog. besondere Vorrechte, die außerhalb der Konkursordnung geregelt waren und sich auf bestimmte Vermögensgegenstände bezogen. Daher und weil sie rangmäßig den vorstehend darge-

---

363 Allein durch die lange geforderte und nunmehr durchgeführte Abschaffung wird aber die Existenz von Vorrechten in anderen Rechtsordnungen noch nicht gegen den deutschen *ordre public* verstoßen; vgl. Spellenberg in Stellungnahmen und Gutachten, S. 196 und 198

364 Kilger/Schmidt, § 61, Anm. 3 III; Kuhn/Uhlenbruck, § 61, Rn. 32f.

365 BAG KTS 1979, S. 150ff.

366 DB 1984, S. 141

367 Kuhn/Uhlenbruck, 10. Aufl., § 59, Rn. 2r f.

stellten allgemeinen Vorrechten vorgingen, standen sie zwischen diesen und den Absonderungsrechten. Es handelte sich um das Vorrecht des Pfandbrief- und Schuldverschreibungsgläubigers, jenes des Versicherungsnehmers und das nach § 32 DepotG.[368]

Diese besonderen Vorrechte gehören hierher, weil es sich um Vorrechte im eigentlichen Sinne (in Abgrenzung von Sicherungsrechten) handelt, also um bevorzugte Befriedigung gewährende Rechte, die international-privatrechtlich insolvenzrechtlich anzuknüpfen sind.

b. Insolvenzordnung

Wie bereits ausgeführt, kennt die InsO keine Vorrechte mehr. Diese Gleichstellung der Gläubiger wird nur durch Sicherheitsrechte und die bevorzugte Befriedigung von Masseschulden durchbrochen.

2. Frankreich

Es gibt im französischen Insolvenzrecht heute nur noch ein einheitliches Verfahren. Dieses *redressement judiciaire* kann zu drei unterschiedlichen Ergebnissen führen, nämlich zu Fortsetzung, Veräußerung oder Liquidation. Anwendbar ist es auf Kaufleute, Handwerker, Landwirte und juristische Personen des Privatrechts.[369]

Das Prinzip hinsichtlich der Verteilung in Frankreich unterscheidet sich nicht von den anderen Rechtsordnungen: Ausgangspunkt ist die *égalité des créanciers*, nach der kein Gläubiger besser behandelt werden darf als andere.[370] Allerdings beinhaltet das französische Recht ein sehr differenziertes Modell von Vorzugsrechten, das in dieser Form auch dem alten deutschen Recht nicht be-

---

368 i.e. vgl. Kuhn/Uhlenbruck, § 61, Rn. 8 ff.

369 Zum französischen Insolvenzrecht an sich: Rechtsgrundlage sind die Gesetze Nr. 85 - 98 und Nr. 85 - 99 vom 25.1.1985 (Code de Commerce, èdition Dalloz 1997, S. 1154 und 1449; Summ, S. 186 m.w,N. zur Entwicklung des französischen Insolvenzrechts), das Gesetz Nr. 84 – 148 vom 1.3.1984 (Code de Commerce, èdition Dalloz 1997, S. 807 und 1805) sowie das Dekret Nr. 88 - 430 vom 21.4.1988 (Code de Commerce, èdition Dalloz 1997, S. 1167, 1393, 1533 und 1779) und zwei weitere Ausführungsdekrete Nr. 85 - 1388 und 85 – 1389 (Journal Officiel vom 26.4.1988, S. 5526; Code de Commerce, Edition Dalloz, 1988/89, S. 630 & 677; Zu erwähnen ist auch das Gesetz 89-1010 vom 31.12.1989 i.V.m. dem Dekret 90-175 vom 21.2.1990 über die Vermeidung und Bewältigung der Überschuldung natürlicher Personen). Das Insolvenzrecht hat zuletzt 1994 durch das Gesetz Nr. 94-475 vom 10.6.1994 und das Dekret Nr. 94 - 910 vom 21.10.1994 (Code de Commerce, èdition Dalloz 1997, S. 1500, 1516, 807, 1821, 1581, 942, 827, 1155, 1373, 1380, 1156 und 1789, 944, 821, 1384, 931, 515, 1383) Änderungen erfahren; vgl. Dammann, ZIP 1996, S. 300 ff. und allg. Weber/Hoffmann

370 Le Cannu/Lucheux pp., § 1 Ziff. 6, S. 3: "*l'égalité est l'âme des faillites*"; s.o., Fn. 355; Sonnenberger, VIII 30, S. 388; Art. 2093 C.civ.

kannt war.[371] Das französische Recht unterscheidet zwischen allgemeinen Vorzugsrechten, Vorzugsrechten in Bezug auf das Immobiliarvermögen oder in Bezug auf einzelne Immobilien und Vorzugsrechten in Bezug auf das ganze Mobiliarvermögen oder auf Teile davon.[372] Am französischen System fällt zuvörderst auf, daß Privilegien und dingliche Sicherungsrechte bezüglich der Befriedigungsreihenfolge miteinander verwoben sind. Während unter der KO Vorrechte grundsätzlich erst zum Tragen kamen, nachdem die Masse um das aus dinglicher Sicherung Erlangbare geschmälert war, können nach französischem Recht Vorzugsrechte den Sicherheiten vorgehen.[373] Bereits systematisch sind die Privilegien nicht bloß insolvenzrechtliche Regeln zur Bestimmung einer Befriedigungsreihenfolge, sondern werden den dinglichen Rechten zugeordnet,[374] wenngleich ihr Zweck primär darin liegt, das Rangverhältnis zwischen den Gläubigern zu regeln,[375] dies aber nicht nur im Falle der Insolvenz, wie schon die Stellung der Regeln im *Code Civil* zeigt. Ein individuelles Verwertungsrecht begründen sie nicht. In ihrer Natur liegt es, daß sie nur im Falle unzureichender Schuldneraktiva praktische Relevanz erlangen.[376] De facto erscheinen die Privilegien mithin als Mischform zwischen dinglichem und obligatorischem Recht.[377]

Das System der Privilegien im französischen Recht wird beschrieben als "*alles andere als eine Meisterleistung in Systematik.*"[378]

> „Ces conflits peuvent atteindre un degré de complexité tel qu'il est impossible de dresser un tableau donnant un classement valable dans tous les cas. Le représentant des créanciers propose donc l'ordre de paiement qui lui paraît le plus régulier (...) et les contestations sont, le cas échéant, tranchées par le tribunal. Une simplification serait souhaitable."[379]

---

371 Auch in Frankreich ist das Problem der Masseaufzehrung wohlbekannt, vgl. Cabrillac, RabelsZ 1980, S. 737, 756

372 Guyon, Anm. 1340, S. 360; Amlon, S. 15

373 Dingliche Sicherheiten bieten mithin erheblich weniger Insolvenzschutz, als in Deutschland bekannt; vgl. Sonnenberger, VII 31, S. 389 und Ferid/Sonnenberger, Bd. 4/1, 3 D 306, S. 153

374 Ferid/Sonnenberger, Bd. 2, Anm. 3 D 201, S. 704

375 Ferid/Sonnenberger, Bd. 2, Anm. 3 D 211, S. 710

376 Ferid/Sonnenberger, Bd. 2, Anm. 3 D 210, 211 und 212, S. 706 f.

377 Ferid/Sonnenberger, Bd. 2, Anm. 3 D 215 S. 707 und 3 D 218, S. 708

378 Ferid/Sonnenberger, Bd. 2, Anm. 3 D 204, S. 705; Durch die diversen Änderungen und Ergänzungen sei die Systematik "*weder übersichtlicher noch überzeugender*" geworden; auch Bd. 2, Anm. 3 D 213, S. 707

379 Guyon, Anm. 1340, S. 360

Bemerkenswert ist allerdings, daß es im Rahmen der Insolvenzrechtsreform 1986 keine Änderungen an den Privilegien gegeben hat.[380] Die Regelungen sind in Art. 2095 ff. C.civ. und in zahlreichen Einzelgesetzen zu finden. Es ist hier eine Übersicht zu geben, wobei es besonders auf die sich im Liquidationsfall realisierenden Rangverhältnisse ankommt.

a. Im Ansatz ist zu trennen zwischen 1) sog. Generalprivilegien, die sich auf das gesamte bewegliche oder das gesamte bewegliche und unbewegliche Vermögen erstrecken, 2) besonderen Immobiliarprivilegien, und 3) besonderen Mobiliarprivilegien.[381]

b. Es gibt heute die folgenden sog. *privilèges generaux*:[382] eines zugunsten Neugläubigern (Masseansprüche), zwei für Arbeitnehmerforderungen (Superprivileg[383] und allgemeines Privileg[384]), eines zugunsten von Rechtsverfolgungskosten[385], und das für bestimmter Urheberrechtsansprüche[386]. Die Rangreihenfolge[387] weist dem Superprivileg den absolut ersten Rang zu, dieses gefolgt von den Rechtsverfolgungskosten, dem allgemeinen Arbeitnehmerprivileg, dem folgend den dinglichen Sicherheiten vor den Neugläubigern[388] und schließlich den Urheberrechtsansprüchen.[389] Die Generalprivilegien sind nicht eintragungsbedürftig.[390] Die genannten Vorrechte erstrecken sich auf bewegliches und unbewegliches Vermögen, auf letzteres aber – mit Ausnahme des

---

380 Schmidt/Niggemann, RIW 1986, S. 246, 251

381 Ferid/Sonnenberger, Bd. 2, Anm. 3 D 452, S. 761 f.; Städtler, S. 295

382 Ferid/Sonnenberger, Bd. 2, Anm. 3 D 226, S. 709 f.; Städtler, S. 281

383 Städtler, S. 283 f.

384 Bei Superprivileg und allgemeinem Arbeitnehmerprivileg sind geschützter Personenkreis völlig und die Art der privilegierten Forderungen weitgehend identisch, Städtler, S. 282. Das Superprivileg bezieht sich auf die letzten 60 Arbeitstage vor Verfahrenseröffnung, nicht auf die Zeit danach. Es ist der Höhe nach begrenzt; Das allgemeine Privileg reicht 6 Monate zurück und gilt auch für nach Insolvenzeröffnung entstehende Forderungen; Städtler, S. 285 f.; Ferid/Sonnenberger, Bd. 2, Anm. 3 D 233, S. 711, Städtler, S. 284 ff.

385 Kosten, die ein Gläubiger aufgewandt hat, um im Interesse aller Gläubiger Schuldnervermögen zu erhalten oder zu verwerten, nicht Kosten der Einzelrechtsverfolgung; Ferid/Sonnenberger, Bd. 2, Anm. 3 D 232, S. 711; Städtler, S. 293

386 Verwertungsvergütungsansprüche der letzten 3 Jahre; Ferid/Sonnenberger, Bd. 2, Anm. 3 D 235, S. 712; Städtler, S. 295

387 Art. 2101 und 2104 C.civ.; Ferid/Sonnenberger, Bd. 2, Anm. 3 D 231, S. 710

388 Neugläubiger gehen nur dann allen anderen vor, wenn bei Fälligkeit Masse verfügbar ist. Dann nämlich sind sie sofort zu befriedigen. Andernfalls gilt die dargestellte Rangordnung, Städtler, S. 288

389 Städtler, S. 283, 284

390 Städtler, S. 280

Superprivilegs und des Privilegs der Rechtsverfolgungskosten – nur subsidiär.[391]

aa. Die besonderen Immobiliarprivilegien[392]

Spezialprivilegien sind solche, die nur an bestimmten Vermögensgegenständen bestehen. Sie sind eintragungsbedürftig. Die Gestalt, die sie angenommen haben, führte dazu, daß sie heute als gesetzliche, bevorrechtigte Hypotheken eingeordnet werden.[393] Der Unterschied zur gewöhnlichen Hypothek liegt allerdings darin, daß die (fristgerechte) Eintragung dieser Rechte auch der Sicherung ihres Ranges nach dem Charakter der zugrundeliegenden Forderung dient, nicht nach Priorität.[394]

Die einzelnen besonderen Immobiliarvorzugsrechte bzw. bevorrechtigten Legalhypotheken sind jenes des Immobilienverkäufers, das des Kreditgebers zum Immobilienkauf[395] (der Rang richtet sich in beiden Fällen nach Vertragsdatum des Immobiliengeschäfts), das des Mitberechtigten nach Teilung einer Rechtsgemeinschaft[396] (Rang gem. Teilungszeitpunkt) und das von Architekten, Bauunternehmern und Handwerkern[397] (Rang gem. Eintragungszeitpunkt eines zu Tätigkeitsbeginns zu erstellenden Protokolls). Ferner kommt dem Baudarlehensgeber eines zu, sowie dem Nachlaßgläubiger an den Nachlaßgrundstücken[398], dem Immobilienleasinggeber und neuerdings der Wohnungseigentümergemeinschaft.[399]

bb. Allgemeine Vorzugsrechte an beweglichem Vermögen sind zuerst das zugunsten der Beerdigungskosten, zweitens und drittens das der Kosten der letzten Krankheit des Schuldners vor Zahlungseinstellung und die Stillgelder einer Amme. Es folgen gleichrangig mit den o.g. Arbeitnehmer- und Urheberrechtsansprüchen die Beitragsforderungen zur Sozialversicherung für ein Jahr, bei Eintragung für 27 Monate.[400] Dem folgen gleichrangig Ansprüche aus Lie-

---

391 Städtler, S. 280

392 Art. 2103 C.civ.; Ferid/Sonnenberger, Bd. 2, Anm. 3 D 205, S. 705 und 3 D 412 ff., S. 752 ff.

393 Ferid/Sonnenberger, Bd. 2, Anm. 3 D 205, S. 705 und 3 D 412, S. 752

394 Ferid/Sonnenberger, Bd. 2, Anm. 3 D 413, S. 752 f.

395 Städtler, S. 296

396 Städtler, S. 297

397 Städtler, S. 296

398 Ferid/Sonnenberger, Bd. 2, Anm. 3 D 415, S. 753 ff.

399 Städtler, S. 297

400 Ferid/Sonnenberger, Bd. 2, Anm. 3 D 242, S. 713

ferungen für den Lebensbedarf und Forderungen landwirtschaftlicher Erzeugerbetriebe.[401]

Der Fiskus verfügt ebenfalls über ein solches, erstrangiges[402] allgemeines Vorzugsrecht am Mobiliarvermögen. Am Immobiliarvermögen kann er eine Legalhypothek geltend machen. Ferner gibt es ein Vorrecht für die Grundsteuer (*taxe foncière*), welches aber lediglich an den Sach- und Rechtsfrüchten des jeweiligen Grundstücks besteht.[403]

cc. Spezialprivilegien an Mobilien

Dies sind Privilegien an einzelnen beweglichen Vermögensgegenständen. Diese Form des besonderen Schutzes können der Frachtführer, der Vermieter, der Herbergswirt und andere in Anspruch nehmen (pfandrechtsähnliche Privilegien).[404] Sie gehen den weiteren Spezialprivilegien wie dem des Mobiliarverkäufers[405] und denen von Verpächter[406] und Saatgutverkäufer[407] an der Jahresernte vor.[408] Weitere Spezialprivilegien sind u.a.[409] das zugunsten dessen, der Aufwendungen zum Erhalt einer Sache getätigt hat und solche an Forderungen des Schuldners, die ihm im Interesse Dritter zustehen.[410]

dd. Angesichts der Fülle und Unübersichtlichkeit an Privilegien unterschiedlichster Reichweite bedarf es im Insolvenzfalle, wenn das insgesamt haftende Vermögen also nicht hinreicht, eines umfassenden "*classement des privilèges*".

(i) Die schon angesprochene Reihenfolge von allgemeinen Mobiliarprivilegien untereinander ergibt sich aus der Reihenfolge in Art. 2101 C.civ. bzw. der Bestimmung in den jeweiligen Spezialgesetzen.[411]

(ii) Bei den Privilegien an bestimmten Mobilien fehlt eine gesetzliche Regelung ihres Ranges untereinander. Die Rechtsprechung bevorzugt bei den pfand-

---

401 Ferid/Sonnenberger, Bd. 2, Anm. 3 D 243, S. 714 f.

402 Ferid/Sonnenberger, Bd. 2, Anm. 3 D 297, S. 725; Le Cannu/Lucheux pp., Anm. 1256, S. 688

403 Städtler, S. 298

404 Ferid/Sonnenberger, Bd. 2, Anm. 3 D 256 ff., 272, 273, S. 716 ff., 720;

405 Ferid/Sonnenberger, Bd. 2, Anm. 3 D 276, S. 721

406 Ferid/Sonnenberger, Bd. 2, Anm. 3 D 256 ff., 272, S. 716

407 Ferid/Sonnenberger, Bd. 2, Anm. 3 D 283, S. 722

408 Ferid/Sonnenberger, Bd. 2, Anm. 3 D 251 und 252, S. 715

409 es gibt noch etliche weitere Spezialpriviegien, gewöhnlich von geringer praktischer Relevanz; Ferid/Sonnenberger, Bd. 2, Anm. 3 D 254, S. 716

410 Ferid/Sonnenberger, Bd. 2, Anm. 3 D 253, S. 716, Anm. 3 D 277 ff., S. 721f. und Anm. 3 D 281, S. 722

411 Ferid/Sonnenberger, Bd. 2, Anm. 3 D 288, S. 724

rechtsnahen Privilegien das des unmittelbaren Besitzers, unter den Vorzugsrechten aus Sacherhaltungsaufwendungen das desjenigen, der *zuletzt* Aufwendungen getätigt hat. Die verbleibende Gruppe rangiert nach zeitlicher Priorität. Insgesamt haben grundsätzlich die pfandrechtsähnlichen Vorzugsrechte Priorität, mit der Ausnahme der zuletzt genannten Regel, die auch hier gilt: Gläubiger, die später Sachaufwendungen tätigten, gehen vor. Es folgen zweitens die Sacherhalter und drittens die Wertzuwender.[412] Bei der Betrachtung des sich im Liquidationsfalle ergebenden Gesamt*rankings* darf nicht übersehen werden, daß sich diese Mobiliarprivilegien immer nur auf bestimmte bewegliche Vermögenswerte beziehen.

(iii) Wenn nun Vorzugsrechte an bestimmten Vermögenswerten mit solchen am gesamten beweglichen Vermögen kollidieren, so gehen mit Ausnahme des Superprivilegs die Erstgenannten vor.[413]

(iv) Zu den Vorzugsrechten an Immobilien: Es wurde bereits ausgeführt, daß unter den allgemeinen Privilegien das für Rechtsverfolgungskosten denen für Arbeitnehmerforderungen (mit Ausnahme des Superprivilegs) und für Urheberrechtsansprüche vorgeht. Hier gehen Generalprivilegien den Spezialprivilegien vor.[414]

Da der Rang nach französischem Recht anhand der Natur der Forderung bestimmt wird, geht er im Abtretungsfalle mit über: Art. 2112 C.civ. regelt, daß die abgetretene Forderung die Rangstellung des Zessionars bestimmt.[415]

Nach alledem ist festzuhalten, daß ein Rangordnungssystem, das das französische an Komplexität übertrifft, schwer vorstellbar ist. Eine problemlose Anwendung dürfte in der Praxis grenzüberschreitender Insolvenzbewältigung fast unmöglich sein. Vor allem aber stellen sich kollisionsrechtliche Fragen. Deutsches Recht und die EuInsVO gehen davon aus, die Insolvenzfestigkeit dinglicher Rechte nach der *lex rei sitae* zu beurteilen, die Verteilungsordnung aber der *lex fori concursus* zu entnehmen. In Frankreich ist aber beides eng und sehr differenziert miteinander verwoben. Das Problem müßte über die Qualifikation zu lösen sein. Wie bereits dargestellt, unterwerfen die Franzosen im übrigen die Frage der Insolvenzfestigkeit von Sicherheiten selbst der *lex fori concursus*,[416] so daß die systematischen Besonderheiten sich bei in Frankreich eröffneten Verfahren praktisch nicht auswirken dürften.

---

[412] Ferid/Sonnenberger, Bd. 2, Anm. 3 D 289 ff., S. 724 f.

[413] Ferid/Sonnenberger, Bd. 2, Anm. 3 D 296, S. 725

[414] Städtler, S. 280

[415] Ferid/Sonnenberger, Bd. 2, Anm. 3 D 214, S. 707

[416] s.o., Fn. 219

Auch in Frankreich wird, wie gesagt, Besorgnis über den Umfang, den die Forderungen der öffentlichen Hand regelmäßig im Verhältnis zur Gesamtmasse ausmachen, geäußert. Auch hier wird ausgeführt, daß das Volumen steuerlicher Belastung in den vergangenen Jahrzehnten stark zugenommen habe, so daß im Hinblick auf die erstrangige Stellung des Fiskus in Bezug auf das Mobiliarvermögen die eigentliche Funktion eines Kollektivverfahrens regelmäßig gefährdet sei und davon gesprochen werden könne, daß sich die Verwalter in den Verfahren zunehmend zu Agenten zur Einziehung der Forderungen der öffentlichen Hand entwickelt hätten.[417]

3. England

Auch im englischen Insolvenzrecht sind Vorrechte altbekannt.[418] Auch der Fiskus spielt hier eine wesentliche Rolle. Die Vorrechte haben einigen Änderungen unterlegen, bei eindeutiger Tendenz zu Erweiterungen.[419] Erst in jüngerer Vergangenheit ist es zu deutlichen Einschränkungen gekommen. Der *Cork-Report*[420] hatte eine Reduzierung der bevorrechtigten Forderungen angeregt.[421] Der Gesetzgeber ist dem, wenn auch nur in begrenztem Umfang,[422] nachgekommen.[423] Es gibt einen Katalog der Vorrechte, der in allen im englischen Insolvenzrecht denkbaren Verfahren[424] unverändert Anwendung findet.[425] Sched. 6 zum Insolvency Act 1986 gliedert die Forderungen dabei wie folgt,[426] wobei die Kategorien *untereinander gleichrangig* sind:

---

417 Le Cannu/Lucheux pp., Anm. 1256, S. 688

418 vgl. Milman/Durrant, S. 135

419 vgl. Vach, S. 45, ferner Milman/Durant, a.a.O., Fn. 418, die darauf hinweisen, daß die Initiative rglm. vom Parlament ausging, während die Gerichte der Ausweitung reserviert gegen-überstanden.

420 Insolvency Law and Practice, Report of the Review Comittee (Chairman Sir Kenneth Cork), veröffentlicht durch das Majesty's Stationary Office, London 1982; vgl. ZIP 1982, S. 1275, 1282

421 Cork-Report, a.a.O., Fn. 420, Anm. 1450; S. 328

422 Vach, S. 45

423 Fletcher, Insolvency, S. 293

424 Zum Insolvenzrecht in England allgemein: Fletcher, Insolvency; Totty/Jordan, Insolvency; Die englische Konkursrechtsmaterie ist anders als das deutsche Konkurs- bzw. Insolvenzrecht zweigeteilt in *bankruptcy*, betreffend Einzelpersonen und Personengesellschaften, sowie *winding up*, bei Kapitalgesellschaften. Das *winding up* ist systematisch dem Gesellschaftsrecht zugeordnet, vgl. Vach, S. 10 f.

425 Totty/Jordan, Anm. H 24.02, S. 24/2; vgl Sec. 175, 328, 386 Insolvency Act 1986; Ferner gilt sched. 6 in Zusammenhang mit sched. 3 zum Social security Pension Act '75 und sched. 4 des Pension Schemes Act 1993, vgl. Tolley's, Anm. C 14.34, S. 366 ff.

426 vgl. auch Rushworth, I-31 f.

1. Kategorie: Bei Lohnzahlungen einbehaltene und noch nicht abgeführte Einkommenssteuer aus den letzten 12 Monaten vor dem Stichtag[427] sowie bestimmte Abzüge gem. sec. 559 *Income and Corporation Tax Act* (Baugewerbe, Subunternehmer).

2. Kategorie: Mehrwertsteuer für einen Zeitraum von 6 Monaten; Kfz-Steuer, die in einem Zeitraum von 12 Monaten vor dem Stichtag fällig wurde; diverse Formen von Glückspielabgaben, bei Fälligkeit in den letzten 12 Monaten vor dem Stichtag; Verbrauchssteuer auf Bier, soweit fällig geworden während 6 Monaten vor dem Stichtag; Lotterieabgabe, fällig in 12-Monatszeitraum vor dem Stichtag.

3. Kategorie: Sozialversicherungsabgaben, die in den letzten 12 Monaten vor dem Stichtag fällig geworden sind.

4. Kategorie: Beiträge zu Altersversorgungssystemen ohne zeitliche Beschränkung.

In Kategorie 5 folgen die Gehälter der Arbeitnehmer für die letzten vier Monate, beschränkt durch einen vom *secretary of state* zu bestimmenden Höchstbetrag, samt Urlaubsgeld, dieses unbeschränkt, (gefolgt vom EG-rechtlich eingeführten Vorrecht für Kohle- und Stahlproduktionsabgaben.)

Gemäß Sec. 328 (2) und (3) Insolvency Act 1986 sind die genannten Kategorien untereinander gleichrangig, so daß sie untereinander zur selben Quote ("*pari passu*") bedient werden.

Es schließen sich die Konkursforderungen an. Nachrangig sind sodann Ansprüche auf Zinsen, diesen folgend Forderungen des Ehepartners aus Darlehensgewährung.[428]

"Öffentlich-rechtliche" Forderungen sind also umfassend den bevorzugten, untereinander gleichrangigen Forderungen zugeordnet. Interessanterweise sind Körperschafts- bzw. Einkommenssteuern, die den Gemeinschuldner unmittelbar treffen, nicht unter den bevorzugten Forderungen zu finden.[429] Die englische Lösung weicht damit sehr vom vormaligen deutschen Vorrecht nach § 61 Abs. 1 Nr. KO ab, das *alle* Steuern umfaßte, das allerdings erst nach den Arbeit-

---

427 Stichtag (*relevant date*) ist im Falle von *bankruptcy* der Zeitpunkt der *receiving order*, bei *compulsory winding up* der Zeitpunkt der *winding up order*; bei *voluntary winding up* kommt es auf die *winding up resolution* an; vgl. Cork-Report, a.a.O., Fn. 420, Anm. 1403, S. 318

428 Fletcher, Insolvency, S. 295 f.

429 vgl. Sealy/Milman, sec. 386, S. 447 f., 448: "*casualties inflicted (etwa:* "Opfer auferlegt"*) following the Cork Committee recomendations, including the general preference in respect of unpaid taxes owing to the crown.*"

nehmern und nach der Sozialversicherung zum Zuge kam.[430] und mit sämtlichen Vorrechten mit Inkrafttreten der Insolvenzordnung zum 1.1.1999 entfallen ist.[431]

Zu erwähnen ist, daß die genannten Vorrechte sogar teilweise dinglicher Sicherung vorgehen, nämlich gegenüber den sog. *floating charges*.[432] Erlöse aus der Veräußerung mit *floating charges* belegter Vermögenswerte sind zur Befriedigung bevorrechtigter Forderungen heranzuziehen, wenn die sonstige Masse zu ihrer Befriedigung nicht ausreicht.[433]

4. USA

Die Vorrechtsordnung des amerikanischen Insolvenzrechts ist in §§ 726, 507 BC zu finden.[434] Es sind neun Rangstufen vorgesehen:

Erstens die Verfahrenskosten, *zweitens* Forderungen von sog. „*Involuntary Gap Creditors*", also solchen Gläubigern, die vor Entscheidung über eine „*involuntary petition*" Kredit gewährten, *drittens* Löhne und Provision (maximal 4000 $ und maximal für die letzten 90 Tage vor Antragstellung, *viertens* Sozialversicherungsbeiträge der letzten 180 Tage, *fünftens* Ansprüche des Getreideproduzenten gegen den Getreidelagerer ebenso wie Ansprüche des US-amerikanischen Fischers gegen seinen lagernden oder weiterverarbeitenden Abnehmer, *sechstens* des Verbrauchers, der Vorauszahlung geleistet hat, ohne die geschuldete Gegenleistung erhalten zu haben (max. 1800 $), *siebtens* Unterhaltsansprüche, *achtens* Abgabenforderungen (sieben verschiedene, untereinander gleichrangige Kategorien von Steuerforderungen: *taxes measured by income or gross receipts*, *property taxes*, *trust fund taxes*, *employment taxes*, *excise taxes*, *custom duties* und in Zusammenhang stehende *penalties*[435]; fünf der Kategorien unterliegen zeitlichen Beschränkungen, die sich daran orientieren, ob der *Internal Revenue Service* bereits vor Verfahrenseinleitung hinreichend Zeit hatte, ausstehende Forderungen einzutreiben[436]) und schließlich *neuntens* Forderungen aus „*any commitment to a Federal depository institutions regulatory agency, to maintain the capital of an insured depository institution.*"

---

430 vgl. § 61 Abs. 1 Nr. 1 KO

431 Es findet gleichwohl in allen vor dem 31.12.1998 eröffneten Verfahren noch Anwendung

432 Milman/Durant, S. 136; Wood, 1-41 Ziff. 1, S. 24

433 Rushworth, I-31

434 BC = *Bankruptcy Code*, 11 U.S.C. § 507; vgl. Melnik in Gitlin, S. 278 ff.

435 Collier, Bd. 4, Ch. 507.10, S. 507-54

436 Um allzu exzessiver Stundungspraxis in Vertrauen auf ein notfalls greifendes Vorrecht und damit dem Anwachsen von Steuerschulden vorzubeugen, genießen diese Forderungen nur dann ein Vorrecht, wenn sie bereits drei Jahre vor der Insolvenz *entstanden* sind; Hanisch, Juristische Blätter 1977, S. 237, 238

Die Rangfolge der nicht bevorrechtigten Forderungen differenziert zwischen rechtzeitiger und verspäteter Anmeldung. Einige Forderungen wie z.B. Geldstrafen rangieren dahinter. An letzter Rangstelle stehen Zinsen ab Antragstellung.[437]

Das amerikanische Insolvenzrecht ist Bundesrecht. Die Staaten können keine eigenen Vorrechte oder Privilegien schaffen.[438]

5. Ergebnis des Vergleichs der Vorrechtsordnungen

Die betrachteten Rechtsordnungen sind sich über den Ausschluss der individuellen Rechtsverfolgung gegen den Schuldner einig.[439] Weitergehende Einigkeit über den materiellen Gehalt des Grundsatzes der Gleichbehandlung von Insolvenzgläubigern kann *nicht* festgestellt werden.

Die englische Vorrechtsdogmatik nach der Reform von 1996 erscheint am geradlinigsten. Hervorzuheben sind vor allem zwei Aspekte: erstens, daß es im Grunde nur *eine* Vorrechtskategorie gibt, weil alle bevorrechtigten Gläubiger untereinander gleich rangieren; zweitens, daß Forderungen aus direkten Steuern nicht mehr bevorrechtigt sind.

Das französische Recht zeigt eine starke Gewichtung zugunsten gesetzlicher Bevorrechtigung, im Gegensatz zu privatautonomer Sicherung. Insgesamt ist das französische System sehr weitgehend und unübersichtlich und damit bei Auslandsbezug unpraktikabel. Auch öffentlich-rechtliche Forderungen sind umfangreich bevorrechtigt, wenngleich nur bezüglich des Mobiliarvermögens.

Öffentlich-rechtliche Forderungen sind zwar auch in den USA weitgehend bevorzugt, dort aber in zeitlicher Hinsicht stark eingeschränkt, womit verhindert werden soll, daß die Eintreibungspraxis des *IRS* sich auf ihre bevorrechtigte Stellung einrichtet.

Zu allen Rechtsordnungen werden Zweifel geäußert, ob nicht die *de lege lata* gegebene Verteilungsordnung den Gläubigergleichbehandlungsgrundsatz verletzt. Jedenfalls wird die Ineffizienz gerügt, zu der die gegebenen Differenzierungen führen.[440] *Baur/Stürner* billigen dem Gesetzgeber im Spannungsfeld

---

437 vgl. Collier, Bd. 4, Ch. 507, S. 507-1 ff.; Treister/Trost pp., § 6.04 f., S. 303 ff.

438 Collier, Bd. 4, Ch. 507, S. 507-15, 507-16

439 §§ 3, 14 KO bzw. 38, 89 InsO, Kilger/Schmidt, § 14, Anm. 1; Hess, KO, § 14, Rn. 1; England: Sec. 126, 130 und 285 I.A., Berry/Bailey, Anm. 14.1.5 und 6, S. 180; USA: Sec. 362 B.A., Murphy, § 6; Frankreich: Derrida/Godé/Sartais, Anm. 521, S. 388: "*ouverture d'une procedure (...) toujours (...) destinée à eviter l'anarchie des poursuites individuelles*"

440 s.u., Fn. 379, 420 und 444; ferner Baur/Stürner, Bd. 2, § 5 III 1 c; Häsemeyer, 2. Aufl., Rn. 2.19, S. 31; App, BB 1984, S. 668 ff. zum Fiskusvorrecht; auch Fletcher, Insolvency, S. 293; Cabrillac, RabelsZ 1980, S. 756; Gröninger, S. 82

zwischen formaler Gleichheit und Differenzierungsgebot des Art. 3 Abs. 1 GG allerdings einen Gestaltungsspielraum zu, der erst bei völlig sachwidrigen Ergebnissen überschritten sei.[441] Aus diesem Grund seien sowohl die KO als auch die InsO in diesem Punkte im Rahmen des Verfassungsmäßigen.[442]

Demgemäß sind die Begründungen für Abweichungen von materieller Gleichstellung vielfältig. Teilweise wird auf eine ganzheitliche Gerechtigkeitsbalance abgestellt. Teilweise werden Privilegien mit Umständen begründet, die in der individuellen Situation einer Gläubigergruppe liegen.[443] In allen Vorrechtsordnungen trifft man auf soziale Erwägungen, Staatsinteressen und auf verschiedene sonstige rechtspolitische Schutzwürdigkeitserwägungen. Dabei stellt sich bisweilen die Frage nach Ursache und Wirkung: Ist das Anwachsen insolvenzfester Sicherheiten Folge masseaufzehrender Vorrechte oder zogen die Gesetzgeber mit der Schaffung von Vorrechten nach, um etwa Fiskus und Sozialversicherungsträger als unfreiwillige Gläubiger zu schützen? Das fragt sich insbesondere dort, wo Vorrechte privatautonom entstandenen Sicherheiten vorgehen können. Vielleicht wird man vermuten dürfen, daß die Rechtsgestaltungen am Markt sich schneller der vorgegebenen Gesetzeslage anpassen als umgekehrt.

Die Forderung nach der Abschaffung der Vorrechte ist so alt, wie die Vorrechte selbst.[444] Sie hat sich bis heute als weitgehend fruchtlos erwiesen. Von den Insolvenzrechten der Mitgliedstaaten der Europäischen Gemeinschaft kennen allein jene Dänemarks, Österreichs sowie seit dem 1.1.1999 Deutschlands keine Vorrechte mehr. In den anderen untersuchten Rechtsordnungen sind nachrangige Gläubiger ohne die Möglichkeit, ihre Forderungen adäquat zu besichern, angesichts moderner Eigenkapitalverhältnisse benachteiligt. Es ist aber nicht ersichtlich, daß in näherer Zukunft auch in anderen Rechtsordnungen mit einer Vorrechtsabschaffung zu rechnen ist. Auch in Deutschland wurde die Abschaffung lange gefordert und gelang erst im Rahmen einer großen Insolvenzrechtsreform. Sie war auch hier nicht unumstritten.[445] In England ließ sich eine Begrenzung der Vorrechte auch im Rahmen einer Insolvenzrechtsreform nur begrenzt durchsetzen.[446]

---

441 Baur/Stürner, Bd. 2, § 6 II 4 a, Rn. 6.27, S. 69

442 Baur/Stürner, a.a.O., Fn. 441

443 Baur/Stürner, a.a.O., Fn. 441, § 11 III; Totty/Jordan, Anm. 24.02 ff., S. 24/2 ff.; Guyon, Anm 1340 ff., S. 360 ff.; Collier, Bd. 4, Ch. 507.02. ff., S. 507-13 ff.

444 Kübler/Prütting, Bd. 1, Anm. 3.2.3., S. 10; Stürner in Kübler, S. 41, 56; Zur Geschichte der Vorrechte aus deutscher Perspektive vgl. Dann, S. 16 ff.; "Das schlimmste Problem", Houin, KTS 1961, S. 177, 182

445 Allgemeine Begründung des Regierungsentwurfes, Anm. 4.d., in Kübler/Prütting, Bd. 1, S. 113 f.; Kuhn/Uhlenbruck, § 61, Rn. 1

446 Fletcher, Insolvency, S. 293; Milman/Durant, S. 135

Wichtig ist allerdings, daß die Verteilungsordnungen und ihr Zusammenspiel mit dinglichen Sicherungsrechten in den Rechtsordnungen historisch gewachsen sind. Die Begründung der Forderung nach ihrer Abschaffung würde daher eine weitergehende Untersuchung der Entwicklung und der Zusammenhänge in den nationalen Systemen erfordern. Für die Frage nach der Bewältigung grenzüberschreitender Insolvenzsachverhalte kommt es zunächst nur darauf an, daß die Verteilungsordnungen *sehr unterschiedlich* sind.[447]

> "In virtually every country the bankruptcy distribution system creates all sorts of priorities for a variety of beneficiaries . . . [a] neutral observer, having recently arrived from another solar system, might express polite astonishment at the notion that the nations' systems of bankruptcy distribution represent a commitment to equality of distribution."[448]

Fraglich ist, ob der Umstand, daß international eine Angleichung von Vorrechten offenbar ebenso schwierig zu erreichen ist, wie national die Abschaffung von Vorrechten, eher mit der fehlenden Überzeugung der Gesetzgeber von der Notwendigkeit zu erklären ist, oder mit rechtspolitisch nicht ausräumbaren Differenzen.[449] Solche Differenzen könnten darin bestehen, daß andere Staaten nicht bereit sind, wie Deutschland vollständig auf Vorrechte zu verzichten, Deutschland aber von dem erreichten Niveau materieller Gläubigergleichbehandlung nicht wieder abrücken will. Wahrscheinlicher erscheint, daß Eingriffe in die historisch gewachsenen nationalen Systeme nur schwer durchsetzbar sind, so daß der Druck durch Probleme, die sich bei grenzüberschreitenden Insolvenzsachverhalten ergeben, sehr groß sein müßte.

II. Verteilungsentscheidung bei Auslandsbezug

Die Frage nach den Regeln der Verteilung des gesamten Schuldnervermögens hat zwei Komponenten. Zunächst geht es um die Auswahl der anzuwendenden Verteilungsordnung. Wegen der Anknüpfung der Verteilungsfrage an den Verfahrensort (*lex fori concursus*) ist dies die Frage nach der Zuständigkeit. Darüber hinaus geht es um die Auswirkungen der Aufspaltung des Schuldnervermögens und der Verteilung von Teilen davon nach unterschiedlichen Verteilungsordnungen auf die Gesamtverteilung.

---

[447] vgl. Allan/Drobnig, RabelsZ 1980, S. 615, 638: "*everywhere haphazard, reflecting little rational policy*"

[448] Westbrook, BROOK. J. Int. L. 1991, S. 499, 508 f.

[449] Jedenfalls scheint die Notwendigkeit nicht hoch genug eingeschätzt zu werden, um die zur Harmonisierung ggf. notwendigen Eingriffe in die Kohärenz der eigenen Rechtsordnung vorzunehmen; Vgl. den Richtlinienvorschlag zur Zwangsliquidation von Direktversicherungsunternehmen, Art. 17 ff., namentlich Art. 19, der sich an teilweiser Harmonisierung versuchte, Amtsblatt C 71/5; Strub, EuZW 1994, S. 425

1. Forum-Auswahl

a. autonomes Internationales Insolvenzrecht

Für die Frage nach der Funktionsfähigkeit von Regeln zur Insolvenzbewältigung muß unterstellt werden, daß einzelne Gläubiger sich rational verhalten. Sie werden jeden möglichen Weg zur Vermeidung eines drohenden Forderungsausfalles einschlagen, der als verhältnismäßig beurteilt wird. Bei grenzüberschreitenden Insolvenzsachverhalten bieten die unterschiedlichen Verteilungsordnungen Anreize zum *forum shopping.*[450] Da die Frage der günstigsten Rechtsordnung für die einzelnen Gläubiger unterschiedlich ausfällt, kann auch Anreiz gegeben sein, möglichst frühzeitig einen Antrag im bevorzugten Forum zu stellen. Welche Rechtsordnung für den einzelnen Gläubiger die günstigste ist, ist eine Frage des Einzelfalls. Der Gläubiger wird also seine abstrakte Stellung nach den in Betracht kommenden Verteilungsordnungen vergleichen. Auch für Gläubiger, die nach allen Verteilungsordnungen gewöhnliche Insolvenzgläubiger sind, können sich Unterschiede ergeben, wenn die Verteilungsordnungen sich im Gesamtumfang der Vorrechte unterscheiden. Je mehr Vorrechte, desto weniger Masse bleibt für die gewöhnlichen Insolvenzgläubiger übrig.

Möglichkeiten zum *forum shopping* bedeuten, daß einzelne Gläubiger den Ablauf der Insolvenzbewältigung zulasten anderer Gläubiger beeinflussen können. Sie beeinträchtigen daher Rechtssicherheit und Gläubigergleichbehandlung. Fraglich ist daher, ob sich das Eröffnungsforum im Internationalen Insolvenzrecht eindeutig und zuverlässig bestimmen läßt.

Die Zuständigkeitsregelungen sind bei den Übersichten über die verschiedenen Internationalen Insolvenzrechte dargestellt worden.[451] In Deutschland richtet sich die Internationale Zuständigkeit nach den Regeln über die örtliche Zuständigkeit.[452] Örtlich zuständig zur Eröffnung eines Insolvenzverfahrens ist gem. § 3 Abs. 1 S. 1 InsO (früher § 71 Abs. 1 KO) ausschließlich das Insolvenzgericht am allgemeinen Gerichtsstand des Schuldners, neuerdings wenn nicht der Mittelpunkt seiner selbständigen wirtschaftlichen Tätigkeit an einem anderen Ort liegt, § 3 Abs. 1 S. 2 InsO. Bei Zuständigkeit mehrerer Gerichte gilt das Prioritätsprinzip, § 3 Abs. 2 InsO.[453] In England kommt die Verfahrenseröffnung in Betracht, wenn der Schuldner dort domiziliert oder auch nur präsent ist; letzte-

---

450 Auswahl des Gerichts durch Kläger oder Antragsteller im Hinblick auf die von diesem angewandte Kollisionsnorm mit dem Ziel der Anwendung des persönlich günstigsten Recht. Firsching/von Hoffmann, § 1, Rn. 48

451 s.o., 1. Kapitel, B. und C., S. 19 ff. und S. 46 ff.

452 Arnold in Gottwald, Handbuch, § 122 Rn. 3, S. 1243; allgemein: in MüKo, ZPO, § 12 Rn. 64; Vollkommer in Zöller, § 1 Rn. 8 m.w.N.

453 s.o., 1. Kapitel, B. I. 2., S. 23

renfalls muß er in den letzten 3 Jahren eine inländische *residence* gehabt haben. Es genügt auch *carrying on of business* im Inland. Bei Gesellschaften und juristischen Personen sind Voraussetzung *branch office* oder bloß *assets* im Inland, mitunter sogar die bloße Wahrscheinlichkeit eines Vorteils für Gläubiger. In den Vereinigten Staaten genügen gleichfalls bereits *assets* im Inland.[454] Das autonome französische Recht knüpft die Zuständigkeit an Sitz oder Interessenmittelpunkt des Schuldners. Bei Sitz im Ausland genügt auch ein inländischer Wohnsitz, wenn der Schuldner von dort die wesentlichen Angelegenheiten regelt. Zweigniederlassung, Vermögensbelegenheit oder französische Staatsangehörigkeit des Antragstellers oder des Schuldners können unter Umständen aber auch genügen.[455]

Stellt man die nach den autonomen Rechten gegebenen möglichen Eröffnungsforen nebeneinander, zeigt sich, daß es an eindeutiger Bestimmbarkeit des Ortes der Verfahrenseröffnung fehlt. Je weiter die Zuständigkeitsgrundlage nationalen Insolvenzrechts, desto wahrscheinlicher werden positive Kompetenzkonflikte. Ein Auseinanderfallen von Wohnsitz und Firmensitz kann etwa zu Eröffnungszuständigkeiten in Deutschland und Frankreich führen. Wo bloße Vermögensbelegenheit genügt, können ohne weiteres mehrere potentielle *fora* gegeben sein.[456] Aber auch die englische Zuständigkeit „Gegenwart des Schuldners" kann eine Mehrzahl von Eröffnungsmöglichkeiten begründen, ebenso wie die französischen nationalitätsabhängigen Zuständigkeiten der Art. 14 und 15 C.civ.[457]

Im autonomen Internationalen Insolvenzrecht ist die Gleichbehandlung der Gläubiger mithin schon dadurch beeinträchtigt, daß sich die zur Anwendung berufene Verteilungsordnung im Vorhinein nicht zuverlässig bestimmen läßt und Möglichkeiten zum *forum shopping* gegeben sind.

b. EuInsVO und UNCITRAL-Mustergesetz

Das ändert sich unter der EuInsVO merklich. Wie ausgeführt, richtet sich dort die Zuständigkeit in erster Linie nach dem Mittelpunkt der hauptsächlichen Interessen des Schuldners, neben der nachgeordneten Niederlassungszuständigkeit.[458] Da für alle Mitgliedsstaaten dieselben Zuständigkeiten gelten, reduziert sich das Konfliktpotential merklich. Es wird sich im Tatsächlichen abspie-

---

[454] s.o., 1. Kapitel, B. III., S. 35

[455] s.o., 1. Kapitel, B. IV, S. 39

[456] Anders als in Deutschland sehen die anderen Rechtsordnungen für die Verfahrenseröffnung auf dieser Grundlage keine grundsätzliche Beschränkung auf das Inlandsvermögen vor; dazu i.e. oben, 1. Kapitel, B., S. 19 ff.

[457] s.o., 1. Kapitel, B. IV., S. 39 , Fn. 207

[458] Art. 3 EuInsVO, s.o., 1. Kapitel, C. III. S. 48

len, nämlich bei der Bestimmung des Ortes des Mittelpunktes der hauptsächlichen Interessen. Es ist möglich, daß der wirtschaftliche Aktionsradius eines Schuldners zu Streit um den Ort seines Interessenmittelpunktes führt. Das kann bereits aus der Regelung des Art. 3 Abs. 3 S. 1 EuInsVO (Prioritätsprinzip bei mehreren Verfahrenseröffnungen)[459] geschlossen werden, zumal die vier Grundfreiheiten innerhalb der Europäischen Union jedes Handicap genommen haben, Sitz und Mittelpunkt der hauptsächlichen Interessen auseinanderfallen zu lassen. Das Prioritätsprinzip sorgt für Klarheit, aber erst zum Zeitpunkt der Verfahrenseröffnung. Gleichwohl ist der Anknüpfungspunkt des Mittelpunktes der hauptsächlichen Interessen (ebenso wie der nach deutschem Recht entscheidende Faktor, der Mittelpunkt der wirtschaftlichen Tätigkeit) nicht uneingeschränkt mobil und kaum vermehrbar. Gegenüber Zuständigkeits- und damit Rechtswahlentscheidungen auf der Grundlage von Vermögensbelegenheit[460] bietet die EuInsVO somit einen begrüßenswerten Fortschritt. Die möglichen Eröffnungsforen sind erheblich besser eingrenzbar und damit weniger beeinflußbar. Eine Mehrheit möglicher Foren gibt es nur noch ausnahmsweise. Gelegenheit zum *forum shopping* im Hinblick auf die Eröffnung eines Hauptverfahrens bietet sich Gläubigern in der Regel nicht mehr. Auch Manipulationsmöglichkeiten für den Schuldner dürften selten werden. Mangel an Gewißheit über das Eröffnungsforum wird eher aus Informationsdefiziten resultieren, als aus tatsächlicher Beeinflußbarkeit der für die Zuständigkeit entscheidenden Faktoren.

Das bedeutet, daß die EuInsVO zwar für ein deutlich gestiegenes Maß an Vorhersehbarkeit sorgt, gleichwohl *Gewißheit* über das zur Anwendung gelangende Insolvenzstatut nach wie vor erst im Zeitpunkt der tatsächlichen Entscheidung über die Zuständigkeitsfrage gegeben ist. Insoweit geht der Auslandsbezug eines Insolvenzsachverhaltes auch unter der EuInsVO zulasten der Rechtssicherheit.

Das UNCITRAL-MG regelt die Zuständigkeiten zur Verfahrenseröffnung nicht, sondern differenziert nur bei den Anerkennungswirkungen nach den Zuständigkeitsgrundlagen der Verfahren, die Anerkennung suchen. Allseitige Anwendung des MG macht gleichwohl nur Sinn, wenn die Eröffnungszuständigkeiten tatsächlich dieser Kategorisierung entsprechen. Insoweit wäre zunächst die Umsetzung des MG in die nationalen Rechte abzuwarten. Die Begründung einer Zuständigkeit bei bloßer Vermögensbelegenheit[461] ist aus der Perspektive von Rechtssicherheit und Vorhersehbarkeit nachteilig, zumal den einzelnen Verfahren nicht zwingend nur das jeweilige Inlandsvermögen unterfällt. Das MG sieht in Art. 28 eine solche Zuständigkeit für Parallelverfahren aber vor.

---

459 s.o., 1. Kapitel, C. III. S. 79

460 Dies war auch einer der Kritikpunkte am gescheiterten Entwurf für einen US-kanadischen Insolvenzvertrag von 1979, Westbrook/Trautman in Ziegel, S. 655, 666

461 s.o., 1. Kapitel, C. IV, S. 55

c. Ergebnis

Die nationalen Verteilungsordnungen unterscheiden sich, verstoßen aber nicht gegen den Grundsatz der Gläubigergleichbehandlung. Dem Grundsatz können konkrete Vorgaben für die Verteilung nicht entnommen werden. Die Frage nach der Auswahl der Verteilungsordnung berührt den Gleichbehandlungsgrundsatz daher in erster Linie im Hinblick auf die Beeinflußbarkeit durch den Einzelnen. Die Möglichkeiten des Einzelnen, die Auswahl unter mehreren möglichen Zuständigkeiten zu beeinflussen, beeinträchtigt Gläubigergleichbehandlung und Rechtssicherheit. Das autonome Internationale Insolvenzrecht steht hier einer planmäßigen und vorhersehbaren Insolvenzbewältigung entgegen.

Die Harmonisierung und Begrenzung der Eröffnungszuständigkeiten in der EuInsVO löst das Problem weitgehend. Sofern unter der EuInsVO der Grenzübertritt des Insolvenzsachverhaltes noch zu Einbußen der Rechtssicherheit gegenüber nationaler Insolvenzbewältigung führt, unterscheidet sich dies nicht wesentlich von anderen Sachverhalten mit Auslandsbezug.

2. Durchbrechung der Verfahrenseinheit

a. Allgemeines zur Verfahrenspluralität

Gleichbehandlung aller Gläubiger ist nicht zu erreichen, wenn es nicht gelingt, das gesamte Schuldnervermögen individuellem Gläubigerzugriff zu entziehen. Diesbezüglich kann das Internationale Insolvenzrecht heute rechtsvergleichend als „fortgeschritten" bezeichnet werden. „Verteilungsfehler"[462] durch erfolgreichen Individualzugriff können nur in Ausnahmefällen auftreten und sind auch hier bei einer den insolvenzrechtlichen Grundsätzen angepaßten Anwendung des *ordre public* vermeidbar.[463]

Die Gläubigergleichbehandlung wird auch durch Möglichkeiten zum *forum shopping* beeinträchtigt. Diesbezüglich ist das autonome Internationale Insolvenzrecht weit weniger entwickelt. Die EuInsVO bringt aber deutlichen Fortschritt.

Das Schuldnervermögen kann aber auch auf zwei oder mehr Verfahren aufgeteilt werden. Dann ist offen, *wo*, *wann*, *wie* und *zu welchen Anteilen*. Auch hier stellt sich die Frage nach Beeinflussungsmöglichkeiten, die sich *durch* den Auslandsbezug des Sachverhaltes ergeben. Es stellt sich ferner die Frage nach den Wirkungen der Verfahrensmehrheit auf die Gesamtverteilung.

Es kann aus einer Reihe von Gründen zu Verfahrensmehrheit kommen. Mangelnde Bereitschaft einer Rechtsordnung zur Anerkennung eines ausländischen

---

462 s.o., Fn. 344

463 s.o., 2. Kapitel, B.I.2.b., S.71

Verfahrens kann nicht nur zu Möglichkeiten der Individualrechtsverfolgung führen; sie kann auch mit der Eröffnung weiterer Kollektivverfahren in Zusammenhang stehen. Die Eröffnung kann auch der Grund für die mangelnde Anerkennungsbereitschaft sein.[464] Es kann aber auch gerade *im Rahmen* der Anerkennung und Unterstützung zu gesonderten Verfahren kommen.[465] Schließlich kann es auch ohne direkten Zusammenhang zur Frage der Anerkennung zu weiteren Verfahren kommen, nämlich dann, wenn solche weiteren Verfahren als zusätzliche Option, gleichsam als Alternative zur Anerkennung ausländischer Verfahren im Inland zur Verfügung stehen.[466]

Es ist erörtert worden, daß die Zuständigkeitsregeln der autonomen Internationalen Insolvenzrechte sehr weitgehend sind. Im autonomen Recht gibt es daher sehr viele Möglichkeiten, im Rahmen ein und desselben Insolvenzsachverhalts zu mehreren Verfahren zu gelangen. Während deutsches Recht und die EuInsVO Zuständigkeitsgrundlagen und Wirkungsanspruch mehrerer Verfahren koordinieren und dementsprechend bestimmten Verfahren von vornherein nur territorial begrenzte Wirkung beimessen, sind angesichts der anderen autonomen Zuständigkeitsregelungen auch konkurrierende Ansprüche auf Wirkungserstreckung möglich. Ohne die möglichen Konfliktsituationen im einzelnen aufzulisten, ist darauf hinzuweisen, daß sich hier anerkennungsrechtliche Fragen stellen, wenn mehrere Verfahren in Drittstaaten belegenes Vermögen beanspruchen. Bezüglich des wechselseitigen Wirkungserstreckungsanspruches an den jeweiligen Eröffnungsorten gilt, daß nur die Amerikaner in Sec. 305 B.C. über die Möglichkeit verfügen, ggf. das eigene Verfahren zugunsten des ausländischen einzustellen, wenn sie dies nach Lage des Falles für sachgerecht halten.[467] Im übrigen gilt, daß Verfahren, auch wenn sie die Kooperation mit weiteren Verfahren grundsätzlich erlauben oder ihren eigenen Wirkungsanspruch zugunsten anderer vorrangiger Verfahren beschränken, jedenfalls das im Inland belegene Vermögen für sich beanspruchen.

Das neue deutsche autonome Recht hat einen Vermögensgerichtsstand für Nebenverfahren eingeführt. Das war ein mit Blick auf die Zuständigkeitsregelungen anderer Länder vielleicht verständlicher Schritt. Aus internationalinsolvenzrechtsdogmatischer Sicht erscheint er aber als „Rückwärts-Harmonisierung“. Die Zuständigkeitsregeln und ihre Ausgestaltung sind, was das Verhältnis von Hauptverfahren zu Neben-, Partikular- oder Territorialverfahren betrifft, in der

---

464 Das ist vor allem nach französischem Recht denkbar

465 So vor allem möglich gem. Sec. 304 B.C. in den USA und auch in England

466 so im deutschen Recht und nach der EuInsVO

467 wobei sodann die Unterstützung des ausländischen Verfahrens und damit auch die Frage nach Umfang und Form der Wirkungserstreckung im Rahmen von Sec. 304 B.C. verläuft; vgl. zu Sec. 305 oben, Fn. 175; vgl. zu England o., S. 30

EuInsVO am übersichtlichsten, aufeinander abgestimmt und mangels eines Vermögensgerichtsstandes auch besser eingegrenzt. Damit hebt sich die EuIns-VO stark gegenüber dem bisher in Europa geltenden Recht ab, aber auch gegenüber dem UNCITRAL-MG.

b. Praktische Bedeutung

Betrachtet man alle in den herangezogenen Rechtsordnungen gegebenen Möglichkeiten zur Verfahrenspluralität, so ist *sicher*, daß Verfahrenseinheit in der Praxis nicht der Regelfall ist, sondern die Ausnahme. Angesichts der Vielzahl an in den autonomen Internationalen Insolvenzrechten gegebenen Zuständigkeiten kann nur in einfach gelagerten Fällen mit Verfahrenseinheit gerechnet werden.

Es genügt, daß einem der an der Insolvenzbewältigung Beteiligten eine bestimmte Parallelverfahrensoption vorteilhaft erscheint, um die Verfahrenseinheit zu beenden. Der erstrebte Vorteil des einzelnen bestimmt so die konkrete Gestalt der *Gesamt*abwicklung und damit das Schicksal aller anderen. Daß die Erwartung individuellen Vorteils den Rahmen der Gesamtbewältigung (mit)bestimmt, wirkt sich dabei stets nur zugunsten der Verfahrensmehrheit aus, *nie* umgekehrt. Verfahrenseinheit wird beendet. Es kommt zu Verfahrenspluralität. Möglichkeiten, in Erwartung individueller Günstigkeit Verfahrensmehrheit zu verhindern, sind nicht gegeben. Auch Möglichkeiten, von einmal eingetretener Verfahrenspluralität wieder zu Verfahrenseinheit zu gelangen, gibt es nicht.

Es ist einleuchtend, daß jede Parallelverfahrensoption für irgendeinen der Beteiligten vorteilhaft ist und somit dessen Interesse begründet, sie wahrzunehmen. Das ergibt sich aus den Unterschieden der nationalen Insolvenzrechte, sei es in prozeduraler oder in materieller Hinsicht. Wegen der insolvenzimmanenten Knappheit ergibt sich ebenso ohne weiteres, daß der Vorteil des einzelnen immer Nachteil für die anderen ist.

Die Verfahrenseinheit bleibt solange erhalten, bis ein einzelner sich dafür entscheidet, im Rahmen der Möglichkeiten ein ihm günstiges Parallelverfahren herbeizuführen. Als Grundlage für Parallelverfahren genügt dabei nach autonomem Recht allgemein Vermögensbelegenheit im Inland. In Frankreich besteht die Möglichkeit indessen nur bis zur Exequaturerteilung. In den Common Law-Rechtsordnungen spielen Ermessensgesichtspunkte herein.

Nach der EuInsVO reicht Vermögensbelegenheit im Inland allerdings nicht. Erforderlich ist eine Niederlassung. Ein weiteres Kriterium ist aber nicht vorgesehen (Art. 29 b). In zurückliegenden Entwürfen mußte der Antragsteller ein berechtigtes Interesse haben.[468] Die Funktion einer solchen Einschränkung er-

---

[468] So im Entwurf von 1992 und auch in § 396 Abs. 2 RegEntw. EGInsO, vgl. Gottwald, Vortrag, S. 27

scheint aber fragwürdig, da unklar ist, welcher Vorteil, den sich der Antragsteller erhofft, ein berechtigtes Interesse geben soll. Wenn Parallelverfahren inländische insolvenzrechtliche Wertungen vor Ihrer Aushöhlung durch „unbekannte" ausländische Rechte schützen sollen, dann fragt sich, ob es überhaupt „unberechtigte" Interessen geben kann. Es scheint legitim, die Verfahrenseinheit zu wahren, wenn dem Antragsteller das Parallelverfahren keine Vorteile bietet. Nur wird er in diesem Fall bereits keinen Antrag stellen.

Im Ergebnis führt die Struktur „kontrollierter" Universalität faktisch zu regelmäßiger Pluralität.[469] Parallelverfahrensoptionen werden realisiert werden. Den einzelnen Gläubiger wird der Gesichtspunkt der Gleichwertigkeit der Rechtsordnungen nicht davon abhalten. Daher ist modernes Internationales Insolvenzrecht einschließlich der EuInsVO faktisch weniger universal, als die Bezeichnung „kontrollierte Universalität" Glauben macht. Für Verfahrenseinheit bleibt nur in einfach gelagerten Fällen Raum.

Hinzu kommt ein weiteres: Der Zeitpunkt der Eröffnung möglicher Parallelverfahren ist nicht bestimmbar. Die Verfahrensmehrheit kann in jedem beliebigen Stadium der Insolvenzbewältigung entstehen. Die Vorteilhaftigkeit für den einzelnen ist nicht statisch. Ob Vermögensbestandteile werthaltig sind, klärt sich oft erst im Laufe der Zeit, sei es durch vom Verwalter zu führende Prozesse, sei es nach erfolgter Veräußerung. Je nach Verfahrensstand und Entwicklung der verteilungsfähigen Aktivmasse mag der Anreiz zum Parallelverfahren entstehen oder zunehmen. Dabei kann u.U. ein wesentlicher Teil des Vermögens im Rahmen der bis dahin eröffneten Verfahren schon realisiert und verteilt sein. Das weitere Verfahren führt nun, gleichsam mitten in der Insolvenzbewältigung, zu einem Statutenwechsel zugunsten seiner *lex fori concursus*. Es ist Praktikabilität und Übersichtlichkeit nicht zuträglich, wenn im Wege einer Zäsur bei jeweils gegebenen Abwicklungsstand die nunmehr durch Eröffnung des weiteren Verfahrens einem anderen Recht unterfallenden Fragen „herauszuschälen" sind. Abgesehen von den möglichen Problemen des Statutenwechsels selbst können so im Rahmen der Gesamtinsolvenzbewältigung gleichgelagerte Sachverhalte nur deshalb unterschiedlich gehandhabt werden, weil der eine vor Eröffnung des weiteren Verfahrens zu regeln war, der andere aber danach. Im Übrigen stellt sich für die dem später eröffneten Parallelverfahren unterfallende Teilmasse die Frage sauberer Abgrenzung der Anwendung des bisherigen Insolvenzstatutes von der neuen *lex fori concursus*: Welche schon eingetretenen Rechtswirkungen bleiben bestehen? Was ist mit bereits laufenden Anfechtungsprozessen oder Vorrechtsstreitigkeiten betreffs schon erfolgter Abschlagsverteilungen?[470]

---

[469] i.E. ebenso: Strub, EuZW 1996, S. 73

[470] Schollmeyer, IPRax 1995, S. 150, 152

c. Bewertung

aa. Allgemeines

Bei Verfahrensmehrheit kommt es zwar auch zu umfassender insolvenzrechtlicher Haftungsrealisierung. Die Verfahrensmehrheit als solche verletzt die Kollektivierung der Gläubiger nicht. Im Rahmen der Verfahrensmehrheit liegt es aber in der Hamd einzelner Gläubigern, durch Wahrung ihrer Vorteile den Ablauf der Insolvenzbewältigung zu gestalten. Universalität ist zwar auch gegeben, wenn die Gesamtheit des Schuldnervermögens, ungeachtet von Grenzen, der Gesamtheit der Gläubiger, ungeachtet ihrer Herkunft, haftet. Parallelverfahren zerteilen aber das Schuldnervermögen nach zufälligen Gesichtspunkten, die keinen Sachzusammenhang aufweisen. Parallelverfahren schneiden ferner an beliebiger Stelle in die laufenden Bewältigungsmaßnahmen ein, ebenfalls ohne daß der Zeitpunkt der Zäsur Sachbezug hätte oder steuerbar wäre.

Selbst wenn sich bei einer grenzüberschreitenden Insolvenzbewältigung Probleme nicht auf der anerkennungsrechtlichen Ebene stellen, sondern „nur" mehrere Verfahren aufeinandertreffen, ist nach alledem infrage zu stellen, ob im Ergebnis in der Gesamtschau von vorhersehbarer, an materiellen Wertungen der Gesetzgeber orientierter Haftungsrealisierung gesprochen werden kann. Denn die Haftungsordnungen, die bei der Verteilung zur Anwendung kommen, koordinieren sich nicht nach sachbezogenen Kriterien, sondern nach dem Prinzip des Zufalls. Entscheidendes Kriterium sind die Ländergrenzen, die in einem Binnenmarkt keinen Sachbezug zur Vermögensverteilung des Schuldners haben.

Welcher Anteil des Schuldnervermögens nach welchen Verteilungsregeln haftet, und welche Gestalt die sich daraus ergebende Gesamtverteilungsordnung annimmt, hängt allein davon ab, wie der Gemeinschuldner im Zeitpunkt seiner Insolvenz sein (Rest-)Vermögen geographisch verteilt hat. Dabei spricht etwa im Hinblick auf Niederlassungen bestenfalls ein Indiz dafür, daß diesen wirtschaftlich das Inlandsvermögen zuzuordnen ist, das Auslandsvermögen indessen nicht. Als Beispiel sei hier der Ort der Belegenheit von Aktivforderungen der Masse genannt, nämlich der Wohnsitz des Schuldners (aus Insolvenzgläubigersicht bzw. in vollstreckungsrechtlicher Terminologie: des Drittschuldners).[471]

Wenn man vor dem Hintergrund des Vorstehenden die zugunsten von Partikularverfahren ins Feld geführten Gründe betrachtet, namentlich den Schutz von Inlandsinteressen, dann stellt sich die Frage, ob die Auswirkungen der Zerstückelung der Insolvenzbewältigung dazu in angemessenem Verhältnis stehen. Im Vordergrund sollte der Respekt vor der Gleichwertigkeit der Rechtsordnungen stehen. Wo man es für unvermeidbar hält, erscheint der Weg über einzelne Sonderanknüpfungen im Rahmen eines einheitlichen Verfahrens sodann

---

[471] vgl. o., Fn. 39

vorzugswürdig, zumal er das Problem des Statutenwechsels und der damit einhergehenden praktischen Unsicherheiten vermeidet. Dies darf freilich nicht soweit gehen, daß es sich, wie im europäischen Entwurf von 1980, das vor allem wegen seines Untermassenmodells (Art. 43 Abs. 1) als zu kompliziert scheiterte, nur um die Hülle eines einheitlichen Verfahrens handelt.[472]

bb. Zunahme des Gesamtvolumens bevorrechtigter Gläubigerforderungen

Schließlich führt die Zerstückelung in mehrere Verfahren in aller Regel zu einem größeren absoluten Volumen bevorrechtigter Passiva, bezogen auf den Insolvenzsachverhalt als Ganzes, da die Vorrechte sich nicht decken, sondern sich in ihrer Unterschiedlichkeit kumulieren und da Vorrechte ungeachtet des Massevolumens gegenüber den nachrangigen Gläubigern absolut wirken. Ist aber das Gesamtvolumen bevorrechtigter Forderungen größer, bleibt für die gewöhnlichen Insolvenzgläubiger weniger verteilbare Masse. Diese Wirkung von Parallelverfahren läuft dem Umstand zuwider, daß man in Vorrechten einen wesentlichen Grund für den „Konkurs des Konkurses" erkannt hat. Es ist ein Nachteil für die Schnittmenge der in keinem Verfahren bevorrechtigten Gläubiger.

cc. Große Zweifel an der Erreichbarkeit des Parallelverfahren zugrundegelegten Schutzzweckes

Zu bedenken ist, daß im Grundsatz alle Gläubiger ihre Forderung in jedem Verfahren anmelden können. Entsprechend der allgemein universalistischen Grundhaltung werden Inlandsverfahren ausschließlich zugunsten inländischer Gläubiger nicht mehr gefordert. Schon aus diesem Grund erscheint fraglich, ob Parallelverfahren tatsächlich dem Schutz inländischer Gläubiger dienen. Ob das Inlandsverfahren für den Inlandsgläubiger nicht nur praktikabler ist, sondern auch eine adäquate Quote ergibt, hängt vom – zufälligen – Volumen der Inlandsmasse ab. Es ist keineswegs ausgeschlossen, daß die Quote aus einem einheitlichen Verfahren nicht negativ von der im inländischen Partikularverfahren abweichen würde. Es ist auch möglich, daß die Parallelverfahrensoption wegen der konkreten Vermögensverteilung faktisch substanzlos ist. Hinzu kommt, daß namentlich der Schutz der Kleingläubigerinteressen ein rechtsvergleichend in allen Rechtsordnungen gleichgelagertes Problem sein dürfte. In demselben Sinne, in dem ein Partikularverfahren den inländischen Gläubigern die Rechtsverfolgung erleichtert, erschwert es den ausländischen Gläubigern die Partizipierung an der dem Partikularverfahren unterfallenden Masse. Der Lösungsansatz hat folglich eine universale *par condicio creditorum* nicht zum Ziel.

Soweit Parallelverfahren der Durchsetzung der eigenen Vorrechtsordnung dienen sollen, ist auch dies abhängig vom Umfang der Inlandsmasse im Verhältnis zur Gesamtmasse. Ob die Anwendung der eigenen Verteilungsregeln in der Gesamtschau eine praktisch merkliche Rolle spielt und wenn ja, in welchem Aus-

---

472 s.o., Fn. 268

maß, ist Einzelfallfrage. Auch bedeutet die Anwendung der eigenen Verteilungsregeln dann keine spezifische Besserstellung lokaler Gläubiger, wenn die Regeln diskriminierungsfrei angewandt werden. Soweit über Diskriminierung in Parallelverfahren bestimmte Gläubiger geschützt werden sollen, widerspricht dies ohnedies dem Grundsatz der *par condicio creditorum.*

Das durch die Kombination mehrerer Verfahren entstehende Vorrechtsgemenge zufälliger Zusammensetzung spricht im Ergebnis nach alledem nicht für Parallelverfahren.

d. Ergebnis

Parallelverfahren bedeuten im Ergebnis eher Wettstreit als Ausgleich, und zwar bestenfalls Wettstreit der Verteilungsregeln und Statute, schlimmstenfalls Wettstreit wechselseitiger Diskriminierung. Da zu erzielende Vorteile vom Umfang der Teilmasse abhängen, einer Größe, die von den betroffenen Gläubigern nicht beeinflußt werden kann, könnte man infrage stellen, ob die erzielbare Gesamtbewältigung kalkulierbarer ist, als im Falle durchgängiger Anwendung des Prioritätsprinzips der Einzelzwangsvollstreckung. Jedenfalls erscheint es fragwürdig, ob bei einer Abwägung die Zwecke der Partikularoptionen die damit verbundenen Nachteile gegenüber einem Einheitsverfahren rechtfertigen. Das neue deutsche Recht der InsO hat entgegen diesem Ergebnis die Zuständigkeitsbasis für Partikularverfahren ausgeweitet, liegt damit aber rechtsvergleichend mit den anderen betrachteten Rechtsordnungen auf einer Linie.

Unter der EuInsVO werden die Negativa bleiben. Die Beschränkung der Zuständigkeitsgrundlage (Voraussetzung: Niederlassung im Inland) geht nicht einher mit entsprechender Aufteilung der Teilmassen gemäß tatsächlicher wirtschaftlicher Zuordnung der Vermögenswerte zum Niederlassungs- oder Hauptsitzgeschäft. Dies wird vor allen Dingen auch bei Aktivforderungen der Masse gelten. Im Ergebnis ist nach alledem eine tatsächliche Realisierbarkeit des mit der Partikularoption verfolgten Schutzzweckes zweifelhaft.

Das Bestehen von Parallelverfahrensoptionen wird faktisch die Verfahrensmehrheit zum *Regelfall* erheben. Das Gesamtvolumen bevorrechtigter Forderungen nimmt dadurch zu. Die Gesamtverteilung unterliegt dem Zufall.

Zwar fällt damit das Ergebnis der Betrachtung der sog. „kontrollierten Universalität“ negativ aus. Es ist aber festzuhalten, daß ein echter Verstoß gegen den national kleinsten gemeinsamen Nenner der Gläubigergleichbehandlung erst vorliegt, wenn es bei der Anwendung eines nationalen Insolvenzrechts zu Diskriminierungen kommt. Ist dies nicht der Fall, fehlt es – bezogen auf den Insolvenzsachverhalt als ganzes - „nur“ an Rechtssicherheit und vorhersehbaren Verteilungsregeln. Kommt es in einzelnen Verfahren aber zu Diskriminierungen, gilt, daß das Internationale Insolvenzrecht nicht wird dazu dienen können, solche Verstöße gegen insolvenzrechtliche Grundsätze auszugleichen.

Es bleibt die Feststellung, daß auch bei diskriminierungsfreier Anwendung aller beteiligten nationalen Insolvenzrechte der international-insolvenzrechtliche Lösungsansatz „kontrollierter Universalität“ ein mehr als unvollkommener Kompromiß ist, der die Probleme fehlender Harmonisierung der nationalen Insolvenzrechte nicht ansatzweise kompensiert. Es wäre ehrlicher, von „eingeschränkter Universalität“ zu sprechen.[473] Die EuInsVO bietet für die aufgezeigten Probleme keinen Fortschritt.

Im Ergebnis führt der Grenzübertritt eines Insolvenzsachverhaltes gerade wegen der Parallelverfahrensoptionen zu einem weitgehenden Verlust an Rechtssicherheit und Vorhersehbarkeit und zu erheblichen Beeinflussungsmöglichkeiten bei der Insolvenzbewältigung. Das Modell der „kontrollierten Universalität“ verzichtet darauf, Verfahrenseinheit als Notwendigkeit anzusehen, um dem Mangel an Harmonisierung der Sachrechte zu begegnen. Die Nachteile, die der Grenzübertritt gegenüber der Bewältigung rein nationaler Insolvenzsachverhalte mit sich bringt, sind erheblich. Sie würden bei Verfahrenseinheit trotz grenzüberschreitendem Sachverhalt vermieden, was allerdings ein Mehr an Akzeptanz gegenüber der Anwendung ausländischen Rechts erforderte.

Die kontrollierte Universalität schafft gleich dem Untermassenmodell die Illusion, die eigenen Verteilungsregeln gegenüber ausländischem Recht verteidigen zu können. Das ist bezogen auf das Gesamtvermögen des Schuldners unzutreffend. Die zufällige Kombination mehrerer Verteilungsordnungen läßt im Ergebnis jede Verteilungsregel vermissen. Selbst das Untermassenmodell, das zurecht als unpraktikabel abgelehnt wurde, würde mehr Rechtssicherheit bieten, weil zumindest mit Verfahrenseröffnung feststeht, welches Vermögen nach welchen Regeln zu verteilen ist und dies nicht dem Gläubigereinfluß zu jedem beliebigen Abwicklungszeitpunkt anheimfällt.

Folglich bleibt der Verlust an Rechtssicherheit bei der Bewältigung grenzüberschreitender Insolvenzsachverhalte so lange erheblich, wie die einzelnen Rechtsordnungen nicht bereit sind, die Anwendung einer anderen Verteilungsordnung - dem Ausgangspunkt des IPR gemäß - als gleichwertig zu akzeptieren.

e. Anrechnungsregel als Korrektiv?

Soweit das Internationale Insolvenzrecht Parallelverfahren ermöglicht, geht es regelmäßig einher mit einer Anrechnungsregel. Danach wird in einem anderen Verfahren Erlangtes auf die Inlandsquote angerechnet. In Deutschland ist darüber noch nicht entschieden. Es ist aber nicht unwahrscheinlich, daß die Rechtsprechung eine solche Anrechnungspflicht annehmen würde, hätte sie darüber zu

---

[473] so Strub, EuZW 1994, S. 424, s.o., Fn.30

entscheiden.[474] Im Ausland ist die Anrechnung üblich. Auch EuInsVO und UNCITRAL-MG sehen sie vor.[475] Sie soll der Gläubigergleichbehandlung dienen.[476] Art. 20 Abs. 2 EuInsVO spricht ausdrücklich von Anrechnung „zur Wahrung der Gleichbehandlung der Gläubiger". Dabei geht es um Anrechnung der Auslandsquote auf die Inlandsquote, nicht auf die angemeldete Forderung selbst. Für letzteres bedürfte es keiner gesonderten Regelung, handelt es sich doch insoweit schlicht um Erfüllung.

Fraglich ist, ob die Anrechnungsregel ein gebotenes Instrument für die Insolvenzbewältigung im Rahmen mehrerer Verfahren darstellt und ob sie die aufgezeigten Negativa der Verfahrensmehrheit mildert.

aa. Zu Funktionieren und Rechtfertigung der Regel

Ein Verstoß gegen den Grundsatz der Gläubigergleichbehandlung liegt vor, wenn ein Gläubiger auf Kosten der Gläubigergemeinschaft über das ihm zustehende Maß hinaus Befriedigung aus dem Schuldnervermögen erlangt. Das ist der Fall, wenn er auf von einem Verfahren nicht erfaßtes Schuldnervermögen zugreift. Fraglich ist indessen, ob die Teilnahme an einem weiteren Verfahren und der Erhalt der nach der dortigen Verteilungsordnung sich ergebenden Quote eine Befriedigung „auf Kosten" der anderen Gläubiger des erstgenannten Verfahrens ist. Denn die Parallelität mehrerer Insolvenzverfahren ist dem heutigen Internationalen Insolvenzrecht inhärent. So hat auch der BGH entschieden, daß in einem Parallelverfahren Erhaltenes nicht an die Masse des Inlandsverfahrens herausgegeben werden muß. Zwar will ein deutsches Verfahren sämtliches Auslandsvermögen einbeziehen und insolvenzrechtlicher Haftungsrealisierung zuführen, so daß erfolgreiche Individualvollstreckung im Ausland nicht hingenommen wird.[477] Aber Quoten aus ausländischen Verfahren sind ja gerade im Wege insolvenzrechtlicher Haftungsrealisierung erlangt. Das ist zu respektieren. Eine Herausgabepflicht besteht nicht.[478] Allerdings wollen alle hier betrachteten Internationalen Insolvenzrechte eine Auslandsquote auf die Inlandsquote anrechnen.

---

474 In der Literatur scheinen die Stimmen dafür diejenigen dagegen zu überwiegen, vgl. Hanisch, ZIP 1989, S. 273 ff.; Wimmer in Wimmer, Anh. I, Rn. 408; Mincke in Nerlich/ Römermann, Art. 102, Rn. 406 m.w.N., auch für die Gegenansicht; Dagegen: Trunk, S. 257

475 § 508a U.S. B.C.; *"hotchpot"-rule* in England, s.o., Fn. 161; Zur Rechtslage in Frankreich vgl. Fn. 246; Art. 20 Abs. 2 EuInsVO; Art. 32 UNCITRAL-MG; vgl. Benning/Wehling, EuZW 1997, S. 618, 622

476 Hanisch, ZIP 1989, S. 273, 278; Fletcher in Fletcher, Studies, S. 281

477 BGHZ 88, 147

478 vgl. i.e. Hanisch, ZIP 1989, S. 273 ff.; Mohrbutter, Peter, S. 177 f.

Es sei angenommen, ein in Frankreich bevorrechtigter Gläubiger nehme auch in Deutschland an einem parallelen Verfahren teil. Gäbe es keine Anrechnungsregel, erhielte er in Frankreich seine bevorrechtigte Quote und in Deutschland zusätzlich eine Quote, weil hier (nach dem neuen Recht der InsO) alle Gläubiger gleichrangig sind. Die anderen Gläubiger, die in Deutschland mit diesem Gläubiger teilen müssen, laufen Gefahr, bei Teilnahme in Frankreich gerade wegen der dortigen Vorrechte als nachrangig leer auszugehen. Die sich so ergebende Quotenkumulation des einen Gläubigers erscheint daher ungerecht.

Gleichwohl, die Quote in Frankreich floß aus insolvenzrechtlicher Haftungsrealisierung nach den Verteilungsregeln der *lex fori concursus*, bezogen auf den dem betreffenden Verfahren unterfallenden Teil des Schuldnervermögens. Genau diejenigen Verteilungsverhältnisse haben sich realisiert, welche die jeweiligen Verfahren in bezug auf ihnen unterfallendes Vermögen realisieren sollen. Die Anrechnungsregel wirkt also materiell auf das Gesamtverteilungsgefüge, wie es die involvierten Verteilungsordnungen in der Gesamtschau vorsehen, ein. Wie und Warum?

Zu einer *Ablieferungs*pflicht von in weiteren Verfahren Erlangtem muß richtigerweise argumentiert werden, sie sei inopportun, wenn auch das ausländische Verfahren Gläubigergleichbehandlung wolle und diejenigen Gläubiger, mit denen der im Auslandsverfahren teilnehmende Gläubiger konkurriere, dort ebenfalls teilnehmen könnten.[479] Die Ablieferungspflicht entfalle also, wenn das ausländische Verfahren dasselbe wolle.[480] Wenn aber mehrere Verfahren, die alle den Gleichbehandlungsgrundsatz als Ausgangspunkt haben, das Ihnen unterfallende Vermögen nach ihren Verteilungsregeln zur Haftungsrealisierung verwenden, wozu dient dann eine Anrechnungsregel? *Flessner* nennt ein Bedürfnis danach „selbstverständlich". Dabei liegt doch, wie gesagt, ein Verstoß gegen den Gläubigergleichbehandlungsgrundsatz offenbar gar nicht vor.[481]

Zur näheren Betrachtung der im geltenden und im geplanten Recht vorkommenden Regelung soll wieder auf den Inhalt der Gleichbehandlungsmaxime zurückgegriffen werden. Es wurde bereits erläutert, daß rechtsvergleichend gemeinsamer Nenner der verschiedenen Rechtsordnungen hinsichtlich des Gleichbehandlungsgrundsatzes die Kollektivierung der Gläubiger, also die Verhinderung prioritätsgesteuerter Haftungsrealisierung ist. Mehr nicht. Zu welchen Anteilen das Schuldnervermögen (genauer: die Erlöse daraus) im Rahmen kollektiver

---

479 Flessner, ZIP 1989, S. 749, 752

480 Flessner, a.a.O., Fn. 479

481 vgl. auch Wimmer, in Wimmer, Anh. I, Rn. 408; Mincke in Nerlich/Römermann irrt insoweit, als er die Teilnahme an mehreren Verfahren für grundsatzwidrig und das Erhalten von Quoten aus mehreren Verfahren für *par condicio creditorum*-widrig hält, Art. 102 EGInsO, Rn. 406 und 409

Haftungsdurchsetzung verteilt werden, und ob dies „im Rahmen" der Gleichbehandlung passiert, diese dadurch „durchbrochen" oder „qualifiziert" wird, darüber besteht keine Einigkeit. Schon *Savigny* sprach von Verteilung „nach irgend einer Regel".[482]

Die Anrechnungsregel betrifft <u>nicht</u> diesen gemeinsamen Nenner der Gläubigergleichbehandlung, der hier als „erste Stufe" bezeichnet wird. Die Kollektivierung aller Gläubiger steht bei Verteilung in einer Mehrzahl von Verfahren nicht auf dem Spiel. Die Anrechnungsregel berührt ausschließlich die „zweite Stufe", die Frage der konkreten Ausgestaltung der Verteilung. Das macht die Frage nach dem „Warum" der Anrechnungsregel nicht offensichtlicher. Eine Herausgabepflicht für im Ausland erlangte Quoten besteht nicht, weil ein inländisches Verfahren gegenüber dem ausländischen Verfahren zurücktritt, so daß eine Zuweisung des dem ausländischen Verfahren unterfallenden Vermögens an die Masse des Inlandsverfahrens entfällt. Die Anrechnungsregel kann also nicht damit begründet werden, ohne sie finde Gläubigergleichbehandlung nicht statt. Sie erscheint im Ergebnis als Ausdruck der Nichtakzeptanz ausländischer Verteilungsvorstellungen. Sie dient damit offensichtlich nicht der Realisierung einer universalen *par condicio creditorum* – in der Gesamtschau des Insolvenzsachverhalts –, sondern lediglich der Einhaltung der nationalen Verteilungsordnung.

Es ist daher zu betrachten, wie die Anrechnungsregel wirkt. Sie qualifiziert die Verteilungsordnung der jeweiligen *lex fori concursus*, indem sie Gläubigern zugunsten der Gläubiger gleichen Ranges[483] so viel an Befriedigung im jeweiligen Verfahren vorenthält, wie erstgenannte Gläubiger bereits – im Rahmen insolvenzrechtlicher Haftungsrealisierung! – anderenorts erhielten. Das Ziel der Anrechnungsregel läßt sich vielleicht besser mit „Steigerung" des Maßes an Gleichbehandlung als mit „Wahrung" der Gleichbehandlung beschreiben, weil sie Quotenkumulation unterbindet, und zwar zugunsten der gleich- und ggf. schlechterrangigen Gläubiger im anrechnenden Verfahren. Die Anrechnungsregel verfolgt das Prinzip „Gleichbehandlung durch Ungleichbehandlung", denn strikt bezogen auf den Gegenstand des anrechnenden Verfahrens wird der von der Anrechnung betroffene Gläubiger diskriminiert. Das außerhalb des anrechnenden Verfahrens erlangte (Genauer: Das als Folge der Anrechnung an Inlandsmasse Ersparte) wird so für alle Gleich- und Nachrangigen dieses Verfahrens nutzbar gemacht. Der Anrechnungsbetrag wird gleichsam zusätzlich verteilt. Erst wenn bei der Anrechnung die für seine Rangstufe insgesamt im anrechnenden Verfahren zur Verfügung stehende Masse das Volumen übersteigt,

---

482 s.o., Fn. 312

483 Dabei kommt es auf den Gleichrang im anrechnenden Verfahren an! Vgl. Virgos/Schmit in Stoll, Vorschläge und Gutachten, S. 93, Anm. 175 Ziff. 3. Auch der Wortlaut der EuInsVO sagt das nicht

das erforderlich ist, um allen in diesem Verfahren mit ihm gleichrangigen Gläubigern mit Ausnahme seiner selbst eine Quote gleich der von ihm im Ausland erlangten zu zahlen, nimmt er also an der Verteilung des überschießenden Massevolumens wieder teil. Der Anrechnungsbetroffene wird dabei dann im Ergebnis nicht besser stehen, als die Gleichrangigen im anrechnenden Verfahren, ungeachtet der Tatsache, daß seine Auslandsquote aus dem Inlandsverfahren nicht zur Verfügung stehendem Schuldnervermögen stammt.[484]

Aus der Sicht des anrechnenden Verfahrens ist das Gleichbehandlungsargument zugunsten der Anrechnung plausibel. Nach erfolgter Haftungsrealisierung sollen die *daran teilnehmenden* Gläubiger entsprechend der inländischen Verteilungsvorstellungen materiell gleichbehandelt worden sein.

In der Gesamtschau erscheint dies aber zugunsten derjenigen Gläubiger, die selbst an den weiteren, parallelen Verfahren teilnehmen können nicht erforderlich. Es mag sein, daß sie dort kein Vorrecht genössen. Aber mangels zwingender konkreter materieller Gestalt der Gleichbehandlungsmaxime und angesichts des grundsätzlichen Respekts vor der *lex fori concursus* des Parallelverfahrens fließt daraus kein Zwang, in die Verteilungsergebnisse der Verfahren einzugreifen. Vielmehr begünstigt die Anrechnungsregel – prinzipiell gleich einer Herausgabepflicht, nur weniger effizient – die „faulen" Gläubiger, die sich selbst den Weg der Forderungsanmeldung in weiteren Verfahren sparen. Das dort insolvenzrechtlicher Haftung zugeführte Vermögen steht auch ihrer insolvenzmäßigen Befriedigung zur Verfügung, und zwar bereits ohne Anrechnungsregel.

Anders liegen die Dinge bezüglich solcher Gläubiger, die ihre Forderungen in den Parallelverfahren nicht anmelden können, weil diese dort nicht zugelassen werden. Sie sind durch Parallelverfahren, soweit diese die sonst dem Inlandsverfahren zugewiesene und damit der Haftungsrealisierung auch zu ihren Gunsten dienende Masse verkürzen, tatsächlich benachteiligt. Eine Anrechnung zu ihren Gunsten würde dieser schärfsten der denkbaren Diskriminierungen entgegenwirken. Aus der Sicht der nicht teilnahmeberechtigten Gläubiger macht es keinen Unterschied, ob das dem Parallelverfahren unterfallende Vermögen insolvenzrechtlicher Haftungsrealisierung zugeführt wird oder erfolgreicher Individualvollstreckung anheim fiele. Hier ist die „erste Stufe", der rechtsvergleichend „gemeinsame Nenner" der Gleichbehandlungsmaxime betroffen. Da jedes Teilnahmeverbot ein Verstoß gegen die Gläubigergleichbehandlung ist, ist daher eine Anrechnungsregel zugunsten derjenigen Gläubiger geboten, die an dem

484 Trunk spricht insofern von Ergänzung der inländischen Verteilungsordnung um ein weiteres Differenzierungselement, S. 257 f.

Verfahren, aus welchem die anzurechnende Quote stammt, nicht teilnehmen können.[485]

bb. Problem bei der praktischen Anwendung der Abrechnungsregel

Die Anrechnungsregel ist auch in ihrer Anwendung nicht unproblematisch. Weil Insolvenzbewältigung ein dynamischer Prozeß ist, dessen Komplexität durch eine Mehrzahl an Verfahren noch wesentlich zunimmt, kann die Anrechnungsregel, abhängig vom Verfahrensverlauf, zu verschiedenen Verteilungsergebnissen führen, auch bei gleichbleibender Anzahl eröffneter Verfahren und unverändertem Umfang an Aktiva.

Aus der Sicht des einzelnen Gläubigers ist es immer am besten, wenn dort später verteilt wird, wo ihn – unterstellt, Anrechnung unterbliebe – die höhere Quote erwartet. Dann nämlich erhält er diese Quote, zuzüglich dessen, was sich aus der Mehrverteilung des Anrechnungsbetrages in Höhe der bereits erhaltenden Quote aus dem anderen Verfahren auf die Gläubiger seiner Rangstufe, einschließlich seiner selbst (!), quotal ergibt. Wird umgekehrt zuletzt dort verteilt, wo ihn die niedrigere Quote erwartet, dann wird diese durch die Anrechnung seiner bereits erhaltenen höheren Quote vollständig „verschluckt". Der anrechnungsbetroffene Gläubiger erhält nichts zusätzlich.

Nun kann evtl. ein Gläubiger in Verfahren A, ein anderer aber in Verfahren B mit der für ihn im Vergleich aller parallelen Verfahren höheren Quote zu rechnen haben, so daß ein Interessenkonflikt über die bevorzugte zeitliche Verteilungsreihenfolge entsteht. Auch jene Gläubiger, die selbst keine Anrechnung gewärtigen, aber mittelbar von der Mehrverteilung durch Anrechnung von Auslandsquoten anderer profitieren, haben ein Interesse an einer bestimmten zeitlichen Verteilungsreihenfolge: je größer das Anrechnungsvolumen von Auslandsquoten anderer Gläubiger bei der Inlandsverteilung, desto mehr wächst auch ihre Inlandsquote (vorausgesetzt, sie sind zu den Anrechnungsbetroffenen gleichrangig), oder desto größer ist ihre Chance, überhaupt eine Quote zu erhalten (wenn sie zu den Anrechnungsbetroffenen nachrangig sind).

Darüber hinaus sind auch Sachverhalte denkbar, in denen die zeitliche Verteilungsreihenfolge darüber entscheidet, ob es überhaupt zu einer Anrechnung kommt. Das ist der Fall, wenn ein Gläubiger in einem von mehreren Verfahren der einzige Gläubiger in seiner Rangklasse ist. Dort wird er sich einen möglichst späten Verteilungszeitpunkt wünschen, denn dann kann er seine Quoten kumulieren.[486] Die Inlandsquote gelangt nirgends mehr zur Anrechnung.

---

485 Gleichsam als Pendant bei Verfahrensmehrheit zur oben unter BI2b dargestellten fiktiven Quote bei der *ordre public*-Anwendung, wenn es ein Inlandsverfahren nicht gibt

486 Zur Verdeutlichung sei zunächst in einem einfachen Beispiel von einer Insolvenz mit in zwei Staaten eröffneten Verfahren A und B ausgegangen, sowie von drei Gläubigern 1, 2 und

Die Anrechnungsregel ist in keiner Rechtsordnung weiter präzisiert, etwa dahingehend, ob sie auch hinsichtlich aller Abschlagsverteilungen anzuwenden ist. Davon ist auszugehen, da jede andere Regelung als die der Anwendung der Anrechnungsregel bei jeder anstehenden Verteilung höchst unpraktikabel erscheint und diesbezügliche Anhaltspunkte nicht zu finden sind, insbesondere auch nicht in der EuInsVO. Der Zeitpunkt der Schlußverteilung ist meist ebenso offen, wie die Frage nach der schlußendlich zur Verfügung stehenden gesamten verteilungsfähigen Masse. Beides ist abhängig vom „Erfolg“ der Verwaltungs- und Verwertungsbemühungen des Verwalters. Wird also bei jeder Verteilung bereits anderenorts Erhaltenes angerechnet, droht indessen ein Anrechnungs-„Ping Pong“, welches sich nicht nur zu erheblicher Unübersichtlichkeit auswachsen kann, sondern auch jedweder Vorhersehbarkeit der sich schließlich realisierenden Gesamtverteilung entgegensteht.

Zwar steht die zeitliche Reihenfolge der in mehreren Verfahren vorzunehmenden Verteilung nicht zur Disposition einzelner Gläubiger. Nach deutschem Recht erfolgt Verteilung, „so oft hinreichende Barmittel in der Insolvenzmasse vorhanden sind“ (§ 187 Abs. 2 InsO) bzw. „so oft hinreichende bare Masse vorhanden ist“ (§ 149 KO). Schlußverteilung erfolgt, sobald die Masseverwertung beendet ist, § 196 Abs. 1 InsO bzw. § 161 Abs. 1 KO. Die Verteilungszeitpunkte ergeben

---

3 mit gleich hohen Forderungen. Die Gesamtmasse stellt nur einen Bruchteil des Forderungsvolumens dar. In Verfahren A (zu verteilende Masse: 450) rangieren alle drei Gläubiger gleich, in Verfahren B (zu verteilende Masse: 150) kommt einem von ihnen (1) ein besserer Rang zu.

Kommt es zunächst in Verfahren A zur Verteilung (Verteilung der gesamten Masse dieses Verfahrens auf einen Schlag unterstellt; Kosten bleiben unberücksichtigt), erhält dort jeder Gläubiger 150. Bei anschließender Verteilung in Verfahren B bekommt der Gläubiger mit dem besseren Rang (1) alles (150). Er erhält also insgesamt 300. Eine Anrechnung erfolgt nicht. Zum Zeitpunkt der Verteilung im Verfahren A unter den dort gleichrangigen Gläubigern hatte der in Verfahren B bevorrechtigte Gläubiger noch keine Quote erlangt. Es kommt auch nicht darauf an, ob zu diesem Zeitpunkt bereits absehbar war, ob überhaupt und wenn ja, in welchem Umfang es in Verfahren B zu Verteilung kommen würde. Bei Verteilung in Verfahren B sind die anderen nicht Gläubiger gleichen Ranges. Gläubiger (1) ist der allein bevorrechtigte. Ihm stehen die 150 alleine zu.

Kommt es umgekehrt zuerst in Verfahren B zur Verteilung, erhält der bevorrechtigte Gläubiger (1) alles (150). Bei anschließender Verteilung in Verfahren A treffen drei nach der *lex fori* gleichrangige Gläubiger aufeinander. Die bereits erlangte Quote muß (1) sich anrechnen lassen. Er nimmt erst an der Verteilung teil, wenn die gleichrangigen Gläubiger die gleiche Quote erlangt haben, hier also die anderen beiden je 150. Erst die verbleibende Masse von 150 wird auf alle drei verteilt; jeder erhält zusätzlich 50.

Die Ergebnisse aus beiden Verfahren zusammengerechnet, erhält in der Gesamtschau in dieser zweiten Variante (Verteilung zuerst in Verfahren B) jeder Gläubiger 200, in der ersten Variante (Verteilung zuerst in Verfahren A) ein Gläubiger 300, die verbleibenden zwei hingegen lediglich 150.

sich also aus dem Verlauf der Masseverwertung. Gleichwohl ist nicht ausgeschlossen, daß die Verteilungszeitpunkte beeinflußt werden. So ist etwa nach § 187 Abs. 3 S. 2 InsO bzw. S 150 KO vor jeder Verteilung die Zustimmung des Gläubigerausschusses einzuholen (sofern es einen gibt), wenn auch die Mitglieder des Gläubigerausschusses für Pflichtverletzungen haften (§ 71 InsO, § 89 KO). Im Extremfalle könnten parallele Verfahren wechselseitig verzögert werden, um anrechenbare Auslandsquoten zu mehren. Das ist sicher nicht im Interesse einer geordneten, auch den Schuldner schützenden, zügigen Insolvenzbewältigung, zumal zeitnahe Verteilung für manche Gläubiger ihrerseits existenzentscheidend seien kann. Es erscheint auch fraglich, ob dies bei der Schaffung von EuInsÜ/EuInsVO gewollt war.[487] Will man also mehrere Verfahren koordinieren, wird man die Anrechnungsregel präzisieren müssen, hält man sie überhaupt für der *par condicio creditorum* dienlich.

Die EuInsVO sieht neben den Koordinierungsregelungen in Art. 31 in Art. 33 vor, daß der Verwalter des Hauptverfahrens die vorübergehende Einstellung der Verwertung in Parallelverfahren verlangen kann. Zweck ist die Vermeidung vorzeitiger Zerschlagung etwaig sanierungsfähiger Vermögenseinheiten. Als Nebeneffekt würde mit der Aussetzung der Liquidierung natürlich auch die Verteilung verzögert. Das käme indessen der Anrechnung in den Sekundärverfahren zugute, nicht im Hauptverfahren. Bevorzugtes Anrechnen im Rahmen des Hauptverfahrens läßt sich damit also nicht erreichen.

Daß die vorgenannten Aspekte im Zusammenhang mit der Anrechnung nicht geregelt sind, ist nachvollziehbar bei Anrechnungsregeln in autonomen, nationalen Internationalen Insolvenzrechten. Regelungsgegenstand ist dort stets die Anrechnung im Rahmen des im Inland eröffneten Verfahrens. Die der Anrechnung zugrunde liegenden Gleichberechtigungserwägungen beziehen sich auf die dort teilnehmenden Gläubiger. Zweck der Anrechnung ist es ursprünglich, aus der Perspektive des lokalen Verfahrens für Gerechtigkeit unter den daran teilnehmenden Gläubigern zu sorgen und Verwerfungen gegenüber der eigenen Verteilungsordnung unter denjenigen Gläubigern zu unterbinden, die am Inlandsverfahren teilnehmen. Ein Bezug zu Verteilungen in weiteren Verfahren und damit zur Gesamtverteilung des Gesamtvermögens des Schuldners als Haftungsgegenstand zugunsten der Gesamtheit der Gläubiger wird nicht geschaffen.

Die Anrechnungsregel erscheint also von ihrer Herkunft her gar nicht dafür gedacht, universaler *par condicio creditorum* zu dienen. Die bloße Übernahme der

---

487 Virgos/Schmit in Stoll, Vorschläge und Gutachten, S. 94, Anm. 175 Ziff. 4 bildet zwar Fallgruppen einschließlich jener mit nach unterschiedlichen Rechten verschieden rangierenden Forderungen; die aufgezeigte Konsequenz der Variierung des Ausschüttungszeitpunktes werden nicht erwähnt.

Anrechnungsregel in zwischenstaatliche Regelungen wie die EuInsVO (und das UNCITRAL-MG), die der Koordinierung einer Verfahrensmehrheit dienen sollen, erscheint schon daher im Ergebnis jedenfalls solange nicht überzeugend, wie die geschilderten Aspekte unberücksichtigt bleiben.

Allenfalls könnte vielleicht erwogen werden, die Anrechnungsregel nur im Hauptverfahren zur Anwendung kommen zu lassen, um so die dargestellten Nachteile zu mildern und für Klarheit zu sorgen. Keine der heutigen Regelungen sieht dies vor, auch Art. 20 der EuInsVO nicht. Eine Anrechnung nur im Hauptverfahren entspräche dessen breiterer Zuständigkeitsgrundlage. Es würde dadurch dem Durchsetzungsinteresse der materiellen Verteilungsordnung des Hauptverfahrens ein gewisser Vorrang eingeräumt. Gegen eine solche Lösung ist jedoch anzuführen:

Zunächst ist diese Lösung unter Geltung nationalautonomen Internationalen Insolvenzrechts wohl kaum zu erwarten, denn jeder Staat handhabt die *par condicio creditorum* aus der „Scheuklappenperspektive" der eigenen Verteilungsordnung. Es wurde ausgeführt, daß gerade daraus das Bedürfnis zur Anrechnung erwachsen ist. Dies ist auch einer der wesentlichen Gründe für das Betreiben von Partikularverfahren. Der Verzicht auf die Anrechnung im Rahmen nationaler Partikularverfahren würde daher die Bereitschaft der betroffenen Rechtsordnung zu insoweit widersprüchlicher Reaktion auf ausländische Hauptverfahren erfordern.

Aber auch hinsichtlich einer zwischenstaatlich verbindlichen Regelung der Anrechnung nur im Hauptverfahren ist anzuführen, daß ein Argument dafür, die Anrechnung sei materiell notwendig oder geboten, nicht ausgemacht werden konnte. Soweit ein Bedarf zum Schutz derer festgestellt wurde, denen die Teilnahme im ausländischen Verfahren verwehrt wird, gilt, daß es solche Gläubiger nach der EuInsVO nicht mehr gibt. Hinzu kommt, daß eine Beschränkung der Anrechnung auf das Hauptverfahren die praktischen Probleme ihrer Anwendung nicht löst. Es bliebe dabei, daß sich die zeitliche Reihenfolge der Verteilungen in den verschiedenen Verfahren auf das materielle Ergebnis der Anrechnung und damit der Gesamtverteilung auswirkt. Um die volle Wirkung der Anrechnung zu gewährleisten, müßte im Hauptverfahren zuletzt verteilt werden.

Das entspricht nicht den gegebenen Koordinierungsregeln. Auch entsteht die potentielle Gefahr der Beeinflussung von Verteilungszeitpunkten. Durch Verteilung erlangen die Gläubiger Liquidität. Das Interesse, der Anrechnungsregel zur vollständigen Wirkungsentfaltung zu verhelfen, ist demgegenüber geringer zu bewerten.

cc. Fazit

Zusammenfassend: Die Anrechnungsregel entstammt und erklärt sich aus den autonomen internationalen Insolvenzrechten. Ihr Effekt in der Gesamtschau der durch mehrere Verfahren erfolgenden Insolvenzbereinigung ist zufällig und bedeutet bestenfalls eine gewisse Nivellierung der Vorrechte. Aus der Sicht dessen, was als allgemeingültiger Kern der *par condicio creditorum* ausgemacht werden konnte, ist die Anrechnung der Quote aus Parallelverfahren nur zugunsten der dort nicht teilnahmeberechtigten Gläubiger zwingend geboten. Im Übrigen sprechen Zufälligkeiten und nicht wünschenswerte Unübersichtlichkeit bei der Abwicklung gegen die Anrechnungsregel. Jedenfalls ist nicht ersichtlich, daß das Erfordernis der Anrechnung sich „ohne weiteres aus dem Grundsatz der *par condicio creditorum*" ergebe.[488] Im Gegenteil erscheint die Anrechnungsregel bei näherer Betrachtung als Ausdruck mangelnden Respekts vor der Gleichwertigkeit anderer Rechtsordnungen, hier namentlich Verteilungsordnungen. Damit hat sie den gleichen Hintergrund, wie die Verfahrensmehrheit der sog. „kontrollierten Universalität" selbst. Auch mildert sie nicht deren negative Wirkungen auf Vorhersehbarkeit und Rechtssicherheit, sondern trägt weiter zu Unsicherheit und mangelnder Praktikabilität bei. Im Rahmen einer Europäischen Lösung erscheint nach alledem die Anrechnungsregel trotz ihrer in der Gesamtschau tendenziell vorrechtsnivellierenden Wirkung als ungeeigneter Ersatz für unterbleibende Harmonisierung der Verteilungsordnungen selbst. Ihre tatsächliche Gesamtwirkung hängt vom Ablauf der Verfahren ab, so daß die Anrechnungsregel Vorhersehbarkeit und Rechtssicherheit weiter vermindert. Jedenfalls ist die Anrechnungsregel kein Vehikel zur Schaffung oder zur Wahrung einer rechtsordnungsübergreifenden Gesamtverteilungsordnung oder -gerechtigkeit, bezogen auf die Gesamtheit an Gläubigern und die Gesamtheit der Masse. Soweit schließlich die EuInsVO Diskriminierungen durch Teilnahmeverweigerung faktisch nicht mehr kennt, weil insbesondere auch die öffentliche Hand grenzüberschreitend an Insolvenzverfahren teilnehmen darf, bleiben als schutzbedürftig nur zwei Gruppen: Erstens die sog. Kleingläubiger, jene also, bei denen man die grenzüberschreitende Forderungsanmeldung rechtspolitisch für nicht zumutbar hält. Ob das „Kleingläubiger"-Argument die Anrechnungsregel mit ihren aufgezeigten Konsequenzen rechtfertigt, muß bezweifelt werden. Zweitens diejenigen, denen trotz Teilnahmerecht Diskriminierung durch das Vorenthalten von Vorrechten widerfährt, die gleichartigen inländischen Forderungen gewährt werden. Nur wenn diese gleichartigen Forderungen nicht ihrerseits im Gegenzug im Parallelverfahren diskriminiert werden, kann die Anwendung der Regel in diesem Parallelverfahren überhaupt eine Wirkung zum Vorteil der erstgenannten diskriminierten Gläubiger entfalten. Werden die gleichartigen Forderungen aber ebenfalls diskriminiert, rangieren sie von vornherein im Parallelverfahren schlechter, so daß eine Wirkung zugunsten der für schutzwürdig gehaltenen Gläubiger nicht eintritt, denn ihre anzurechnende Quote kommt den gleichartigen, aber besserstehenden Forderungen nicht zugute.

---

488 so Wimmer in Wimmer, Anh. I, Rn. 408

D. Ergebnis

I. Verfahrenseinheit ist im Internationalen Insolvenzrecht auch bei universalistischer Prägung nicht zu erreichen, solange die nationalen Insolvenzrechte nicht für materielle Gleichheit unter den Gläubigern sorgen oder zumindest die gewollten Ungleichheiten harmonisieren. Umgekehrt erfordert Gleichbehandlung theoretisch nicht zwingend Verfahrenseinheit. Gleichwohl: unterschieden sich die nationalen Insolvenzrechte hinsichtlich der Gleichbehandlung nicht, erübrigten sich die Parallelverfahren, jedenfalls aus verteilungsrechtlichen Schutzerwägungen.

Internationales Insolvenzrecht in seiner heutigen Erscheinung läßt die Berücksichtigung *universaler* materieller Gläubigergleichbehandlung als Verfahrensziel nach wie vor vermissen.

II. Im Hinblick auf die Realisierbarkeit *universaler par condicio creditorum* bei der Bewältigung grenzüberschreitender Insolvenzsachverhalte bedeutet jedes Abweichen von materieller Gläubigergleichbehandlung auf nationaler Ebene, das nicht zufällig mit dem eines anderen involvierten Insolvenzrechts deckungsgleich ist, ein Handicap für die Koordinierung der Bewältigungsbemühungen zwischen diesen Staaten. Schlimmstenfalls kann die Anerkennung eines Verfahrens verweigert werden oder aber die Bereitschaft zur Ausschöpfung der Unterstützungsmöglichkeiten beschränkt sein. Jeder Unterschied in den Befriedigungschancen bedeutet, daß Gläubiger immer versuchen werden, die für sie günstigste Rechtsordnung zu ermitteln. Es wird auch unter der EuInsVO hinreichend sein, daß *ein* einzelner Gläubiger eine andere als die Rechtsordnung des Verfahrensstaates als für sich günstiger einschätzt, um bei gegebenen Voraussetzungen ein Parallelverfahren herbeizuführen und so Verfahrensmehrheit zu verursachen. Verfahrensmehrheit führt selbst unter Einbezug der in der EuInsVO vorgesehenen Koordinierungsmechanismen nicht zur Realisierung universaler *par condicio creditorum*. Vor allem ist aber das Abwicklungsendergebnis nicht vorhersehbar und darüber hinaus manipulierbar, jedenfalls aber zufällig. Dieser Umstand fehlender Vorhersehbarkeit und damit Rechtssicherheit wird durch die Anrechnungsregel nicht gemildert. Die Anrechnungsregel kann im Gegenteil die Rechtsunsicherheit nachhaltig steigern.

Entgegen dem zur Begründung von Parallelverfahren vorgebrachten Argument des Schutzes bestimmter nationaler Interessen steht fest, daß der gewollte Schutz auf diesem Wege nicht sicher erreichbar ist, da es dafür in erster Linie auf die Menge des unter die jeweilige Verteilungsordnung fallenden Vermögens ankommt. Dies ist aber eine Zufallsgröße.

Aus der Sicht eines deutschen, vorrechtslosen Hauptverfahrens geht Verfahrensmehrheit immer zu Lasten der gewöhnlichen Insolvenzgläubiger, da erst Parallelverfahren Vorrechte in die Insolvenzbewältigung einführen.

III. Auch wenn zuzugeben ist, daß ein System kontrollierter Universalität mit harmonisierten Zuständigkeitsregeln im Hinblick auf moderne Kooperations- und Koordinierungsregelungen sehr wohl dazu dient, durch den Grenzübertritt der Insolvenzsituation bedingte Ungleichheiten und Ungerechtigkeiten zugunsten der *par condicio creditorum* zu verringern, so handelt es sich in der Gesamtschau nur um den Beginn einer langsamen Annäherung an Gläubigergleichbehandlung im Hinblick auf das Gesamtvermögen des Schuldners als Haftungsmasse für die Gesamtheit der Gläubiger. Auch führt der Grenzübertritt nach wie vor zum Verlust praktisch jeder Vorhersehbarkeit. Dieses Manko scheint nicht dadurch gerechtfertigt, daß die Parallelverfahrensoption bestimmten Schutzinteressen dient. Der Bezug einer Vorrechtsordnung auf die im Inland belegenen Vermögenswerte ist bei grenzüberschreitender Wirtschaftstätigkeit ein zufälliger. Das Mittel ist ungeeignet. Vielleicht geht der Schutz zu weit, vielleicht greift er gar nicht.[489]

IV. Autonomes Internationales Insolvenzrecht scheint bestenfalls geeignet zu sein, Insolvenzsachverhalte mit bloß partiellem Auslandsbezug sachgerechten Lösungen zuzuführen. Bereits das ist aber nicht gewährleistet. Es gibt einen – schwer festzulegenden - Grad an Auslandsbezug, bei dem das regelmäßig nicht mehr zu erwarten ist.

Wenn man in Zukunft eine vorhersehbare materielle *par condicio creditorum* ohne Rücksicht auf Staatsgrenzen erreichen will, stößt man mit den gegenwärtigen Regelungsmustern, aber auch mit der EuInsVO an Grenzen. An einer Rechtsangleichung führt zu diesem Zweck kein Weg vorbei. Rechtspolitische Gründe, von einer solchen Abstand zu nehmen, sind indessen nicht erkennbar.

V. Nach alledem kann auch gefragt werden, ob der heute für utopisch und unerwünscht gehaltene Verzicht auf Parallelverfahren selbst bei Anwendung der heutigen Insolvenzrechte in der Gesamtbetrachtung tatsächlich die schlechteren Ergebnisse brächte. In diesem Sinne äußern denn auch *Westbrook/Trautman*, allseitiger Respekt vor Einheitsverfahren würde Rechtssicherheit durch Vorhersehbarkeit bringen und Kosten senken. Vor allem aber würden mögliche Einbußen einzelner Gläubiger aus der einheitlichen Anwendung einer ausländischen *lex fori concursus* in der Gesamtschau kompensiert durch sich in anderen Verfahren ergebende Vorteile.[490]

Es kommt also darauf an, für wie unersetzlich man die Anwendung der eigenen Verteilungsordnung jedenfalls auf einen (zufälligen!) Teil der Haftungsmasse im Einzelfall hält. Da die Verteilungsordnung als solche nicht im Rang des *ordre*

489 vgl. Smart, Cross-Border Insolvency, S. 49; vgl. auch Eidenmüller, IPRax 2001, S. 14 f.

490 Westbrook/Trautman in Ziegel, S. 655, 657; Zur hohen Bedeutung von Vorhersehbarkeit vgl. S. 667

public steht,[491] wäre es vorzugswürdig, ausländisches Recht als "gleichwertig" zu betrachten und individuelle Einbußen einzelner Gläubiger im Vergleich zu einer Anwendung des eigenen Rechts hinzunehmen. Das IPR geht generell von der Gleichwertigkeit der Rechtsordnungen aus. Will man die Vor- und Nachteile, die sich, je nach Standort des Betrachters, aus der Anwendung der Regelungen der einen oder der anderen Rechtsordnung ergeben, nicht akzeptieren und in die Ergebnisse mit einem Korrektiv eingreifen, dann bringt man damit zum Ausdruck, eine Gleichwertigkeit ausländischer Rechtsordnungen gerade nicht zu akzeptieren. Voraussetzung für die Hinnahme der Gleichwertigkeit wären wohl eine Angleichung der Vorrechtsordnungen wenigstens im Kern und die Abwesenheit von Diskriminierung, d.h. konsequente Gleichstellung gleichartiger Forderungen in- und ausländischer Gläubiger.

VI. Der Verfahrensablauf grenzüberschreitender Insolvenzen ist derzeit unkoordiniert. Als Resultat ist die in der Gesamtschau sich ergebende materielle Haftungsordnung ein Produkt des Einzelfalles. Die EuInsVO wird insoweit nur ein Schritt in die richtige Richtung sein. Ein solcher Schritt scheint indessen geboten. Es ist begrüßenswert, daß diese Modernisierung als ein Mosaikstein Europäischer Integration jetzt, d.h. nicht erst auf tatsächlichen Druck weiter gestiegener Häufigkeit grenzüberschreitender Insolvenzsachverhalte, erfolgt. Es hätte allerdings nichts dagegen gesprochen, das Erfordernis der Neuverhandlung,[492] sei es auch im Rahmen des Verordnungsentwurfes,[493] zum Anlaß zu nehmen, nationale Verteilungsordnungen zu überdenken, wie dies in Deutschland bereits geschehen ist. Unter den hier betrachteten Rechten gilt dies besonders für das französische. Es bleibt zu hoffen, daß es früher oder später noch dazu kommt.

VII. Hinsichtlich des UNCITRAL-Mustergesetzes gilt: Es bleibt abzuwarten, welche praktische Relevanz es erlangen wird. Diejenigen Probleme universaler *par condicio creditorum*, welche die EuInsVO nicht löst, löst auch das Mustergesetz nicht. Es weist einige sachnähere Details auf, insbesondere die Möglichkeit der Zuordnung von Vermögenswerten zu Teilmassen nach Sachgesichtspunkten statt nach Staatsgrenzen. Das Mustergesetz geht davon aus, der Koordinierung unterschiedlichster Insolvenzrechte zu dienen. Für Europa scheint ein höheres Maß an Integration der Insolvenzrechte wünschenswert, wenn dies auch lange Zeit nicht realisiert werden konnte. Soweit die EuInsVO und das Mustergesetz deutlich von der Provenienz ihrer Schöpfer zeugen, ist wertfrei festzustellen, daß die EuInsVO in der praktischen Anwendung im deutschen Recht weniger Probleme bereiten wird, als es das MG täte.

---

491 vgl. Spellenberg in Stoll, Stellungnahmen und Gutachten, S. 183, 196;

492 s.o., 1. Kapitel, C. III., S. 48

493 s.o., Fn. 278

3. Kapitel – Öffentlich-rechtliche Forderungen

A. Einführung

In dem vorangegangenen Kapitel wurden Hindernisse und Grenzen des heutigen Internationalen Insolvenzrechts bei der Realisierung universaler *par condicio creditorum* untersucht. Dieses Kapitel untersucht das Schicksal öffentlich-rechtlicher Forderungen in der grenzüberschreitenden Insolvenz. Dieses Kapitel untersucht ferner die Auswirkungen des Vorhandenseins öffentlich-rechtlicher Forderungen gegen den Gemeinschuldner auf die grenzüberschreitende Insolvenzbewältigung vor dem Hintergrund der Feststellungen des vorangehenden Kapitels. Grundsätzlich können öffentlich-rechtliche Forderungen nicht grenzüberschreitend in Insolvenzverfahren zur Tabelle angemeldet werden.[494] Ihnen ist insoweit also die Teilhabe an der Gläubigergleichbehandlung von vornherein verwehrt. Es ist dies die schärfste Form denkbarer Diskriminierung. Weil aber das Volumen öffentlich-rechtlicher Forderungen im Insolvenzverfahren im Verhältnis zum gesamten Forderungsbestand häufig und zunehmend von beträchtlichem Ausmaß ist, liegt es nahe, daß die Diskriminierung dieses potentiell wesentlichen Teils der Gläubiger sich im Rahmen der im vorangegangenen Kapitel angesprochenen Probleme universaler Haftungsrealisierung auswirkt. Daher soll dargestellt werden, wie weit der Grundsatz reicht, welche Wirkungen sich durch ihn auf die universale Insolvenzbewältigung ergeben können und ob für auftretende Probleme Lösungen zur Verfügung stehen.

Anlaß zu diesen Betrachtungen gibt Art. 39 EuInsVO, der, nachdem der neueste Versuch zur Schaffung einheitlichen europäischen Internationalen Insolvenzrechts doch noch zum Erfolg führte, am 31.5.2002 in Kraft tritt. Seinem Wortlaut nach gestattet er Steuer- und Sozialversicherungsbehörden die grenzüberschreitende Anmeldung ihrer Forderungen. Eine vergleichbare Regelung gibt es bisher nicht.[495] Es gibt allerdings eine Reihe von Rechtsgrundlagen, welche - außerhalb des Insolvenzrechts - zwischenstaatliche Hilfe bei der Beitreibung öffentlich-rechtlicher Forderungen ermöglichen. Da diese den Grundsatz der Nichtdurchsetzbarkeit durchbrechen, ist ihre Reichweite und ihre Bedeutung für die grenzüberschreitende Insolvenz zu betrachten.

Wenn und soweit der Grundsatz der Nichtteilnahme im Ergebnis nicht greift, öffentlich-rechtliche Forderungen also nicht bereits an der Anmeldung gehindert werden, ist zu betrachten, inwiefern wegen ihres Charakters bei der grenzüberschreitenden Teilnahme Besonderheiten auftreten.

---

494 Spellenberg in Stoll, Stellungnahmen und Gutachten, S. 199; Habscheid, KTS 1996, S. 201, 204 m.w.N.

495 Einzige Ausnahme: Art. 19 Abs. 3 Deutsch-Österreichischer Konkursvertrag

B. Grundsatz der Nichtteilnahme

I. Allgemeines

Der Grundsatz hat keinen insolvenzrechtlichen Hintergrund. Die Nichtteilnahme ist die insolvenzrechtliche Gestalt des Grundsatzes der generellen Nichtdurchsetzbarkeit ausländischer öffentlich-rechtlicher Forderungen.[496] Dieser wiederum ist Konsequenz der sog. Territorialität öffentlichen Rechts,[497] d.h. der Beschränkung desselben auf das Gebiet des jeweiligen Urheberstaates. Ein jeder Staat kann Geltung des durch ihn gesetzten öffentlichen Rechts nicht weiter in Anspruch nehmen, als seine Souveränität reicht. Dieser Grundsatz ist als solcher nicht normiert. Er tritt in allen denkbaren Erscheinungsformen auf: Klagen werden abgewiesen, Vollstreckungsbegehren und Rechtshilfeersuchen werden zurückgewiesen.

Was es mit der Territorialität des öffentlichen Rechts (heute noch) im einzelnen auf sich hat, ist umstritten.[498] Dabei kann man wohl heute als h.M. jene bezeichnen, nach welcher ein Staat zwar durch nichts verpflichtet ist, anderen Staaten bei der Durchsetzung öffentlichen Rechts zu helfen, daß es ihm indessen nicht verboten ist.[499]

Die diesbezüglichen Diskussionen werden allerdings nicht vor insolvenzrechtlichem Hintergrund geführt. In insolvenzrechtlichem Zusammenhang wird in aller Regel lediglich die Nichtteilnahme (genauer: die Nichtanmeldbarkeit) konstatiert, ungeachtet des ansonsten in allen Rechtsordnungen geltenden Grundsatzes der Gleichstellung in- und ausländischer Gläubiger.[500] Der Hintergrund der Nichtteilnahme bleibt unerläutert, ihre Bedeutung für den Ablauf grenzüberschreitender Insolvenzbewältigung ebenso.

II. Rechtsvergleich

Der Grundsatz scheint universal bekannt.[501]

---

496 Kegel/Schurig, § 23, S. 936 f., 940; Roloff, S. 26; Gegenäußerung BReg zur Stellungnahme BRat zu §§ 379, 384 InsO in Kübler/Prütting, Bd. 1, S. 641: Insoweit bestehe weitgehende Einigkeit; BVerfG, NJW 1983, 2757, 2759; Sonnenberger in MüKo, Bd. 10, IPR, Einl., Rn. 360

497 vgl. o., Fn. 27; Qureshi, S. 308; Lipstein in Holl/Klinke, S. 39, 40; Kegel/Seidl-Hohenveldern in Festschrift für Ferid, S. 233ff., 236

498 vgl. Roloff, S. 130, 138 ff.; Dormann Bessenich, S. 53 ff., 83; Qureshi, S. 309; Lipstein in Festschrift für Zaitay, S. 357, 358 m.w.N.; Frank, RabelsZ 34, 1970, S. 56 ff.;

499 BVerfG, NJW 1983, S. 2757, 2759; Sonnenberger in MüKo, Bd. 10, IPR, Einl., Rn. 357

500 Fletcher in Fletcher, Studies, S. 282; Smart, I.C.L.Q. 35, 1986, S. 705

501 vgl. Debatin/Wassermeyer, Bd. 1, L.1.a., Anm. 221, S. 141e; Fletcher in Fletcher, Studies, S. 282; Picciotto, S. 299; Qureshi, S. 309; Baade in Lipstein , Anm. 12-70

Dem *Common Law* ist die Einteilung des gesamten Rechtsstoffes in privates und öffentliches Recht indessen traditionell nicht vertraut. Gleichwohl gibt es den Grundsatz der Nichtdurchsetzbarkeit. Er erstreckt sich dort auf ausländisches *penal* und *revenue law* („*revenue rule*"). Während die Mehrzahl der Autoren sich nur auf *tax claims* bezieht, sprechen einige Autoren und insbesondere der *Cork-Report*[502] im Zusammenhang mit dem Prinzip der Undurchsetzbarkeit allerdings von *revenue-* und *social security contribution claims.*[503] Ohne weitere Erläuterung wird hier also die Finanzierung des Systems der Sozialversicherung der generellen Finanzierung des Staatshaushaltes vom Charakter her gleichgestellt.[504] Insgesamt kann wohl davon ausgegangen werden, daß der Anwendungsbereich ungeachtet der unbekannten grundsätzlichen Differenzierung sich nicht wesentlich anders gestaltet, als in *Civil Law*-Rechtsordnungen.[505]

Es ist dies eine Frage der Qualifikation,[506] welche im Kontext des Grundsatzes der Nichtdurchsetzbarkeit in aller Regel aber nicht explizit gestellt wird.[507] Die

---

502 s.o., Fn. 420

503 Dicey and Morris, S. 103; Smart, Cross-Border Insolvency, S. 126; vgl. Roloff, S. 89

504 Cork-Report, s.o., Fn. 420, Anm. 1300, S. 296; Berry/Bailey, Anm. 10.10H, S. 300;

505 Lipstein in Festschrift für Zajtay, S. 357, 359; vgl. Fletcher in Festschrift für Hanisch, S. 89, 92: "*...tax liabilities and other claims of public law character*"; vgl. auch Norton, § 152:14, S. 152-37: "The distinction between private and public rights has not been subject of a definite ruling."

506 Qualifikation im internationalprivatrechtlichen Sinne ist die Subsumtion unter den Tatbestand einer Kollisionsnorm, anders gesagt die Bestimmung des sachlichen Anwendungsbereiches der Kollisionsnorm, vgl. Kropholler, § 14 Ziff. 1, S. 98 f.; in vergleichbarer Weise geht es hier um die Bestimmung des sachlichen Anwendungsbereiches des Grundsatzes der Nichtdurchsetzbarkeit ausländischen öffentlichen Rechts. Erheblich weiter als im Falle international-privatrechtlicher Qualifikation geht es hier aber nicht um die Einordnung eines Sachverhaltes unter einen bestimmten Systembegriff eines Rechtsgebietes, sondern in ein ganzes Rechtsgebiet. Es geht auch nicht um die Auswahl anzuwendenden Rechts. Die Rechtsfolge des hier in Rede stehenden Rechtssatzes ist nicht die einer Kollisionsnorm, sei es ein- oder zweiseitig. Es geht um Verweigerung, den inländischen Rechtsschutzapparat zur Verfügung zu stellen. Eine Kollisionsnorm will über die Auswahl des jeweiligen Anknüpfungspunktes das sachnächste Recht ermitteln. Da Qualifikation zugleich Auslegung und damit Abgrenzung des Tatbestandes der Kollisionsnorm bedeutet, ist der Vorgang hier der gleiche. Im Ergebnis übereinstimmend: Kropholler, § 16 II S. 108. Gleichwohl gleicht der Grundsatz der Nichtdurchsetzbarkeit nicht einer Kollisionsnorm, auch nicht einer einseitigen. Ein System von Kollisionsnormen gibt es im öffentlichen Recht nicht. Die Frage, ob das ausländische öffentliche Recht, auf welches der in Rede stehende Anspruch gestützt wird, innerhalb des durch seinen Anwendungs- und Geltungswillen bestimmten Geltungsbereich angewandt wurde, ob also auf den zugrundeliegenden Sachverhalt das zutreffende Recht angewandt wurde, würde sich erst bei einer Anspruchsprüfung stellen. Der Grundsatz der Nichtdurchsetzbarkeit läßt es soweit nicht kommen.

Lehre scheint in diesem Punkt nicht gefestigt und in Bewegung.[508] Die Abgrenzung wird als schwierig bezeichnet, das Problemfeld als nicht befriedigend gelöst. So ist fraglich, ob auf das Recht eines ausländischen Staates gestützte Ansprüche ohne weiteres nach deutschen Kategorien als öffentlich-rechtlich oder privatrechtlich qualifiziert werden können.[509] Die Lösung kann nach *Sonnenberger* in einer Überprüfung der Qualifikations-Maßstäbe liegen,[510] wobei er die Rspr. des EuGH zu Art. 1 EuGVÜ[511] sicher zurecht als Ansatz zur Problemlösung in Bezug nimmt.[512] Der EuGH verlangt eine autonome Begriffsbildung unter Berücksichtigung der allen Vertragsstaaten bekannten Rechtsgrundsätzen. Dies lasse andeutungsweise erkennen, daß öffentlich-rechtlich zu qualifizieren sei, wenn sich die öffentliche Hand hoheitlicher Prärogativen bedient (Anschlußzwang, einseitige Festsetzung, Gebühren, einseitige Beitreibungsmöglichkeit des Anspruchs).[513]

Auch englische Gerichte unterlassen es tunlichst, den Begriff "*revenue law*" zu definieren und entscheiden dies im Einzelfall.[514] *Michael Mann* definiert:

> "a rule made as an exercise of governmental might providing a monetary imposition for the benefit of the State"

und stellt auf den unfreiwilligen Charakter der Belastung ab.[515]

Smart führt ebenfalls aus, der Begriff "*foreign revenue law*" sei weit zu verstehen. Er umfasse alle Arten von nicht vertraglichen Zahlungsverpflichtungen gegenüber allen Staats- und Regierungsstellen. Er führt als Beispiele *income and capital taxes*, *estate*, *customs*, *stamp* und *gambling duties*, *local rates* ebenso wie *state health insurance schemes* an.[516]

---

507 Sofern Entscheidungen Ausführungen zur Qualifikation enthalten, sind Elemente einer Qualifikation nach der *lex fori* ebenso wie solche funktionaler Qualifikation zu finden, vgl. etwa BSG IPRspr 1983, Nr. 130 und LG Hamburg, IPRspr. 1977 Nr. 115, vgl. auch Rimmelspacher, JZ 1975, S. 165 m.w.N.

508 vgl. Sonnenberger in MüKo, Bd. 10, IPR, Einleitung, Rn. 360 ff.

509 vgl. Frank, RabelsZ 34, 1970, S. 56, 72 f.:

510 Sonnenberger in MüKo, Bd. 10, IPR, Einl. Rn. 360

511 Art. 1 Abs. 1 EuGVÜ: *"Dieses Übereinkommen ist in Zivil- und Handelssachen anzuwenden, (...). Es erfaßt nicht Steuer- und Zollsachen sowie verwaltungsrechtliche Angelegenheiten."*

512 Sonnenberger in MüKo, Bd. 10, IPR, Einl. Rn. 360

513 Sonnenberger in MüKo, Bd. 10, IPR, Einl. Rn. 361

514 Mann, Michael, I.C.L.Q. 1954, S. 465, 466: Entscheidung nach der *lex fori* (Huntington v. Attrill (1893) A.C. 150, 155 (J.C.))

515 Mann, a.a.O., Fn. 514, S. 466

516 Smart, Cross-Border Insolvency, S. 126 m.w.N.

Der Grundsatz der Nichtdurchsetzbarkeit bestimmt sich rechtsvergleichend mithin am ehesten über den breiten Kern funktional vergleichbarer Ansprüche. Das Problem der Qualifikation öffentlich-rechtlicher gegenüber privatrechtlichen Ansprüchen gilt aber im Ergebnis als nicht gelöst.[517] Es gibt Randbereiche, in denen sich über die Einordnung von Ansprüchen als öffentlich-rechtlich trefflich streiten läßt,[518] auf die es indessen im Rahmen der hier vorzunehmenden Betrachtung nicht entscheidend ankommt. Die Klärung der Qualifikationsfrage ist nicht Gegenstand der Untersuchung. Festzuhalten ist, daß die betrachteten Rechtsordnungen einen in der Sache identischen Grundsatz aufweisen.

III. Widersprüchlichkeiten

Soweit die betrachteten Rechtsordnungen jeweils sowohl den Grundsatz der Nichtdurchsetzbarkeit öffentlich-rechtlicher Forderungen, als auch den international-insolvenzrechtlichen Grundsatz der Universalität in sich vereinen, fällt ein Widerspruch unmittelbar auf. Insolvenzrechtlich soll die gesamte Haftungsmasse ohne Rücksicht auf Staatsgrenzen zur Haftungsrealisierung herangezogen und verteilt werden, die jeweilige öffentliche Hand wäre aber wegen der Nichtdurchsetzbarkeit auf den Zugriff auf das im jeweiligen Inland belegene Vermögen beschränkt. Nach den nationalen Insolvenzrechten wird die inländische öffentliche Hand aber üblicherweise als ein Gläubiger von allen behandelt, Vorrechte zunächst ausgenommen.

Entweder also, so scheint es, muß im Falle grenzüberschreitender Insolvenz gegen den Grundsatz der grenzüberschreitenden Nichtdurchsetzbarkeit verstoßen werden, oder aber es muß zur Einhaltung des Grundsatzes der grenzüberschreitenden Nichtdurchsetzbarkeit die Universalität eingeschränkt und gegen die Gläubigergleichbehandlung verstoßen werden. Dabei droht dem betroffenen Gläubiger gänzlicher Verlust seiner Rechtsverfolgungsmöglichkeiten, weil die Anerkennung des ausländischen Verfahrens regelmäßig im Grundsatz die Individualrechtsverfolgung im Inland verbietet.

Bei genauerer Betrachtung bestätigt sich der Widerspruch. Denn wie die vorangegangene Darstellung der geltenden internationalen Insolvenzrechte und der Umstand zeigen, daß vorstehend vom Grundsatz der „Nichtanmeldbarkeit" gesprochen wurde, scheuen sich die einzelnen Rechtsordnungen offenbar nicht, die Forderungen aus jeweils inländischem öffentlichen Recht in im Inland eröffneten Verfahren zu berücksichtigen, wie von der *lex fori concursus* vorgesehen,

---

517 Roloff, S. 122, 125

518 Roloff legt dar, daß Gerichte in diesen Fällen entweder nach Zweck der Klage und Natur des Anspruchs abgrenzen, ohne streng auf die *lex fori* zu rekurrieren und ohne zu einem gesicherten Beurteilungsmaßstab zu gelangen, oder daß sie die Qualifikation streng nach der *lex fori* vornehmen, ohne dabei zufriedenstellende Ergebnisse zu erzielen, vgl. S. 124 f.

ungeachtet etwaigen Auslandsbezuges des Insolvenzsachverhaltes, d.h. insbesondere ungeachtet im Ausland belegenen dem Wirkungsanspruch des Verfahrens unterfallenden Vermögens. Der Universalitätsanspruch eines Insolvenzverfahrens trägt also auch das Begehren in sich, gegebenenfalls im Ausland belegenes Vermögen zur quotalen Befriedigung von Forderungen aus inländischem öffentlichen Recht zu verwenden. Anhaltspunkte für eine Selbstbeschränkung einer Rechtsordnung dahingehend, daß – in irgend einer Weise – dafür Sorge getragen würde, daß nur inländisches Vermögen den Forderungen aus inländischem öffentlichen Recht hafte, sind nicht zu finden. Insoweit scheint sich die internationalinsolvenzrechtliche Universalität gegenüber dem Grundsatz der grenzüberschreitenden Nichtdurchsetzbarkeit durchzusetzen, wobei hier natürlich nur die „1. Komponente" der Universalität in Rede steht, nämlich das *Begehren* nach Wirkungserstreckung, die „Sollgeltung".[519] Über die tatsächliche Wirkungserstreckung wird erst im Anerkennungszielland entschieden. Sie tritt ein, soweit der Insolvenzverwalter ausländisches Vermögen zur Masse ziehen kann. Ein Widerspruch ist insoweit gegeben, als dasselbe Verfahren, welches auch zugunsten der inländischen öffentlichen Hand auf Auslandsvermögen zugreifen möchte, sodann Forderungen aus ausländischem öffentlichen Recht die Teilnahme und damit das Partizipieren an der Haftungsrealisierung gänzlich verweigert.

IV. Konsequenzen für die Insolvenzabwicklung

Zwar wird alles vorstehende in der international-insolvenzrechtlichen Literatur kaum beschrieben. Gleichwohl dürfte nicht davon auszugehen sein, daß die Widersprüche von allen Beteiligten klaglos hingenommen werden, wenn sie im Laufe der Abwicklung grenzüberschreitender Insolvenzsachverhalte offenbar werden. Für die grenzüberschreitende Insolvenzbewältigung ist es gerade charakteristisch, daß die beteiligten Nichtverfahrensstaaten in die Abwicklung eingreifen, da sie darüber entscheiden, welche Wirkungen des im Ausland eröffneten Verfahrens in welchem Umfang im Inland eintreten.

Ein Grund dafür, daß diesbezügliche Probleme bisher selten Anlaß zur Erörterung gaben, liegt wahrscheinlich darin, daß öffentlich-rechtliche Forderungen von den jeweils zuständigen Stellen in aller Regel gar nicht erst grenzüberschreitend angemeldet werden, angesichts sicherer Erwartung der Erfolglosigkeit.[520] Dadurch würde die Auseinandersetzung mit dem Problem vermieden, indem es schlicht hingenommen wird. Das kann langfristig keine Lösung sein,

---

[519] s.o., 1. Kapitel, A. I. 2. b., S. 13

[520] vgl. Trunk, S. 201, Fn. 439 für Deutschland; Auch für den *IRS* (*Internal Revenue Service*, USA) wird von einer Politik der grundsätzlichen Abstinenz von ausländischen Verfahren berichtet, Bigelow, V.J.T.L. 24 (1991), S. 573

zumal sich dieser Weg bereits, wie zu erörtern sein wird, negativ auf das Funktionieren grenzüberschreitender Insolvenzbewältigung auswirkt.

Wie bereits dargelegt sind die heute zur Bewältigung grenzüberschreitender Insolvenzsachverhalte zur Verfügung stehenden Rechtsregeln insgesamt nur bedingt geeignet, eine vorhersehbare Verteilung des Schuldnergesamtvermögens auf der Grundlage einer universalen *par condicio creditorum* zu gewährleisten. Unter dem Regime autonomer Internationaler Insolvenzrechte ist nicht einmal gewährleistet, daß die Gesamtheit des Schuldnervermögens überhaupt insolvenzrechtlicher Haftungsrealisierung zugeführt wird. Soweit dies aber gelingt, ist jedenfalls nicht bestimmbar, welche Gesamtquoten für die einzelnen Gläubiger sich ergeben werden, da dies von einer Reihe nicht oder nur sehr bedingt steuerbarer Faktoren im Rahmen der Dynamik der Insolvenzbewältigung abhängt. Das gilt bereits mit Blick auf jene Gläubiger, die ungeachtet des Grenzübertritts an allen in Zusammenhang mit einer Insolvenz in Betracht kommenden Verfahren teilnehmen können. Unter anderem sind die räumliche Verteilung des Schuldnervermögens beliebig, ferner Anzahl, Wirkungen und zeitliche Abfolge mehrerer Verfahren nicht prognostizierbar. Nicht zuletzt sind diese Faktoren mehr oder weniger durch Einzelne beeinflußbar. Das gilt nach autonomem Recht besonders, wird aber durch die EuInsVO in Europa nur insoweit bereinigt, als daß erstens die Gefahr von (zeitweisen) Insolvenzlücken durch die automatische Anerkennung gebannt wird, und zweitens die Voraussetzungen für Parallelverfahren gegenüber dem geltenden Recht beträchtlich zurückhaltender und einheitlich geregelt werden.

Die beschriebenen Zufälligkeiten resultieren nicht nur, aber auch daraus, daß die beteiligten Rechtsordnungen wechselseitig bei der Insolvenzbewältigung auf das jeweilige Vorgehen der anderen *reagieren*. Solche Reaktionen basieren in der Regel auf nationalen Gerechtigkeitsvorstellungen, sei es bezogen auf die Gesamtheit aller Gläubiger, sei es bezogen auf die Gesamtheit aller am jeweiligen Inlandsverfahren teilnehmenden Gläubiger, sei es bezogen auf die nationalen Gläubiger oder schlicht bezogen auf einzelne Gläubiger. Die mögliche Palette der Reaktion reicht von völliger Nichtanerkennung eines ausländischen Verfahrens über teilweise Nichtgewährung oder Modifizierung von Verfahrenswirkungen (teilweise Nichtanerkennung) bis zur vollständigen Anwendung der eigenen Insolvenzregeln im Rahmen eines Parallelverfahrens. Auch im Rahmen dessen kann auf ausländische Insolvenzbewältigung reagiert werden, so durch die Anrechnungsregel.

Im Falle der Nichtanerkennung eines ausländischen Verfahrens ist die universale Insolvenzbewältigung gescheitert. Im Falle teilweiser Nichtanerkennung ist sie jedenfalls gestört. Und auch Parallelverfahren haben negative Auswirkungen auf das Ziel gerechter, vorhersehbarer, kollektiver und beeinflussungsfreier Insolvenzbewältigung. Alles dies ist aber Bestandteil des heutigen Repertoires internationalen Insolvenzrechts. Alles dies ist in den vorangehenden Kapiteln erörtert worden.

Vor diesem Hintergrund liegt es nahe, zu vermuten, daß keine Rechtsordnung es ohne weiteres hinnehmen wird, wenn ein aus ihrer Sicht ausländisches Insolvenzverfahren eine bestimmte Gruppe inländischer Gläubiger kategorisch von der Verfahrensteilnahme ausschließt, im Gegenzug aber auch das im Inland belegene Schuldnervermögen zur Masse des ausländischen Verfahrens zu ziehen beabsichtigt und obendrein dieses Vermögen auch dazu verwenden wird, den Forderungen aus dem Verfahrensstaat, die den ausgeschlossenen Forderungen gleichartig sind, eine Quote zuteil werden zu lassen und diese gegebenenfalls sogar zu bevorrechtigen.

1. Verstoß gegen die Gleichbehandlungsmaxime

Konsequenz der vorbeschriebenen Widersprüchlichkeiten ist schlechterdings die Verletzung des Gläubigergleichbehandlungsgrundsatzes. Die Versagung der Teilnahmemöglichkeit ist die schärfste Form aller möglichen Diskriminierungen.

Dabei ist die Frage, ob der Gleichbehandlungsgrundsatz möglicherweise nur für private Gläubiger gilt, abschlägig zu beantworten. Weil der Gleichbehandlungsgrundsatz nicht nur die Gläubiger schützt, sondern die Gleichbehandlung auch Voraussetzung für die Realisierung insolvenzrechtlicher Haftung ist, unterliegen grundsätzlich auch die Gläubiger öffentlich-rechtlicher Forderungen dem Verbot der Individualvollstreckung und der Beschränkung auf quotale Haftung. Nirgends im Insolvenzrecht sind sie – weil der Gleichbehandlungsgrundsatz für sie nicht gelte – von der Teilnahme an Insolvenzverfahren ausgeschlossen. Es ist auch in der Sache kein Grund ersichtlich, warum bei Knappheit des haftenden Vermögens die Allgemeinheit zurückzutreten hätte, weil es sich etwa bei dem Grundsatz der Gleichbehandlung um ein privatrechtliches Konzept handelt.

Bei Anwendung des Nichtteilnahmegrundsatzes ist der *Grenzübertritt* des Insolvenzsachverhaltes also *Ursache* für die Diskriminierung einer Gläubigergruppe.

2. Probleme bei der Anerkennung

Es stellt sich deshalb die Frage, inwieweit die an der Insolvenzbewältigung beteiligten Nichtverfahrensstaaten auf die beschriebenen Widersprüche reagieren, welche tatsächlichen Konsequenzen sich also für die Durchsetzung des Universalitätsanspruches des Verfahrens ergeben.

Es ist hier zunächst auf die Ausführungen in den vorangegangenen Kapiteln zur Frage der Anerkennungsvoraussetzungen, Anerkennungswege und Nichtanerkennungsfolgen zu verweisen. Aus dem Dargestellten ergibt sich, daß der Grundsatz der Nichtteilnahme nicht grundsätzlich dazu führen wird, daß einem

Verfahren im Ausland die Anerkennung verwehrt werden wird. Dies folgt daraus, daß die Nichtanerkennung regelmäßig an konkrete Auswirkungen bzw. an das Ergebnis der Rechtsanwendung anknüpft.[521] Nicht das einer Rechtsordnung innewohnende Diskriminierungspotential wird Probleme bereiten, sondern erst die tatsächliche Diskriminierung. Wenn also die Probleme im Einzelfall nicht virulent werden, bleiben Auswirkungen auf die Abwicklung der Insolvenz aus.

Wenn sodann öffentlich-rechtliche Forderungen tatsächlich gegeben sind, ist zu unterscheiden: Wird im konkreten Fall einer ausländischen Forderung die Teilnahme verwehrt? Oder geht es umgekehrt darum, Vermögen auch zugunsten öffentlich-rechtlicher Ansprüche grenzüberschreitend zur Masse zu ziehen? Oder trifft beides aufeinander? Die zweite dieser drei Varianten ist isoliert betrachtet kein Fall der Diskriminierung und kann daher Probleme nicht vor dem Hintergrund des Gleichbehandlungsgrundsatzes, sondern nur als Anwendungsfall grenzüberschreitender Durchsetzung von Forderungen aus öffentlichem Recht Probleme bereiten.

a. Zur ersten Variante: Begehrt ein ausländisches Verfahren Wirkung und damit Anerkennung in Deutschland, verweigert dieses Verfahren aber gleichzeitig einer Forderung aus deutschem öffentlichen Recht das Recht zur Verfahrensteilnahme, so stellt sich allein die Frage, ob in letzterem ein *ordre public*-Verstoß liegt.[522] Der *ordre public* ist zurückhaltend anzuwenden.[523] Da die Nichtteilnahme eines Gläubigers an Insolvenzverfahren über das Vermögen des Schuldners jedenfalls faktisch zumeist einher geht mit vollständigem Rechtsverlust, spricht allerdings überwiegendes für die Ansicht, das Teilnahmerecht dem *ordre public* zuzurechnen.[524] Ob indessen die Weigerung des Verfahrensstaates, eine Forderung aus ausländischem (hier: deutschem) öffentlichen Recht am Verfahren teilnehmen zu lassen, gegen den deutschen *ordre public* verstößt, ist deshalb fraglich, weil das deutsche Recht grundsätzlich umgekehrt genau das gleiche tut.[525]

Es ist aber zu bedenken: Die öffentliche Hand kann im Normalfall jedenfalls auf das Inlandsvermögen zur Haftungsrealisierung zugreifen, entweder per Individualvollstreckung, oder kollektiv im Rahmen inländischer Insolvenzverfahren.

---

521 Mohrbutter, Handbuch, Anm. XXIII.119, S. 927; Heinrich in Palandt, Art. 6 EGBGB, Rn. 5; Thomas/Putzo, § 328, Anm. 2; Audit, Anm. 300, S. 266; Dicey and Morris, S. 90; Spellenberg in Stoll, Stellungnahmen und Gutachten, S. 186

522 Das erwägt Leipold in Stoll, Stellungnahmen und Gutachten, S. 85

523 Wenner in Mohrbutter, Handbuch, Anm. XXIII.120, S. 927 m.w.N., s.o., 2. Kapitel, B.I.2.b.

524 vgl. Spellenberg in Stoll, Stellungnahmen und Gutachten, S. 183, 198

525 Ebenso: Spellenberg in Stoll, Stellungnahmen und Gutachten, S. 183, 199

Das ausländische Verfahren würde im Falle seiner Anerkennung der inländischen öffentlichen Hand die Rechtsverfolgung aber vollständig abschneiden, denn es wäre ihr *jede* Haftungsgrundlage entzogen, indem das Inlandsvermögen zur Masse des ausländischen Verfahrens gezogen würde. Das gilt jedenfalls dann, wenn auch ein inländisches Partikularverfahren nicht in Betracht kommt, etwa bei fehlender Inlandsniederlassung des Schuldners nach dem alten Recht der KO und nach der EuInsVO.

Es läßt sich bei Anwendung des Universalitätsprinzips argumentieren, daß es bei dem grenzüberschreitenden Teilnahmebegehren nicht darum geht, sich der Hilfe eines anderen Staates zur Forderungsdurchsetzung zu bedienen, sondern fast im Gegenteil, daß das Inland bereit ist, aus Gründen der international-insolvenzrechtlichen Universalität auf die Haftungsrealisierung in Eigenregie in inländisches Vermögen zu verzichten und diese dem Verfahrensstaat zu überlassen. Es geht dabei jedenfalls *auch* um Haftungsrealisierung in in Deutschland belegenes Vermögen zugunsten der deutschen Öffentlichen Hand. Dem Verfahrensstaat soll die Haftungsrealisierung dabei nicht deshalb überlassen werden, weil sie aus dem Inland her nicht zu bewerkstelligen wäre, sondern weil ihre Durchführung (über die Regeln der internationalen Zuständigkeit) von dort aus international-insolvenzrechtlich für adäquat gehalten wird.

Anerkennung des ausländischen Verfahrens ist also aus international-insolvenzrechtlicher Sicht wünschenswert, der für die deutsche öffentliche Hand damit verbundene Rechtsverlust aber inakzeptabel. Soweit eine andere Möglichkeit, diesen Rechtsverlust zu verhindern, als mittels des *ordre public*, nicht ersichtlich ist, gilt: Der *ordre public* greift ein, wenn <u>das Ergebnis</u> der Anerkennung respektive der Rechtsanwendung mit wesentlichen Grundsätzen des deutschen Rechts unvereinbar ist. Das ist bei vollständigem Rechtsverlust, indem jede Teilnahme am Zugriff auf das Inlandsvermögen ausgeschlossen wird, gegeben.

Dabei ist das Problem gar nicht Konsequenz des Grundsatzes der Nichtdurchsetzbarkeit, sondern Folgeprodukt seiner Kombination mit dem international-insolvenzrechtlichen Grundsatz der Universalität.

Gerade deshalb darf der Umstand, daß der Grundsatz der Nichtteilnahme auch in deutschen Verfahren mit universalem Wirkungsanspruch zu Lasten von Forderungen aus ausländischem öffentlichen Recht Anwendung findet, die Anwendung des *ordre public* als Korrektiv nicht ausschließen.[526]

Dabei erscheint aber die vollständige Nichtanerkennung des ausländischen Verfahrens nicht richtig. Wenn und soweit der Nichtteilnahmegrundsatz unvermeidbarer Bestandteil der untersuchten Rechtsordnungen bleibt, muß die Lösung über angepaßte Anerkennungswirkungen gesucht werden, damit dem ausländischen

---

526 a.A. Spellenberg in Stoll, Stellungnahmen und Gutachten, a.a.O., Fn. 525

Verfahren weitestgehend seine Universalität verbleibt, gleichwohl aber die von der Teilnahme ausgeschlossenen Gläubiger materiell so weit wie möglich den Teilnehmenden gleichgestellt werden. Mehr, d.h. insbesondere das Recht zum Individualzugriff, ist nicht geboten und würde seinerseits der universalen *par condicio creditorum* abträglich sein.[527] Die Diskriminierung einer Gläubigergruppe würde so nicht lediglich behoben. Es würde darüber hinaus eine Benachteiligung aller anderen Gläubiger eintreten. Dabei droht gerade durch die Nichtanerkennung des ausländischen Verfahrens, das für inakzeptabel ungerecht gehalten wird, eine Verletzung der *par condicio creditorum*. Das ist im 2. Kapitel ausgeführt worden. Nicht zu beanstanden wäre hingegen eine Anerkennung unter Sicherung einer Quote für die von der Teilnahme am ausländischen Verfahren ausgeschlossenen Forderungen in Höhe dessen, was bei Wegfall des Teilnahmeverbotes sich dort als Quote ergäbe.[528] Wäre dies im Rahmen der *ordre public*-Anwendung möglich, so würde sich das Problem auf materiell neutrale Weise lösen lassen. Es verbliebe lediglich eine Störung der prozessualen Einheit der Insolvenzbewältigung.

Eine fiktive Quote bezogen auf das Gesamtvermögen zu gewähren, nähme dem ausländischen Verfahren jeden Anreiz zur Diskriminierung. Daher ist sie zu bevorzugen. Solange und soweit die Rechtsordnungen sich allerdings über die allseitige Anwendung des Grundsatzes der Nichtdurchsetzbarkeit einig sind, wäre die Berücksichtigung öffentlich-rechtlicher Forderungen im Rahmen der Anerkennung des ausländischen Verfahrens konsequenterweise dahingehend zu beschränken, daß für diese im Ergebnis eine Quote aus dem Inlandsvermögen verbleibt. Das entspräche auch dem durch ein Parallelverfahren maximal erreichbaren Vorteil. Ob der Gläubiger im einen oder anderen Falle im Ergebnis besser stünde, ist Frage des Einzelfalles.

Zur alternativen Lösung des Problems durch Nichtanerkennung mit Zulassung des Individualzugriffes auf Inlandsvermögen, „heilbar" durch Rekurs auf ein Parallelverfahren, kann auf das im 2. Kapitel Erörterte verwiesen werden: Den Individualzugriff zuzulassen gebietet der *ordre public* nicht. Parallelverfahren sollten bei Problemen grenzüberschreitender Insolvenzbewältigung bestenfalls als *ultima ratio* dienen, da sie hinsichtlich ihrer Effekte auf die Gesamtbewältigung aus der Sicht insolvenzrechtlicher Prinzipien kontraproduktiv sind. Im übrigen wäre nur jenen gedient, deren Forderung im Recht derjenigen Staaten begründet ist, in welchen eine Eröffnungszuständigkeit gegeben ist. Will man diese – mit der EuInsVO – beschränken und bloße Vermögensbelegenheit nicht genügen lassen, so steht dieser Weg nicht in allen betroffenen Rechtsordnungen zur Verfügung. Dort den Individualzugriff gleichwohl zuzulassen, stellt die Be-

527 s.o., 2. Kapitel, B. III., S. 71 ff.

528 s.o., 2. Kapitel, B. III., S. 74

mühungen um funktionierendes Internationales Insolvenzrecht insgesamt infrage.

Als Ergebnis ist festzuhalten, daß die beschriebenen Probleme nur über die Rechtsprechung gelöst werden können. Gesetzgeberische Vorgaben gibt es nicht. Einschlägige Rechtsprechung liegt bisher kaum vor. Das an dieser Schnittstelle dreier Rechtsprinzipien (der international-insolvenzrechtlichen Universalität, der insolvenzrechtlichen Gläubigergleichbehandlung und der Nichtdurchsetzbarkeit öffentlichen Rechts) zur Lösung der Widersprüche einzig zur Verfügung stehende Konzept des *ordre public* bietet wenig Führung. *Konkrete* Lösungen wären zu bevorzugen, da sonst eine homogene Bewältigung grenzüberschreitender Insolvenzsachverhalte an dieser Stelle stets problematisch bleibt.

Konkrete Lösungen könnten aus dem Verfahrensstaat kommen, dem es wie schon ausgeführt völkerrechtlich nicht verboten wäre, vom Grundsatz der Nichtteilnahme Abstand zu nehmen. Sofern dies nicht erfolgt, könnte der *ordre public* insolvenzrechtlich konkretisiert werden, daß namentlich die Wirkungen seiner Anwendung nicht ihrerseits dem universal anerkannten Kern des Grundsatzes der *par condicio creditorum* zuwider laufen dürfen.

Zusammenfassend: Im zweiten Kapitel wurden die nationalen Rahmenbedingungen für die Anerkennung ausländischer Insolvenzverfahren als Hindernis für das Erreichen universaler *par condicio creditorum* dargestellt. Dieses Hindernis konkretisiert sich, wenn öffentlich-rechtliche Forderungen gegen den Schuldner bestehen. Der Grundsatz der Nichtteilnahme kollidiert unweigerlich mit dem Ziel universaler Insolvenzbewältigung. Lösungsansätze bietet Internationales Insolvenzrecht bisher nicht. Es ist davon auszugehen, daß Anerkennungsprobleme auftreten werden, sobald die Unmöglichkeit der Teilnahme im konkreten Fall durch die universale Wirkungserstreckung des Verfahrens mit völligem Rechtsverlust des ausgeschlossenen Gläubigers einherzugehen droht. Diese Konstellation ist dem heutigen Internationalen Insolvenzrecht aber immanent. Sie ist heute adäquat nur über eine *relative* Anerkennungsbeschränkungen zu lösen. In *vollständiger* Anerkennungsverweigerung würde selbst eine Verletzung der *par condicio creditorum* liegen. Es würde so der grenzüberschreitenden Insolvenzbewältigung ein „Bärendienst" erwiesen. Dabei dürfte es sich um ein regelmäßig auftretendes Problem handeln, wenn die zuständigen Behörden ihr mit antizipierter Erfolglosigkeit begründetes Verhalten[529] ändern und ihre Forderungen zukünftig anmelden.

b. Zur zweiten Variante: Vermögen soll auch zugunsten von Forderungen aus inländischem öffentlichen Recht grenzüberschreitend zur Masse gezogen werden. Aus international-insolvenzrechtlicher Sicht ist dies nicht zu beanstanden,

---

529 s.o., Fn. 520

sondern unter Zugrundelegung des Universalitätsprinzips Wesen des Verfahrens. Es läuft aber dem Grundsatz grenzüberschreitender Nichtdurchsetzbarkeit öffentlich-rechtlicher Forderungen zuwider. Auch dieser Umstand hat bisher nicht allzu viel Aufmerksamkeit auf sich gezogen. Es gibt allgemein keine Regeln der Selbstbeschränkung, wonach eine Rechtsordnung im Rahmen der Insolvenzbewältigung vorsorgen würde, damit grenzüberschreitend zur Masse gezogenes Vermögen nicht der inländischen öffentlichen Hand zugute komme. Dabei ist zu konstatieren, daß, wenn die Befriedigung *auch* dieser Forderungen *auch* aus im Ausland belegenem Vermögen lediglich ein Nebeneffekt der universalen Insolvenzbewältigung ist, dieser allgemein von der Rechtsordnung des Vermögensbelegenheitsortes hingenommen zu werden scheint,[530] sofern es überhaupt als Problem des Grundsatzes der Nichtdurchsetzbarkeit gesehen wird. Es lassen sich nur solche Entscheidungen finden, die die Anerkennung verweigern, wenn der Zweck des ausländischen Verfahrens gerade darin liegt, per Insolvenzverfahren den Grundsatz der Nichtdurchsetzbarkeit zu unterwandern, oder wenn der *ganz überwiegende Teil* der angemeldeten Forderungen öffentlich-rechtlicher Natur ist. Es ist dies insbesondere von Gerichten Großbritanniens und Irlands wiederholt entschieden worden, allerdings ohne annähernd überzeugendes zur Abgrenzung entwickelt zu haben, wann dies der Fall sein soll.[531]

---

[530] so Smart, Cross-Border Insolvency, ausdrücklich, S. 126 f.

[531] vgl. *Peter Buchanan Ltd. V. McVey* (1955) A.C. 520: ein schottisches Verfahren wurde in Irland nicht anerkannt, weil Steuerbehörden, die im Wege der Individualvollstreckung nicht zugreifen konnten, das Verfahren initiiert hatten; Der Schuldner hatte sein Vermögen in weiser Voraussicht nach Irland transferriert; vgl. auch *Re Gibbson* (1960) Ir.Jur.Rep. 60: Einem englischen Verwalter wurde in Irland die Unterstützung versagt, weil der Fiskus der einzige Gläubiger des Verfahrens war; Schließlich gab die Insolvenz von Roy Tucker Anlaß zu etlichen Entscheidungen mit Bezug zum Thema. Roy Tucker war geschäftlich mit der Entwicklung von "*Tax avoidance Schemes*" befaßt, ehe er selbst in Konkurs ging und den US-amerikanischen IRS als größten Gläubiger hinterließ, vgl. Graham in Fletcher, Comparative Dimensions, S. 205; in *Re Tucker* (1988) 2 W.L.R. 748 wurde die Zuständigkeit englischer Gerichte verneint, eine in Belgien domizilierte Person zur Vorlage von Dokumenten zu verpflichten. Per *obiter dictum* wurde auch die Zuständigkeit der belgischen Gerichte bezweifelt, da es sich um eine *tax bankruptcy* handele. Die englischen Steuerbehörden machten bei weitem den größten Teil der Passiva aus; in *Re Tucker* (1988) F.L.R. 378 verweigerte der *Royal Court of Jersey* auf der Grundlage der *revenue rule*, einen Anwalt zur Vorlage von Informationen zu verpflichten. Mittlerweile war der englische Fiskus als einziger Gläubiger im Verfahren übriggeblieben; Im Gegensatz zum vorstehenden entschied ein Berufungsgericht auf Guernsey ebenfalls in Zusammenhang mit der Tucker-Insolvenz, der Umstand, daß der Fiskus des Verfahrensortes den größten Teil des Forderungsvolumens stelle oder gar der einzige Gläubiger sei, mache das Ersuchen des ausländischen Verfahrens nicht zu einem Versuch der extraterritorialen Durchsetzung von Steuerforderungen. Der Verwalter handele vielmehr auf insolvenzrechtlich einwandfreie Weise. Es sei hier nicht nach "*tax bankruptcies*" zu differenzieren. Weil ein Insolvenzverfahren auch im Hinblick auf den Bestand angemeldeter, bestrit-

Im Ergebnis kann jedenfalls nicht ausgeschlossen werden, daß das Anerkennungsbegehren eines Insolvenzverfahrens Probleme bereitet, wenn öffentlichrechtliche Forderungen aus dem Forumstaat zu den Passiva gehören. Der Versuch, auf diesem Wege öffentlich-rechtliche Forderungen grenzüberschreitend (unter dem Deckmantel des Insolvenzverfahrens) durchzusetzen könnte als *ordre public*-widrig angesehen werden oder sich schon auf der Ebene der Qualifikation des Verfahrens als Insolvenzverfahren auswirken.

Im Rahmen des Gesetzgebungsverfahrens der Insolvenzordnung war dieser Aspekt vom Bundesrat explizit angesprochen worden, wenn auch nur sehr partiell. Es wurde nämlich die Frage gestellt, wie der Gesetzgeber sicherstellen wolle, daß bei Anerkennung ausländischer Verfahren Inlandsvermögen entgegen dem Grundsatz der Nichtdurchsetzbarkeit nicht der Befriedigung ausländischer Steuerforderungen diene:

> „Zu den international anerkannten Grundsätzen des Kollisionsrechts gehört das Prinzip der Territorialität öffentlichrechtlicher Forderungen (...). Insoweit besteht weitgehende Einigkeit, daß solche Ansprüche fremder Staaten im Inland nicht vollstreckt werden. Der Entwurf der Bundesregierung läßt nicht erkennen, ob dieser Grundsatz (...) Berücksichtigung findet."[532]

Auf Herkunft und Sinn der Regel wurde nicht eingegangen. Die Antwort der Bundesregierung verwies lapidar auf die Möglichkeit zur Eröffnung eines Parallelverfahrens.[533]

Daß der Universalitätsgedanke bei der Teilnahme öffentlich-rechtlicher Forderungen aus dem Verfahrensstaat also meist den Grundsatz der Nichtdurchsetz-

---

tener, festgestellter oder auch erfüllter Forderungen niemals statisch sei, sei die Frage, ob außer dem Fiskus weitere Gläubiger Befriedigung erwarten dürften, vor Abschluß des Verfahrens oft nicht sicher zu prognostizieren. Insbesondere könne die Beantwortung der Frage oft gerade davon abhängen, ob das Verfahren vom entscheidenden Gericht anerkannt wird oder nicht. Vgl. insg. zu den Tucker-Fällen Graham in Fletcher, Comparative Dimensions; Im gleichen Sinne wurde in Australien in *Ayres v. Evans* (1981) 39 A.L.R. 129 entschieden; Die Regel der Nichtdurchsetzbarkeit finde keine Anwendung, wenn das Verfahren *auch* "gewöhnlichen" Gläubigern diene; eine Anerkennungsweigerung widerspreche dann den übrigen beteiligten Interessen. Steuerforderungen machten hier 60 % der Passiva aus; Zwei weitere Entscheidungen sind zu nennen: In *Priestley v. Clegg* 1985 (3) S.A. 955 hielt ein südafrikanisches Gericht bei einem Anteil der Steuerforderungen des Verfahrensstaates an den Gesamtpassiva von 94 % die Tätigkeit des ausländischen Verwalters nicht für die eines Steuereintreibers. Man ließ ihn folglich gewähren. In *Scottish National Orchestra Ltd. v. Thomson's Executors* (1969) S.L.T. 325 durfte schließlich auch der schwedische Verwalter über in Schottland belegenes Gemeinschuldnervermögen verfügen, *auch* zugunsten schwedischer Erbschaftssteuerforderungen.

532 Stellungnahme des Bundesrat zum RegE § 379, in Kübler/Prütting, Bd. 1, S. 640

533 Gegenäußerung der Bundesregierung, in Kübler/Prütting, Bd. 1, S. 641

barkeit verdrängt, mag richtig sein. Es erscheint aber nicht als bewußte Entscheidung der beteiligten Gesetzgeber. Die diesbezügliche Nichtbeachtung des Grundsatzes erscheint als unvermeidbare, bisher weitestgehend übergangene Nebenwirkung der Grundentscheidung für Universalität, die stillschweigend hingenommen wird. Dies ist deshalb problematisch, weil der Grundsatz im umgekehrten Fall des Teilnahmebegehrens einer ausländischen öffentlich-rechtlichen Forderung am inländischen Verfahren beachtet wird, so daß für die betroffene öffentliche Hand ein großer Anreiz zum *forum shopping* gegeben ist, wenn eine Eröffnungszuständigkeit in ihrem Heimatland gegeben ist.

c. Zur dritten Variante: Treffen öffentlich-rechtliche Forderungen aus dem Verfahrensstaat mit solchen aus einem Nichtverfahrensstaat in grenzüberschreitendem Insolvenzsachverhalt aufeinander, gilt über das unter a. und b. ausgeführte hinaus im Rahmen der *ordre public*-Prüfung: Zu dem Argument des faktischen Rechtsverlustes der Gläubiger aus dem Nichtverfahrensstaat kommt das Argument der tatsächlichen Diskriminierung bestimmter Gläubiger gegenüber gleichartigen Gläubigern aus dem Verfahrensstaat hinzu: Forderungen aus öffentlichem Recht des Verfahrensstaates sollen an der Haftungsrealisierung bzgl. des gesamten, auch im Ausland belegenen Schuldnervermögens partizipieren, wohingegen Forderungen aus öffentlichem Recht anderer Rechtsordnungen vollständig unberücksichtigt zu bleiben drohen.

Kritikwürdig ist insgesamt nicht nur, aber vor allem der Widerspruch im Umgang mit Forderungen aus in- und ausländischem öffentlichen Recht. Darin steckt die Gefahr potentieller Anerkennungsprobleme. Nicht zuletzt ergibt sich auf der Grundlage der im autonomen Recht fehlenden Koordinierung von Zuständigkeitsregeln mit angestrebtem Wirkungsbereich des jeweiligen Verfahrens jedenfalls ein Interesse der betroffenen Gläubiger an Parallelverfahren.

3. Parallelverfahren als Regelfall

Im zweiten Kapitel ist erörtert worden, daß überwiegendes gegen Verfahrensmehrheit spricht, wenn man zu universaler *par condicio creditorum* und zu vorhersehbarer Haftungsrealisierung gelangen will. Bei Verfahrensmehrheit ist hinsichtlich der kollektiven Haftungsrealisierung unter Geltung des Universalitätsprinzips nicht *mehr* vorhersehbar, als daß alles Schuldnervermögen von insolvenzrechtlicher Haftung erfaßt werden wird (Aspekte der Nichtanerkennung außer acht gelassen). Die Verteilungsfrage selbst unterliegt in der Gesamtschau allen Vermögens gegenüber allen Gläubigern vollständig dem Zufall. Insbesondere ist offen, ob der zur Rechtfertigung des jeweiligen Parallelverfahrens herangezogene Schutzzweck erreicht werden kann.

Ungeachtet des Umstandes, ob mehrere Verfahren unabhängig von einander oder gerade mit dem Ziel ihrer Koordinierung eröffnet werden: Wo immer die Eröffnung eines Verfahrens im Inland möglich ist, wird der im Auslandsverfahren, welches auch das Inlandsvermögen erfassen will, Abgewiesene alles unternehmen, um zur Verfahrenseröffnung im Inland zu gelangen. Es ist erörtert worden, daß die Entwürfe zwischenstaatlicher Lösungen tendenziell unter dem Stichwort „kontrollierte Universalität" Parallelverfahren vorsehen, um gerade so Probleme, die sich aus unterschiedlichen Verteilungsvorstellungen ergeben, in den Griff zu bekommen, was im Ergebnis eher als Kompromißlösung vor dem Hintergrund nicht erreichbarer Harmonisierung erscheint.

Solange und soweit allerdings eine Gläubigergruppe in der vorbeschriebenen Form diskriminiert werden wird, wird als *zwingende* Folge die Parallelverfahrensoption zum Regelfall werden. Betroffene Gläubiger werden, wo sie können, Parallelverfahren beantragen, um dem Nichtteilnahmegrundsatz zu entgehen. Soweit – wie nach der EuInsVO – nicht schon Vermögensbelegenheit eine Zuständigkeit begründet, schadet dies zwar der universalen Insolvenzbewältigung, nützt aber nur einem Teil der potentiell betroffenen Gläubiger. Die Diskriminierung im übrigen bleibt.

Sollte sich eine Rechtsordnung hingegen dazu entschließen können, Forderungen aus ausländischem öffentlichen Recht grundsätzlich die Teilnahme an im Inland eröffneten Verfahren zu gestatten, so würde sie damit ihre Chancen auf weitergehende tatsächliche Durchsetzung ihres Universalitätsanspruches wesentlich steigern. Alles, was der Senkung der potentiellen Verfahrensanzahl und der Verringerung etwaiger Anerkennungsprobleme dient, ist zur Erreichung des Ziels universaler *par condicio creditorum* nach vorhersehbaren Regeln zu begrüßen.

V. Anwendungsbereich, Einschränkungen

Den Nichtteilnahmegrundsatz gibt es in allen hier dargestellten Rechtsordnungen. Das Problem ist also ein universales. Das ist vorstehend unter II. dargelegt worden.[534] Es gibt aber auch eine Reihe von Rechtsgrundlagen, welche der grenzüberschreitenden Durchsetzung öffentlich-rechtlicher Forderungen dienen.[535] Es sind dies regelmäßig Regelungen in zwischenstaatlichen Verträgen, mit Ausnahme gewisser Regeln auf europarechlicher Grundlage. Einseitige Regelungen im nationalen Recht, die die Durchsetzung fremdstaatlicher Forderungen aus öffentlichem Recht erlauben, sind nicht zu finden.

Um beurteilen zu können, welche tatsächliche Relevanz dem Grundsatz der Nichtteilnahme heute zukommt, ist die Reichweite solch einschränkender Regelungen zu untersuchen. Es ist sodann zu betrachten, welche Bedeutung die bestehenden, den Grundsatz der Nichtdurchsetzbarkeit ausländischer öffentlich-

---

534 s.o., B. I. und II., S. 116

535 Mössner in Encyclopedia, Instalment 8, S. 494, 502

rechtlicher Forderungen einschränkenden Regeln für die internationale Insolvenz und alles vorstehend beschriebene haben. Dazu werden hier zunächst die bestehenden Rechtsgrundlagen dargestellt. Unter VI. werden sie sodann aus international-insolvenzrechtlicher Perspektive betrachtet.

1. Das deutsche Abgabenrecht regelt die Voraussetzungen der Amtshilfe grundsätzlich in § 117 Abgabenordnung. Danach wird Rechts- und Amtshilfe durch die Finanzbehörden entweder auf der Grundlage entsprechender Rechtsgrundlagen (Abs. 2) oder nach pflichtgemäßem Ermessen auch in anderen Fällen, geleistet (Abs. 3). § 117 AO findet nur Anwendung auf Steuern i.S.d. § 3 Abs. 1 AO.[536] Ferner ist die Rechts- und Amtshilfe ohne besondere Rechtsgrundlage erstens geknüpft an eine Reihe weiterer Voraussetzungen. Zweitens beschränkt sie sich regelmäßig auf Auskunftserteilung[537] und ist deshalb im hier behandelten Zusammenhang irrelevant.

2. Folgende Rechtsquellen gestatten die grenzüberschreitende Verfolgung öffentlich-rechtlicher Ansprüche:[538]

a. Bereits 1921 hat das Deutsche Reich mit Österreich und mit der Tschechoslowakei in Verbindung mit Doppelbesteuerungsabkommen (DBA) Abkommen über Rechtsschutz und Rechtshilfe in Steuersachen geschlossen[539], die die Rechtshilfe ausdrücklich auch auf die Beitreibung erstreckten.[540] *Tixier*[541] hält dies für den Anfang zwischenstaatlicher Beitreibungshilfe.

b. Nach dem OECD-Musterdoppelbesteuerungsübereinkommen in der Fassung von 1995, das den meisten DBA als Grundlage dient, ist Beitreibungshilfe nicht vorgesehen, sondern lediglich Amtshilfe zur Informationsbeschaffung.[542] Amtshilfe bei der Erhebung und Eintreibung behandeln hingegen das Musterübereinkommen der OECD von 1979 zur gegenseitigen Hilfe bei der Beitreibung von Steuerforderungen sowie das vom Europarat ausgearbeitete Übereinkommen bzgl. gegenseitiger Rechtshilfe in Steuerangelegenheiten von 1988.[543] Nur das zweitgenannte Übereinkommen ist mittlerweile in Kraft. Es steht den

536 Tipke/Kruse, § 117 Rn. 6

537 Tipke/Kruse, § 117 Rn. 35 ff.

538 Um ein Bild von der gegenwärtigen Reichweite des Grundsatzes der Nichtdurchsetzbarkeit zu zeichnen, sollen nicht nur die mit den hier untersuchten Rechtsordnungen bestehenden Rechtsordnungen genannt werden

539 RGBl. II 1923, 69, 77;

540 RGBl. II 1923,78 und 95, jeweils Art. III

541 Rev. Jur. Pol. 1983, S. 482, 490

542 vgl. amtl. Kommentar zu Art. 26 OECD-Musterübereinkommen, Anm. 3, abgedruckt in Vogel, Art. 26, Rn. 4

543 vgl. Baker, Anm. 26-10, S. 446; Debatin/Wassermeyer, Bd. I, Art. 26 MA, Anm. 3

Mitgliedstaaten von OECD und Europarat zur Unterzeichnung offen. Die USA sind ihm beigetreten.[544] Daß Deutschland, das Vereinigte Königreich oder Frankreich ebenfalls noch dem Abkommen beitreten, gilt als unwahrscheinlich.[545] Es spielt daher hier keine Rolle.

c. Bestimmungen zur Beitreibungshilfe beinhalten heute die Doppelbesteuerungsabkommen Deutschlands mit Belgien[546], Dänemark[547], Frankreich[548] und Luxemburg[549], den Niederlanden[550], Norwegen[551], Schweden[552] und den

---

544 - Allerdings mit Vorbehalten -, neben Finnland, Schweden, Norwegen und Dänemark. Finnland hat das Übereinkommen als fünfter Staat im Dezember 1994 ratifiziert, so daß das Übereinkommen zum 1.4.1995 in Kraft trat; IStR-Beihefter 2/95, Anm. A.; Baker, S. 446, Fn. 31

545 IStR, a.a.O., Fn. 544; Baker, a.a.O., Fn. 544

546 vom 11.4.1967, BGBl. II 1969, 17; Gegenstand: Körperschafts-, Gewerbe-, Vermögens- und Grundsteuer, Zuschläge, Zinsen, Kosten und Geldbußen

547 vom 20.11.1995, BGBl. II 1996, 2566; Gegenstand: wie Fn. 546, außer Geldbußen, vgl. Art. 1

548 vom 21.7.1959, BGBl. II 1961, 397; Gegenstand: Wie Fn. 547, auf französischer Seite: *impôt sur le revenu des personnes physiques; versement forfaitaire applicable à certains bénéfices des professions non commerciales, impôt sur les bénéfices des sociétés et autres personnes morales, contribution des patentes, taxe d'apprentissage, contribution foncière sur les propriétés bâties et non bâties* und *impôt spécial sur la plus-value de réévaluation provenant des emprunts*; vgl. Art 1; Art. 22 Abs. 1 des Übereinkommens lautet: "*Die Vertragsstaaten werden sich bei der Veranlagung und Erhebung der in Art. 1 bezeichneten Steuern gegenseitig Amts- und Rechtshilfe gewähren.*" Art. 23 des Übereinkommens lautet: "*(1) Die Vertragsstaaten werden sich bei einer entsprechend ihren gesetzlichen Vorschriften durchgeführten Erhebung von Steuern, Abgaben, Steuerzuschlägen (majorations de droits, droits en sus), Verspätungszuschlägen, Zinsen und Kosten gegenseitig Hilfe und Beistand leisten, wenn diese Beträge nach dem Gesetz des ersuchenden Staates rechtskräftig geschuldet werden. (2)[...]. (3)[...], so wird der ersuchte Staat die Zustellungen, Einziehungs- und Beitreibungsmaßnahmen in dem ersuchten Staate nach den Gesetzen durchführen, die für die Einziehung und Beitreibung seiner eigenen Steuern gelten. [...] (4) Ist gegen Steuerforderungen noch ein Rechtsmittel zulässig, so kann der Gläubigerstaat für die Wahrung seiner Rechte von dem anderen Staate verlangen, daß die Sicherungsmaßnahmen getroffen werden, die nach den gesetzlichen Vorschriften des anderen Staates zulässig sind.*" Art. 26 Abs. 2 lautet: "(Die zuständigen) *Behörden können durch Vereinbarung die Maßnahmen der Amts- und Rechtshilfe, die in Art. 22 und 23 vorgesehen sind, ausdehnen auf die Veranlagung und Erhebung von [...] Steuern, die nicht unter Artikel 1 bezeichnet sind.*" (Revisionsprotokolle BGBl. II 1970, 719 und BGBl. II 1990, 772 berühren Rechtshilfeklauseln nicht)

549 vom 23.8.1958, BGBl. II 1959, 1269 mit Ergänzungsprotokoll vom 15.6.1973, BGBl. 1978 II 111; Gegenstand: wie Fn. 547

550 vgl. Zusatzprotokoll vom 13.3.1980, BGBl. 1980 II, 1151 zum Übereinkommen vom 16.6.1959, BGBl. II 1960, 1781 (und Protokoll vom 21.5.1991, BGBl. II 1991, 1429); Gegenstand: Einkommen-, Körperschafts, Gewerbe-, Vermögens- und Grundsteuer

551 vom 4.10.1991, BGBl. II 1993, 971; Gegenstand: wie Fn. 547, ohne Grundsteuer

USA[553]. Darüber hinaus ist Deutschland zwar Partei einer Vielzahl weiterer Doppelbesteuerungsabkommen, so mit allen Mitgliedsstaaten der EU.[554] Diese enthalten aber keine Vorschriften zur Beitreibungshilfe. Solche Vorschriften sind mithin in Doppelbesteuerungsabkommen die Ausnahme. Im bilateralen Verhältnis Deutschland-Vereinigtes Königreich etwa sind Regeln zur wechselseitigen Steuerbeitreibungshilfe überhaupt nicht zu finden.[555] Offenbar ist England überhaupt keine bilateralen Vereinbarungen zu grenzüberschreitender Durchsetzung öffentlich-rechtlicher Forderungen eingegangen.[556]

Doppelbesteuerungsabkommen befassen sich regelmäßig nicht mit Umsatzsteuern und Verbrauchssteuern.[557]

d. Die Bundesrepublik hat ferner mit Finnland[558] und Italien[559] gesonderte steuerrechtliche Rechts- und Amtshilfeverträge geschlossen.[560] Danach wird Amts- und Rechtshilfe für Veranlagung und Beitreibung gewährt.

---

552 vom 14.7.1992, BGBl. II 1994, 686; Gegenstand: wie Fn. 546, zuzüglich Erbschafts-, Grunderwerbs-, Umsatz-, Kfz- und sonstige Verkehrssteuern, auch Zwangsgeld

553 vom 29.8.1989, BGBl. II 1991, 354; Gegenstand: wie Fn. 550, außer Grundsteuer; auf amerikanischer Seite: *federal income taxes* (außer *accumulated earnings tax, personal holdings companx tax, social security tax*) und *federal exise tax imposed on premiums paid to foreign insurers*; vgl. Art. 2; Art. 26 Abs. 4 und 5 des Übereinkommens lauten: " *(4) Jeder der Vertragsstaaten bemüht sich (Englischer Text: shall endeavour to collect), für den anderen Vertragsstaat die Steuerbeträge zu erheben, die erforderlich sind, um sicherzustellen, daß die durch dieses Abkommen gewährte Entlastung von der Steuer des anderen Staates keinen Personen zugute kommt, die hierauf keinen Anspruch haben; (5) Abs. 4 verpflichtet keinen Vertragsstaat, Verwaltungsmaßnahmen durchzuführen, die von seinen Maßnahmen bei der Erhebung seiner eigenen Steuern abweichen oder die seiner Souveränität, Sicherheit oder öffentlichen Ordnung widersprechen.*" Mit den Vereinigten Staaten besteht ein weiteres Abkommen, welches Schenkungs- und Erbschaftssteuer zum Gegenstand hat, jedoch *keine* grenz-überschreitende Beitreibung ermöglicht, BGBl. II 1982, 847

554 Wolffgang in Birk, § 32, S. 992, Rn. 4

555 vgl. DBA D-UK, Art. XIX in der Fassung gem. Art. 11 Revisionsprotokoll von 1964, BGBl. II 1971, 46, 51; vgl. Picciotto, S. 302, wonach das Vereinigte Königreich sich auf überhaupt keine bitalteralen Beitreibungshilferegeln eingelassen hat

556 Picciotto, S. 302

557 vgl. Debatin/Wassermeyer, Bd. 1, III.B.2.a., Anm. 7, S. 82

558 vom 25.9.1935, RGBl. II 1936, 37 mit Durchführungsverordnung RGBl. II 1936, 329; Gegenstand: wie Fn. 546, zuzüglich Erbschafts-, Grunderwerbs-, Umsatz-, Kfz- und sonstige Verkehrssteuern, außer Zwangsgeld und Geldbußen

559 vom 9.6.1938, RGBl. II 1939, 124 und Durchführungsverordnung, RGBl. II 1939, 122; Gegenstand: wie Fn. 546, zuzüglich Zwangsgelder und Sicherheiten

560 Weitere solcher gesonderten Amts- und Rechtshilfeabkommen sind mittlerweile in DBA's aufgegangen, so etwa das mit Dänemark von 1965, BStBl. I 1965, 170, und das mit Schweden von 1935, RGBl. II 1935, 865

e. Des weiteren ist der Vertrag zwischen der Bundesrepublik Deutschland und Österreich vom 11.09.1970[561] zu nennen. Danach können auch Abgabentitel aus den Bereichen der Zoll-, Verbrauchssteuer- und Monopolangelegenheiten aus dem einen Staat im Wege der Rechtshilfe in dem anderen Staat vollstreckt werden.[562] Dieser Vertrag ergänzt den Rechtshilfevertrag zwischen der Bundesrepublik Deutschland und Österreich von 1954[563], nach welchem "öffentliche Abgaben, soweit sie in den Vertragsstaaten für den Bund, die Länder, die Gemeinden oder die Gemeindeverbände" erhoben werden, per Rechtshilfe beigetrieben werden können. Der durch den Vertrag von 1970 erfaßte Anwendungsbereich war seinerzeit ausgenommen worden.[564]

Im Verhältnis zu Österreich besteht auch die bisher einzig existente international-insolvenzrechtliche Regelung zu diesem Thema. Der Deutsch-Österreichische Konkursvertrag gestattet die Teilnahme von privilegierten "Steuern, Zöllen, Gebühren und anderen öffentlich-rechtlichen Ansprüchen". Art. 19 Abs.

---

561 BGBl. II 1971, 1001, "Vertrag über Rechts- und Amtshilfe in Zoll-, Verbrauchssteuer- und Monopolangelegenheiten zwischen der Bundesrepublik Deutschland und der Republik Österreich"; Art. 11 lautet: "[...] (4) *Die Exekutionstitel werden in der gleichen Weise wie gleichartige Exekutionstitel des ersuchten Staates vollstreckt. (5) Über Einwendungen gegen die Maßnahmen nach den Absätzen 2 und 3* (Anerkennung, Umrechnung und Vollstreckung der Exekutionstitel des ersuchenden Staates; Anm. d. Verf.) *sowie gegen die Zulässigkeit oder die Art der Vollstreckung entscheidet die zuständige Behörde des ersuchten Staates nach dessen Recht. [...] (6) Einwendungen gegen das Bestehen, die Höhe oder die Vollstreckbarkeit des Anspruches, dessen Erfüllung erzwungen werden soll, sind von der zuständigen Behörde des ersuchenden Staates nach dessen Recht zu erledigen* [...]." Der Regelungsbereich des Vertrages dürfte heute weitgehend der EG-Beitreibungsrichtlinie unterfallen, s.u., Fn. 571

562 Einschließlich der in diesem Zusammenhang entstehenden Geldstrafen, Geldbußen und Kosten; vgl. auch BVerfG, NJW 1983, S. 2757, 2759

563 BVerfG, NJW 1983, S. 2759; BGBl. II 1955, 833; Art. 1: "*Gegenstand dieses Vertrages sind die öffentlichen Abgaben, soweit sie in den Vertragsstaaten für den Bund, die Länder, die Gemeinden oder die Gemeindeverbände erhoben werden. Ausgeschlossen sind jedoch die in den Vertragsstaaten vom Bund verwalteten Verbrauchssteuern sowie die Zölle und Monopolabgaben.*" Im Rahmen des Anwendungsbereiches wird sodann gem. Art. 11 und 12 Vollstreckungshilfe geleistet, lediglich unter dem Vorbehalt des Art. 6: " *(1) Rechtshilfe wird nicht geleistet, wenn der ersuchte Staat Grund für die Annahme hat, daß die Leistung der Rechtshilfe geeignet sein würde, wesentliche Interessen des ersuchten Staates zu gefährden.* [...]" Gemäß dem Schlußprotokoll zu dem Abkommen gehört zu den wesentlichen Interessen aus Art. 6 "*insbesondere die Wahrung der Hoheitsrechte und der Sicherheit. Der ersuchte Staat kann die Rechtshilfe hiernach auch ablehnen, wenn die Anwendung seiner Rechtsvorschriften von einer Tatsache abhängt, die außerhalb seiner Rechtsordnung gelegen ist oder wenn sein Recht durch eine solche Tatsache betroffen ist.*" Der Vollständigkeit halber: "*Art. 14 – Durchsuchungen, Beschlagnahmen, Verhaftungen und der Vollzug von Freiheitsstrafen sind von der Rechtshilfe ausgenommen.*"

564 Art. 1 S. 2 des Vertrages Fn. 563

3 DÖKV sieht erstens ihre Vorwegbefriedigung nach der *lex causae* vor, beschränkt auf die Höhe des Wertes des im Ursprungsland der Forderung belegenen Vermögens, und zweitens, soweit letzteres unzureichend ist, ihre Berücksichtigung als gewöhnliche Konkursforderung:

> "Steuern, Zölle, Gebühren und andere öffentlich-rechtliche Ansprüche sind nach dem Recht des Vertragsstaates, in dem sie entstanden sind, bis zur Höhe des Wertes des dort belegenen Vermögens aus der Konkursmasse vorzugsweise zu berichtigen. Wenn diese Ansprüche so nicht vollständig berichtigt werden, ist die Restforderung bei der Verteilung der übrigen Konkursmasse als nicht bevorrechtigte Konkursforderung zu behandeln." [565]

f. Es sind ferner auf Europarechtlicher Grundlage etliche und weitreichende weitere Regeln zur Amtshilfe in Abgabenangelegenheiten zu finden. Sie befassen sich aber nur ausschnittsweise auch mit der Beitreibung, also der grenzüberschreitenden Durchsetzung. Auf der Grundlage der EG-Amtshilfe-Richtlinie[566] für die Bereiche Steuern von Einkommen und Vermögen, Umsatzsteuer und harmonisierte Verbrauchssteuer hat die Bundesrepublik ferner das EG-Amtshilfegesetz[567] erlassen, nunmehr für den Bereich der Umsatzsteuer angesichts der Schaffung des Binnenmarktes ergänzt durch die Verordnung über die Zusammenarbeit der Verwaltungsbehörden auf dem Gebiet der indirekten Besteuerung (MwSt.)[568]. Für Zölle und Agrarabgaben ist weitreichende Zusammenarbeit der nationalen Verwaltungsbehörden vorgesehen in der "Verordnung betreffend die gegenseitige Unterstützung der Verwaltungsbehörden der Mitgliedsstaaten und die Zusammenarbeit dieser Behörden mit der Kommission, um die ordnungsgemäße Anwendung der Zoll- und der Agrarregelungen zu gewährleisten"[569]. All diese Regelungen dienen aber *nicht* der grenzüberschreitenden Vollstreckung. Diesbezüglich ist aber zu verweisen auf das EG-Beitreibungsgesetz[570], basierend auf der EG-Beitreibungsrichtlinie[571]. Auf-

---

565 Ansprüche mit Strafcharakter sind aber ausgenommen: "*dies gilt für dem Staat oder anderen juristischen Personen des öffentlichen Rechts zufließenden Geldstrafen, Geldbußen, Ordnungsstrafen, Ordnungs- und Zwangsgelder sowie für ähnliche Ansprüche selbst dann nicht, wenn sie nach dem Recht des Vertragsstaates, in dem sie entstanden sind, im Konkursverfahren geltend gemacht werden können*", Art. 19 Abs. 3

566 RL 77/799/EWG, ABl. L 336 (1977), S. 15, geändert durch RL 79/1070/EWG, ABl. L 331 (1979), S. 8 sowie RL 92/12/EWG, Abl L 76 (1992), S. 1, 13

567 BGBl. I 1985, 2436, 2441; BGBl. I 1992, 1548, 1560 und BGBl. 1992, 2150, 2205

568 VO (EWG) 218/92, ABl. L 24 (1992), S. 1

569 VO (EWG) 1468/81, ABl. L 144 (1981), S. 1, geändert durch VO (EWG) 945/87, ABl. L 90 (1987), S. 3; Der Bereich soll neu geregelt werden, vgl. Abl C 56 (1993) S. 1, ABl. C 262 (1993), S. 8 und ABl. C 80 (1994), S. 12; Zur Erhebung von Zöllen für innergemeinschaftlichen Warenverkehr kann es gem. Art. 12 EGV ohnedies nicht kommen

570 BGBl. I 1979, 1428, BGBl. I 1981, 807 und BGBl. I 1992, 2150, 2206

grund der Europarechtlichen Vorgabe korrespondiert das Beitreibungsgesetz mit entsprechenden Regelungen in allen Mitgliedsstaaten der EU. Es erfaßt heute Zölle, Mehrwertsteuer, bestimmte Verbrauchssteuern und Forderungen in Zusammenhang mit dem Europäischen Ausrichtungs- und Garantiefonds für die Landwirtschaft.[572] Diese Forderungen können also EU-weit grenzüberschreitend durchgesetzt werden.

In der Präambel der Richtlinie heißt es:

> "Die einzelstaatlichen Bestimmungen auf dem Gebiet der Beitreibung stellen schon wegen ihres auf das jeweilige Hoheitsgebiet begrenzten Anwendungsbereich ein Hindernis für die Errichtung sowie eine Beeinträchtigung des Funktionierens des Gemeinsamen Marktes dar."[573]

g. Im Bereich des Sozialversicherungsrechts[574] (Krankenversicherungs-, Unfallversicherungs-, Altersversorgungs- und Arbeitslosenschutz)[575] ist die Koordinierung innerhalb Europas weiter fortgeschritten als im Steuerrecht. Bereits lange vor der Vollendung des Europäischen Binnenmarktes haben die Europäischen Gemeinschaften Rechtsgrundlagen zur Sozialrechtskoordinierung geschaffen. Dies ist allen voran die Verordnung 1408/71 zur Anwendung der Systeme der sozialen Sicherheit auf Arbeitnehmer, Selbständige und deren Familienangehörige, die innerhalb der Gemeinschaft zu- und abwandern.[576] Grundlage der Sozialrechtskoordinierung sind vor allem die Art. 48 und 51 EWGV,

---

571 RL 76/308/EWG, ABl. L 73 (1976), S. 18, geändert durch RL 79/1071/EWG, ABl. L 331 (1979), S. 10 (Erweiterung auf Mehrwertsteuer) und RL 92/108/EWG, ABl. L 390 (1992), S. 124 (Erweiterung auf die Verbrauchssteuern)

572 Wolffgang in Birk, § 32, S. 994, Rn. 9; § 1 des Gesetzes lautet: "*Dieses Gesetz gilt für die Vollstreckung von Geldforderungen, die in anderen Mitgliedstaaten der Europäischen Gemeinschaften entstanden sind und 1. (...), 2. (...), 3. Zölle im Sinne von Art. 2 Buchstabe b des (...) Beschlusses (70/243/EGKS, EWG, Euratom; Abl. L 94, 28.4.1970, S. 19), 4. Verbrauchssteuern auf Tabakwaren, Alkoholische Getränke sowie Mineralöl, 5. Umsatzsteuern, 6. Kosten und Zinsen, die im Zusammenhang mit der Vollstreckung der vorbezeichneten Forderungen stehen, betreffen.*"

573 RL 76/308/EWG, ABl. L 73 (1976), S. 18; so auch RL 79/1071/EWG, ABl. L 311 (1979), S. 10

574 vgl. allgemein zu den zwischenstaatlichen Regelungen Frank in von Maydell/Ruland, Kap. 33 I, Rn. 1 ff., S. 1578 ff.

575 vgl. Art. 4 der Verordnung 1408/71 EWG zu den Zweigen der sozialen Sicherheit: Rechtsvorschriften bzgl. Leistungen bei Krankheit, Mutterschaft, Invalidität, Alter, Hinterbliebenen, Arbeitsunfällen und Berufskrankheiten, Sterbegeld, Arbeitslosigkeit und Familienleistungen

576 vgl. dazu insgesamt Fuchs

also die Freizügigkeit der Arbeitnehmer als eine der vier Grundfreiheiten,[577] aber auch die Niederlassungsfreiheit und die Freiheit des Dienstleistungsverkehrs,[578] und nicht zuletzt auch Art. 117 ff. EWGV, die Vorschriften über die Sozialpolitik der Gemeinschaften. Ohne eine Koordinierung der nationalen Sozialsysteme wäre die Freizügigkeit praktisch stark eingeschränkt, wenn bedingt durch den nationalen Rahmen der Systeme die „Wanderung“ von Arbeit und Leistungserbringung mit Einbußen im sozialrechtlichen Schutz einherginge, z.B. durch den Verlust von Anwartschaften.[579] Regelungsgegenstand ist daher vor allem die Zusammenrechnung von Anwartschaftszeiten und der sog. Leistungsexport.[580] Dabei beziehen die Regelungen heute neben Arbeitnehmern auch Selbständige ein, jeweils mit Familienangehörigen. Sozialleistungen können entweder steuer- oder beitragsfinanziert sein. Wo Beiträge geschuldet werden, kann es wieder zum Erfordernis grenzüberschreitender Durchsetzung der Beitragsansprüche kommen. Das Problem grenzüberschreitender Geltendmachung droht aber nicht nur im Hinblick auf Beitragsforderungen, sondern auch bezüglich erstens der Rückforderung von unberechtigt empfangenen Leistungen und zweitens im Regreßfall gegenüber Dritten.

Art. 92 der Verordnung 1408/71 und Art. 109 und 116 der Durchführungsverordnung 574/72 EWG regeln die Beitragseinziehung und Leistungsrückforderung im Gebiet eines anderen Mitgliedsstaates.[581] Nach besagtem Art. 92 richtet sich die grenzüberschreitende Durchsetzung, gleich den einschlägigen Regelungen in Doppelbesteuerungsabkommen, nach dem Recht des Vollstreckungsziellandes. Vollstreckungsbezogene Einwendungen sind also dort zu erheben, hin-

---

577 vgl. Art. 48 Abs. 2 EGV: „(Die Freizügigkeit der Arbeitnehmer) *umfaßt die Abschaffung jeder auf der Staatsangehörigkeit beruhenden unterschiedlichen Behandlung der Arbeitnehmer der Mitgliedstaaten in bezug auf Beschäftigung, Entlohnung und sonstige Arbeitsbedingungen*“

578 vgl. Schulte in Fuchs, I.A., Rn. 11

579 vgl. Schulte in Fuchs, I.A., Rn. 1 ff.

580 vgl. Schulte in Fuchs, I.A., Rn. 8

581 Art. 92 Abs. 1 VO 1408/71: "*Beiträge, die einem Träger eines Mitgliedsstaates geschuldet werden, können im Gebiet eines anderen Mitgliedsstaates nach dem Verwaltungsverfahren und mit den Sicherungen und Vorrechten eingezogen werden, die für die Einziehung der dem entsprechenden Träger des zweiten Staates geschuldeten Beiträge gelten.*"; Art. 110 VO 542/72: "*Beabsichtigt der Träger eines Mitgliedsstaates, der Leistungen erbracht hat, einen Erstattungsanspruch gegenüber einer Person geltend zu machen, die diese Leistungen zu Unrecht bezogen hat, so leistet der Träger des Wohnortes dieser Person (...) dem erstgenannten Träger Hilfe.*"; Die Art. 111 ff. VO 547/92 regeln ferner die Rückerstattung durch Einbehalt eines Trägers eines anderen Staates und die Risikoverteilung bei der Durchsetzung von Rückforderungsansprüchen

gegen solche gegen den Grund des Anspruches mittels der im Ursprungsland vorgesehenen Rechtsmittel.[582]

Art 93 VO 1408/71 EWG regelt schließlich Fragen des Rückgriffes auf Dritte,[583] wenn es neben dem leistungsverpflichteten Sozialversicherungsträger auch zivilrechtlich Haftende gibt.[584] Dabei kommt es bei diesen Überschneidungen von Sozial- und Zivilrecht für die grenzüberschreitende Durchsetzbarkeit nicht darauf an, ob es sich nach dem Recht des den Anspruch erhebenden Trägers um einen vom Leistungsempfänger gesetzlich übergegangenen Anspruch handelt, oder ob der Träger einen unmittelbaren Anspruch geltend macht, Art. 93 Abs. 1 VO 1408/71 EWG. Denn die Regelungstechniken zur Durchsetzung des legitimen Ausgleichsinteresses des Trägers unterscheiden sich, das Ausgleichsinteresse hingegen deckt sich. Die Fragen der Einordnung solcher Regreßansprüche als zivil- oder öffentlich-rechtlich, und damit im Grundsatz als grenzüberschreitend durchsetzbar oder nicht, wurden im autonomen Recht widersprüchlich gehandhabt und kontrovers diskutiert.[585] Art. 93 der Verordnung ist Kollisionsnorm, nach welcher das Sozialleistungsstatut auch über das Ob und Wie des Übergangs einer privatrechtlichen Forderung des Sozialleistungsberechtigten auf den Sozialleistungsträger entscheidet,[586] wobei die grenzüberschreitende Eintreibbarkeit aber eben davon nicht abhängt.

Durch die Verordnung der Europäischen Gemeinschaften Nr. 1408/71 EWG haben die meisten bilateralen Abkommen zwischen den Mitgliedstaaten ihre Bedeutung verloren.[587]

Bei der auf vertraglicher Grundlage zu gewährenden Amtshilfe deutscher Sozialversicherungsträger werden die allgemeinen Amtshilfevorschriften §§ 3 – 7 SGB X und § 5 SGG herangezogen.[588]

h. Weitere Europa-einheitlichen Rechtsgrundlagen für die grenzüberschreitende Beitreibung öffentlich-rechtlicher Forderungen gibt es nicht.

i. Mit den Vereinigten Staaten besteht neben dem bereits genannten Doppelbesteuerungsabkommen[589] für den Bereich der Rentenversicherung das Ab-

---

582 vgl. Eichenhofer in Fuchs, I.92, Rn. 11

583 Vgl. Frank in von Maydell/Ruland, Kap. 33, Rn. 120, S. 1564 f.

584 Eichenhofer in Fuchs, I.93, Rn. 1

585 Roloff, S. 44 ff.; vgl. Trunk, S. 202, Fn. 444

586 Eichenhofer in Fuchs, I.93, Rn. 3

587 vgl. Art. 6 VO 1408/71 EWG

588 von Frank in von Maydell/Ruland, Kap. 33, Rn. 124, S. 1607

589 s.o., Fn. 553

kommen vom 7.1.1976.[590] In Art. 10 ff, insb. Art. 11 Abs. 2 des Abkommens ist ausdrücklich die grenzüberschreitende Beitreibung geregelt.[591]

k. Der "Vertrag über die gegenseitige Unterstützung ihrer Zollverwaltungen" zwischen Deutschland und Spanien vom 27.11.1969[592], sieht keine Vollstreckungshilfe vor; dasselbe gilt für das Übereinkommen zwischen der Bundesrepublik, Belgien, Frankreich, Italien, Luxemburg und der Niederlande vom 7.9.1967 über gegenseitige Unterstützung ihrer Zollverwaltungen.[593]

3. Zusammenfassend: Es bietet sich kein einheitliches Bild. Europaintern sind sämtliche sozialversicherungsrechtlichen Ansprüche grenzüberschreitend durchsetzbar. Der Grundsatz der Nichtdurchsetzbarkeit ist insoweit suspendiert. Im Verhältnis zu den USA gibt es in diesem Bereich nur eine Regelung für die Rentenversicherung. Bei den Steuern ist im Verhältnis zu Frankreich der Bereich der Körperschafts-, Gewerbe-, Vermögens- und Grundsteuer abgedeckt und insbesondere auch der Mehrwertsteuer. Es fehlt die Einkommenssteuer. Die Mehrwertsteuer ist, weil die grenzüberschreitende Beitreibung EU-weit vereinheitlicht wurde, auch im Verhältnis zu England beitreibbar. Im Verhältnis zu England sind also vor allem die direkten Steuern vom Grundsatz der Nichtdurchsetzbarkeit betroffen, neben allen sonstigen öffentlich-rechtlichen Ansprüchen jenseits von Steuer- und Sozialversicherungswesen, für die es keinerlei Regelungen gibt. Mit den USA hat man sich auf Hilfe bei Körperschafts-, Einkommens-, Gewerbe-, Vermögens- und Grundsteuer sowie auf besagtes Rentenabkommen geeinigt.

Der Grundsatz der Nichtdurchsetzbarkeit gilt also nur noch eingeschränkt. Die Einschränkungen sind sehr uneinheitlich, aber in manchen Bereichen sehr weitgehend.

---

590 i.d.F. des Zusatzabkommens vom 2.10.1986, BGBl. 1976 II 1358 und 1988 II 83; Durchführungsverordnung: BGBl. 1979 II 567 und 1988 II 86; Anwendungsbereich gem. Art. 2 Abs. 1 sind die Rentenversicherungen betreffenden Rechtsvorschriften

591 Art. 11: "*(1) Die nach den Rechtsvorschriften des einen Vertragsstaates vollstreckbaren Entscheidungen der Gerichte und Bescheide der zuständigen Behörde oder eines Trägers dieses Vertragsstaates, die die Anwendung der Rechtsvorschriften dieses Vertragsstaates betreffen, werden vom anderen Vertragsstaat anerkannt. Die Anerkennung kann versagt werden, wenn die Entscheidung oder der Bescheid der öffentlichen Ordnung einschließlich der Erfordernisse eines ordentlichen Verfahrens widerspricht. (2) Die in Abs. 1 genannten Entscheidungen und Bescheide werden im Hoheitsgebiet des Vertragsstaates, in dem sie anerkannt werden, nach den in Artikel 2 Absatz 1 genannten Rechtsvorschriften vollstreckt*"

592 BGBl. II 1971, 93

593 BGBl. II 1969, 65

VI. Bedeutung der Rechtsgrundlagen im Insolvenzfalle

1. Grundsätzliches

Die Abkommen und sonstigen Rechtsgrundlagen regeln nicht den Fall der Insolvenz des Schuldners. Mit Ausnahme von Art. 19 Abs. 3 DÖKV erlaubt keine der existenten Rechtsgrundlagen zur grenzüberschreitenden Durchsetzung öffentlich-rechtlicher Forderungen ausdrücklich, die Forderungen unmittelbar grenzüberschreitend zur Tabelle anzumelden.

Lüer nennt es aber angesichts der bestehenden Vollstreckungshilfe-Rechtsgrundlagen einen Irrtum, anzunehmen, insbesondere ausländische Steuerforderungen seien grundsätzlich bei Insolvenz im Inland nicht verfahrensbeteiligt. Wo entsprechende Rechtshilfevereinbarungen getroffen sind, sei auch die Verfahrensteilnahme nicht zu versagen.[594]

Das ist richtig.

Die grundsätzliche Zulassung der Verfahrensteilnahme im Rahmen der Anwendungsbereiche bestehender Rechtshilfevereinbarungen ist bereits daraus zu schließen, daß einige der Verträge die Anwendung von Bevorrechtigungen, die nach dem nationalen Recht des ersuchten Staates bestehen, auf ausländische öffentlich-rechtliche Forderungen gleicher Art ausdrücklich ausschließen.[595] Dieser Ausschluß ist nur sinnvoll, wenn im Umkehrschluß die bloße Teilnahme nicht verwehrt wird. Die Versagung von Vorrechten wäre überflüssig, dürften die betreffenden Forderungen an Insolvenzverfahren bereits nicht teilnehmen.

In diesem Sinne geht auch das Merkblatt des Bundesfinanzministers vom 14.4.1987 zur zwischenstaatlichen Amtshilfe bei der Steuererhebung (Beitreibung)[596] für den jeweiligen Anwendungsbereich der Beitreibungshilferegelun-

---

594 Lüer in Stoll, Stellungnahmen und Gutachten, S. 123

595 So vor allem § 6 des Gesetzes zur Durchführung der EG-Beitreibungsrichtlinie, BGBl. I 1979, 1429 auf der Grundlage von Artikel 10 der Beitreibungsrichtlinie RL 76/308/EWG, ABl L 73/18; ferner Ziffer 7 des Schlußprotokolls zum Rechtshilfeabkommen in Steuersachen zwischen Deutschland und Finnland von 1935, RGBl. II 1936, 44; Ziffer 5 des Schlußprotokolls zum Rechtshilfeabkommen in Steuersachen zwischen Deutschland und Italien von 1939, RGBl. II 1939, 129; Art. 27 Abs. 2 S. 2 Hs. 1 Doppelbesteuerungsabkommen zwischen Deutschland und Belgien von 1958, BGBl. II, 42 f.; Art. 2 Abs. 2 S. 2 des Zusatzprotokolls vom 13.3.1980, BGBl 1980 II, 1151 zum Doppelbesteuerungsübereinkommen zwischen Deutschland und den Niederlanden vom 16.6.1959, BGBl. II 1960, 1781; Art. 27 Abs. 3 S. 3 des Doppelbesteuerungsabkommens zwischen Deutschland und Norwegen, BGBl. II 1993, 972; Art. 32 Abs. 5 des Doppelbesteuerungsabkommens zwischen Deutschland und Schweden, BGBl. II 1994, 687; Art. 33 Abs. 5 des Doppelbesteuerungsabkommens zwischen Deutschland und Dänemark, BGBl. II 1996, 2566

596 BStBl. I 1987, 402

gen ohne weiteres von einem - vorrechtslosen - Teilnahmerecht ausländischer Steuerforderungen an inländischen Konkursverfahren aus.[597]

Darüber hinaus sind im übrigen Konkursverfahren allein im Schriftwechsel Deutschlands an Schweden vom 14.5.1935[598] anläßlich des am selben Tage unterzeichneten Vertrages über Amts- und Rechtshilfe in Steuersachen[599] ausdrücklich angesprochen:

> "Zur Durchführung von Steueransprüchen im Wege der Amts- und Rechtshilfe wird ein Antrag auf Eröffnung des Konkursverfahrens nicht gestellt, wenn nicht die oberste Finanzverwaltungsbehörde des ersuchten Staates sich auf Antrag der entsprechenden Behörde des ersuchenden Staates ausdrücklich damit einverstanden erklärt."

Auch diese Formulierung bestätigt, daß im Rahmen der Durchführung von Rechtshilfeabkommen zur Eintreibung öffentlich-rechtlicher Forderungen Insolvenzverfahren grundsätzlich zum Repertoire der Verfolgungsmethoden zählen und daß die unter das Abkommen fallenden Ansprüche des ersuchenden Staates grundsätzlich an einem solchen Insolvenzverfahren teilnehmen können. Der vorerwähnte Deutsch-schwedische Schriftwechsel[600] ist allerdings im Lichte des 1935 geltenden streng territorialen Internationalen Insolvenzrechts zu sehen.

2. Mittelbare Anmeldung

Da die Rechtshilfemaßnahmen immer nach nationalem Recht des *ersuchten* Staates vorgenommen werden, ändert der Eintritt einer Insolvenz nichts an den Zuständigkeiten. Die Beitreibung erfolgt durch die Behörden des *ersuchten* Staates. Auf der Grundlage von Rechtshilfevereinbarungen wird daher auch ein Insolvenzantrag mangels anderslautender Regelungen keinesfalls vom ausländischen Gläubiger direkt gestellt werden können.[601] Das gleiche wird auch für die Anmeldung zu gelten haben, wenn es durch Antrag Dritter, sei es des Schuldners, sei es anderer Gläubiger, zur Eröffnung eines Insolvenzverfahrens kommt.[602]

3. Neue Widersprüchlichkeiten, Drittstaatenproblematik

Der Grundsatz der Nichtteilnahme gilt universal, seine Ausnahmen nicht. Die beschriebenen Rechtsgrundlagen, welche die grenzüberschreitende Beitreibung

---

597 Anm. 3.2.4. des Merkblattes, a.a.O., Fn. 596

598 RGBl. II 1935, 875

599 RGBl. II 1935, 866

600 s.o., Fn. 598

601 insoweit mißverständlich Mankowski, ZIP 1996, S. 1354 f.

602 so auch Carl, S. 219

erlauben, gelten nur zwischen den jeweiligen Vertragsstaaten und teilweise zwischen den Mitgliedern der Europäischen Union. Auf ihrer Grundlage wird die Anmeldung im Verfahren möglich. An dem Umstand, daß das Verfahren, in dem sodann angemeldet werden kann, selbst universale Wirkung begehrt, ändert sich nichts. Ein Drittstaat, auf den sich die Rechtsgrundlage nicht bezieht, in dem aber Schuldnervermögen belegen ist, sieht sich als Konsequenz nicht bloß dem Anspruch auf Haftungsrealisierung zugunsten von Forderungen aus öffentlichem Recht des Verfahrensstaates (nebst allen weiteren Gläubigern) ausgesetzt, sondern zusätzlich zugunsten solcher aus dem Recht des weiteren Staates, der im Verfahrensstaat anmelden darf. Streng genommen müßte es hier einer Ausnahmeregelung zum Grundsatz der Nichtdurchsetzbarkeit, also einer Anspruchsgrundlage zur grenzüberschreitenden Beitreibung im Verhältnis des Drittstaates zum grenzüberschreitend anmeldenden Gläubigerstaat bedürfen. Fehlt sie, läge in erfolgreicher Realisierung der international-insolvenzrechtlichen Universalität wieder ein Verstoß gegen den Grundsatz der Nichtdurchsetzbarkeit: Die Wirkungserstreckung durch die Anerkennung des Verfahrens im Drittstaat führt zur Haftung des dort belegenen Schuldnervermögens zugunsten der öffentlichen Hand des Gläubigerstaates. Eine etwaige Rechtsgrundlage zur Beitreibungshilfe im Verhältnis des Verfahrensstaats zum Vermögensbelegenheitsstaat ist als solche jedenfalls nicht dafür bestimmt, die Beitreibung von Forderungen aus öffentlichem Recht des Gläubigerstaates abzudecken.

Es ergeben sich zwei Konsequenzen: Erstens ändern die beschriebenen Rechtsgrundlagen als Ausnahmen vom Grundsatz der Nichtdurchsetzbarkeit regelmäßig nichts am Problem seiner Kollision mit dem Universalitätsprinzips, weil sie gerade nicht universal gelten. Es bleibt insoweit bei den Problemen im Bereich der Anerkennung. Zweitens werden diese Probleme u.U. sogar vermehrt, weil der vom Verfahrensstaat um Anerkennung ersuchte Vermögensbelegenheitsstaat nicht nur mit der Teilnahme öffentlich-rechtlicher Forderungen des Verfahrensstaates konfrontiert ist, sondern mit weiteren aus Drittstaaten, was die Diskriminierung gleichartiger inländischer Forderungen noch gravierender erscheinen läßt.

Die bestehenden Rechtsgrundlagen zeigen, daß die grenzüberschreitende Beitreibung offenkundig lediglich vom Willen der Gesetzgeber des Vermögensbelegenheitsortes abhängt.[603] *De lege lata* müßten die Verwalter folglich jeweils prüfen, ob für die angemeldete Forderung eine Rechtsgrundlage zur grenzüberschreitenden Beitreibung im Verhältnis Gläubigerstaat – Forumstaat gegeben ist.

---

603 so auch Roloff, S. 182

V. Zwischenergebnis

Die heute gegebene Situation hinsichtlich der grenzüberschreitenden Durchsetzbarkeit öffentlich-rechtlicher Forderungen kollidiert mit dem international-insolvenzrechtlichen Grundsatz der Universalität. Daraus resultiert zunächst eine evidente Gleichbehandlungswidrigkeit, mit den beschriebenen Konsequenzen für die grenzüberschreitende Insolvenzbewältigung im Ganzen.

Universal wirkende Verfahren zielen darauf ab, grundsätzlich alles Vermögen dem individuellen Zugriff zu entziehen, mithin auch jenen Teil, den prinzipiell – vom Grundsatz her rechtsvergleichend einheitlich – die öffentliche Hand als Haftungsgrundlage nur erreichen kann, nämlich das jeweilige Inlandsvermögen. Damit drohen öffentlich-rechtliche Forderungen, die nicht aus dem öffentlichen Recht des Insolvenzverfahrens-Forums stammen, jede Haftungsgrundlage zu verlieren. Die Wirkung des Grundsatzes der Nichtteilnahme geht damit im Falle grenzüberschreitender Insolvenz über das hinaus, was mit der Nichtdurchsetzbarkeit bezweckt ist. Der Entzug auch der im Inland belegenen Haftungsgrundlage ist vom Grundsatz der Nichtdurchsetzbarkeit nicht gedeckt. Die jeweilige öffentliche Hand kann sich nur wehren, indem sie die Wirkungserstreckung des ausländischen Insolvenzverfahrens im Inland angreift oder – nach Möglichkeit – ein Parallelverfahren anstrengt.

Soweit Rechtsgrundlagen für die grenzüberschreitende Teilnahme öffentlich-rechtlicher Forderungen bestehen, lösen diese die Widersprüche zum Internationalen Insolvenzrecht nicht auf. Rechtsgrundlagen bestehen für einen weitestgehend beliebigen, historisch gewachsenen Teil aller denkbaren öffentlich-rechtlichen Ansprüche, rechtsvergleichend ohne erkennbare Systematik. Die Situation gleicht insoweit einem Flickenteppich. Vor allem aber sind alle Rechtsgrundlagen bilateraler Natur, mit Ausnahme derjenigen auf europarechtlicher Grundlage. International-insolvenzrechtlich muß es also zu Situationen kommen, in welchen der Verfahrensstaat sich anschickt, Vermögen aus anderen Staaten der dortigen öffentlichen Hand als Haftungsgrundlage zu entziehen, aber zur Haftungsrealisierung nicht nur zugunsten des eigenen Staates, sondern auch zugunsten der durch Beitreibungshilfeverträge verbundenen Staaten zu verwenden.

Im geltenden Internationalen Insolvenzrecht stehen Lösungen für die aufgezeigte Problematik nicht zur Verfügung. Insbesondere im Verfahrensstaat wird das Beschriebene regelmäßig ignoriert. Die Lösung erfolgt im Rahmen der Anerkennungsentscheidung, mit den beschriebenen Gefahren für die Realisierung universaler *par condicio creditorum*.

Zum gegenwärtigen Zeitpunkt ist allerdings *insoweit* Gleichlauf zwischen Individualrechtsverfolgung und Insolvenz gegeben, als diejenigen Ansprüche, die grenzüberschreitend beigetrieben werden können, auch grenzüberschreitend in Insolvenzverfahren angemeldet werden können. Dieser Gleichlauf gilt auch für das prozedurale Vorgehen. Der Gläubiger hat sich grundsätzlich an die Behörden des Vollstreckungszielstaates zu wenden, die nach ihren Verfahrensregeln Hilfe leisten. Auch die Insolvenzteilnahme erfolgt auf diesem Weg. Bei aus bilateralen Rechtshilfevereinbarungen resultierenden Teilnahmemöglichkeiten kann mangels entsprechender Regelung grundsätzlich keine direkte Anmeldung zur Tabelle durch den Gläubigerstaat erfolgen.

Im Ergebnis gilt, daß Forderungen aus öffentlichem Recht ein echtes und nachhaltiges Hindernis für die Bewältigung grenzüberschreitender Insolvenzen und die Erreichung universaler *par condicio creditorum* darstellen und dass die Ursache dafür allein im Grenzübertritt des Sachverhaltes liegt.

C. Die Lösung nach der EuInsVO

I. Einleitung, UNCITRAL-Mustergesetz

Es gibt bisher multilateral keine spezifischen Regelungen bezogen auf die grenzüberschreitende Teilnahme öffentlich-rechtlicher Ansprüche an Insolvenzverfahren. Einzige Ausnahme hierzu bildet der Deutsch-Österreichische Konkursvertrag von 1979.[604] Dieser Vertrag sieht in Art. 19 Abs. 3 erstens die Vorwegbefriedigung von privilegierten "Steuern, Zöllen, Gebühren und anderen öffentlich-rechtlichen Ansprüchen" nach der *lex causae* vor, beschränkt auf das im Ursprungsland der Forderung belegene Vermögen, und zweitens, soweit letzteres unzureichend ist, die Verfahrensteilnahme als gewöhnliche Konkursforderung:

> "Steuern, Zölle, Gebühren und andere öffentlich-rechtliche Ansprüche sind nach dem Recht des Vertragsstaates, in dem sie entstanden sind, bis zur Höhe des Wertes des dort belegenen Vermögens aus der Konkursmasse vorzugsweise zu berichtigen. Wenn diese Ansprüche so nicht vollständig berichtigt werden, ist die Restforderung bei der Verteilung der übrigen Konkursmasse als nicht bevorrechtigte Konkursforderung zu behandeln." [605]

Der Vertrag sieht als einziger die grenzüberschreitende Teilnahme öffentlich-rechtlicher Forderungen im deutsch-österreichischen Verhältnis also ausdrücklich vor. Er korrespondiert indessen mit weiteren Verträgen zur Rechtshilfe im Wege der Individualvollstreckung.[606]

---

604 s.o., 1. Kapitel, C. II., S. 46

605 Ansprüche mit Strafcharakter sind in Art. 19 Abs. 3 aber ausgenommen: "*dies gilt für dem Staat oder anderen juristischen Personen des öffentlichen Rechts zufließenden Geldstrafen, Geldbußen, Ordnungsstrafen, Ordnungs- und Zwangsgelder sowie für ähnliche Ansprüche selbst dann nicht, wenn sie nach dem Recht des Vertragsstaates, in dem sie entstanden sind, im Konkursverfahren geltend gemacht werden können.*"

606 dazu s.o., 3. Kapitel, B. V. 2. e., S. 134

Neuere Entwicklungen, namentlich die EuInsVO und das UNCITRAL-Mustergesetz, sprechen das Schicksal von Steuer- und Sozialversicherungsansprüchen an, wenngleich auf sehr unterschiedliche Weise.

Bevor im Einzelnen die interessantere Regelung des Art. 39 EuInsVO betrachtet wird, die am 31.5.2002 in Kraft treten wird, zunächst kurz zum UNCITRAL-Mustergesetz:

Ein Modellgesetz unterscheidet sich von einer zum Beitritt offenen multilateralen Konvention darin, daß es von den an seiner Übernahme interessierten Staaten ohne weiteres modifiziert werden kann. Dem Rechnung tragend, bietet bereits das Modellgesetz selbst zu bestimmten Regelungen Alternativvorschläge an. So verhält es sich mit dem hier relevanten Art. 13 Abs. 2.

Art. 13 des Modellgesetzes offeriert zwei Varianten eines Absatzes 2, von denen die zweite ausländische Fiskal- und Sozialversicherungsansprüche ausdrücklich von dem Verbot der Gläubigerdiskriminierung ausnimmt:[607]

> "Article 13
>
> Access of foreign creditors to a proceeding under [identify laws of the enacting State relating to insolvency]
>
> (1) Subject to paragraph (2) of this article, foreign creditors have the same rights regarding the commencement of, and participation in, a proceeding under [*identify laws of the enacting State relating to insolvency*] as creditors in this State.
>
> (2) Paragraph (1) of this article does not affect the ranking of claims in a proceeding under [*identify laws of the enacting State relating to insolvency*], except that the claims of foreign creditors shall not be ranked lower than [*identify the class of general non-preference claims, while providing that a foreign claim is to be ranked lower than the general non-preference claims if an equivalent local claim (e.g. claim for a penalty or deferred-payment claim) has a rank lower than the general non-preference claims*].b
>
> > b The enacting State may wish to consider the following alternative wording to replace article 13 (2):
>
> (2) Paragraph (1) of this article does not affect the ranking of claims in a proceeding under [*identify laws of the enacting State relating to insolvency*] or the exclusion of foreign tax and social security claims from such a proceeding. Nevertheless, the claims of foreign creditors other than those concerning tax and social security obligations shall not be ranked lower than [*identify the class of general non-preference claims, while providing that a foreign claim is to be ranked lower than the general non-preference claims if an equivalent lo-*

---

607 Benning/Wehling, EuZW 1997, S. 618. 620

cal claim (e.g. claim for a penalty or deferred-payment claim) has a rank lower than the general non-preference claims]."

Art. 13 Abs. 1 gibt jedem ausländischen Gläubiger das Recht zur Teilnahme in gleicher Weise wie ein inländischer Gläubiger. In der ersten zweier optionaler Varianten macht Abs. 2 nur Ausnahmen in Bezug auf Vorrechte, nicht aber bezüglich des Teilnahmerechts bestimmter Kategorien von Gläubigern. Fraglich ist, ob dies dahingehend zu interpretieren wäre, daß tatsächlich *alle* Gläubiger teilnahmeberechtigt sein sollen, also auch alle Inhaber von Forderungen aus öffentlichem Recht, oder ob dies nur für jene Gläubiger gilt, die nicht bereits aus anderem Grund ohnehin an der Teilnahme gehindert sind, etwa durch den der insolvenzrechtlichen Gleichstellungsnorm vorgehenden allgemeinen Grundsatz der Nichtdurchsetzbarkeit von Forderungen aus öffentlichem Recht.[608]

Da es sich um ein zur Adaption in nationales Recht angebotenes Mustergesetz handelt, können sein Wortlaut und der Wille seiner Schöpfer die Frage nicht beantworten. Ermittelt werden kann nur, welchen Spielraum die Schöpfer des Mustergesetzes der Norm lassen wollten, d.h. welche Reichweite sie zur Übernahme in nationales Recht anregen. Entscheidend ist, welche Bedeutung der Vorschrift vom nationalen Gesetzgeber beigemessen werden würde.

Rückschlüsse auf die gewünschte Reichweite des Art. 13 Abs. 1 könnten aus der optionalen zweiten Version des Art. 13 Abs. 2 zu ziehen sein. Sie statuiert ausdrücklich, daß Abs. 1 den Ausschluß von ausländischen Steuer- und Sozialversicherungsansprüchen nicht berührt. Insoweit respektiert das Mustergesetz den Grundsatz der Nichtdurchsetzbarkeit also ausdrücklich.

Aus dem Umstand, daß diese Regelung optional vorgeschlagen wird, könnte der Schluß zu ziehen sein, daß nach dem Willen des Mustergesetz-Textes bei Verzicht auf die Übernahme dieser Option ausländische Steuer- und Sozialversicherungsbeiträge nicht zurückzuweisen sein sollen. Es ist jedoch auch denkbar, daß die Schöpfer des Mustergesetzes mit der optionalen Version des Abs. 2 zu Art. 13 nur vorbeugend dem möglichen Klarstellungsbedürfnis mancher Rechtsordnung entgegen kommen wollten, um dieser die Möglichkeit einzuräumen, Zweifel an der Reichweite des Gleichstellungsgrundsatzes aus Abs. 1 von vornherein auszuschließen.

Aus dem Charakter des Mustergesetzes ergibt sich schließlich der dritte mögliche Ansatz: Seine Schöpfer haben sich in diesem Punkte insgesamt nicht festgelegt und es bewußt den Interessenten an einer Übernahme des Mustergesetzes überlassen, hinsichtlich des Teilnahmerechts ausländischer öffentlich-rechtlicher Forderungen eine eigene Entscheidung zu treffen.

---

[608] s.u., Fn. 616

Der *Guide to Enactment*[609] äußert sich allein in Anm. 105:

> „The alternative provision in the footnote differs from the provision in the text only in that it provides wording for States that refuse to recognize foreign tax and social security claims to continue to discriminate against such claims."

Der alternative Vorschlag, so heißt es dort, ermöglicht jenen Staaten, die ausländische Steuer- und Sozialversicherungsansprüche nicht anerkennen, an dieser Diskriminierung festzuhalten. Daraus folgt, daß die Schöpfer es im Umkehrschluß jedenfalls nicht für unmöglich hielten, daß es Staaten gibt, die *nicht* auf den Grundsatz beharren. Mehr läßt sich indessen nicht daraus schließen.

Ebenso wie der Wortlaut der EuInsVO äußert sich das UNCITRAL-Mustergesetz lediglich zu Steuer- und Sozialversicherungsansprüchen. Andere Kategorien von Forderungen aus öffentlichem Recht werden nicht erwähnt.

Zusammenfassend zum UNCITRAL-Mustergesetz: Das Mustergesetz regt auch in der fortschrittlicheren ersten Variante des Art. 13 Abs. 2 nicht ausdrücklich zur Zulassung der Teilnahme von Forderungen aus ausländischem öffentlichen Recht an. Es verhält sich in diesem Punkte neutral. Das Mustergesetz schlägt gleichwohl in der zweiten Variante des Art. 13 Abs. 2 ein ausdrückliches Festhalten an dem Grundsatz der Nichtdurchsetzbarkeit vor. Obendrein dürfte damit zu rechnen sein, daß Gesetzgeber, welche die Übernahme des Mustergesetzes in Betracht ziehen, bezüglich dieses Punktes Gegenseitigkeitserwägungen anstellen werden.

Im Ergebnis ist nach alledem das Mustergesetz nicht geeignet, einer Weiterentwicklung des Internationalen Insolvenzrechtes in diesem Punkte in Form einer Zurückdrängung des Grundsatzes der Nichtteilnahme zu dienen.

II. Art. 39 EuInsVO

1. Inhalt, Allgemeines

Der Wortlaut des Art. 39 EuInsVO lautet:

> "Jeder Gläubiger, der seinen gewöhnlichen Aufenthalt, Wohnsitz oder Sitz in einem anderen Mitgliedsstaat als dem Staat der Verfahrenseröffnung hat, einschließlich der Steuerbehörden und der Sozialversicherungsträger der Mitgliedsstaaten, kann seine Forderung in dem Insolvenzverfahren schriftlich anmelden."

Art. 39 EuInsVO wird mit seinem Inkrafttreten am 31.5.2002 erstmals den Grundsatz grenzüberschreitender Nichtdurchsetzbarkeit für den Insolvenzfall multilateral für eine begrenzte Zahl an Staaten und für einen weiten Bereich an Forderungen aus öffentlichem Recht ausdrücklich aufheben. Dies ist inhaltlich

---

[609] s.o., Fn. 293

eine große Neuerung gegenüber bisher geltendem Recht. Sie bringt auch eine prozedurale Neuerung mit sich, da besagte Gläubiger ihre Forderungen wie alle anderen Gläubiger *unmittelbar* anmelden können. Wie bereits dargelegt, ist dies bisher nicht möglich.

Im Gegensatz zum schließlich verabschiedeten Inhalt des Art. 39 erwähnte noch der Entwurf der Ad-hoc-Arbeitsgruppe zu einem EG-Konkursübereinkommen vom 3.4.1992[610] das Schicksal von Forderungen aus öffentlichem Recht mit keinem Wort.

In diesem Zusammenhang ist auch Art. 44 Abs. 3 des Entwurfs der Europäischen Gemeinschaften von 1980[611] zu nennen, der freilich nie Wirksamkeit erlangte:

> "Bei den anderen als zivil- oder handelsrechtlichen Forderungen, insbesondere bei Steuerforderungen und Forderungen der sozialen Sicherheit, können die Körperschaften, die Behörden und andere öffentlich-rechtliche Rechtsträger eines Vertragsstaates die ihnen nach dem Recht dieses Staates zustehenden Masseansprüche auf Berichtigung vor (...) Konkurseröffnung begründeter Forderungen oder aber allgemeine Vorrechte nur in Bezug auf das dort belegene Vermögen geltend machen. Soweit sie in diesem Staat nicht befriedigt worden sind, haben sie, ungeachtet dessen, ob ihre Forderungen bevorrechtigt sind oder nicht, in jedem anderen Vertragsstaat (...) eine nicht bevorrechtigte Forderung, sofern eine derartige Forderung in einem im Hoheitsgebiet ihres Staates eröffneten Konkurs, wenn sie dort entstanden wäre, hätte geltend gemacht werden können."

„Andere als zivil- oder handelsrechtliche Forderungen" sollten danach ebenfalls zur grenzüberschreitenden Verfahrensteilnahme berechtigt sein.[612] Der Entwurf sah zunächst die Bildung von Untermassen in jedem Staat vor, in dem zu verwertendes Vermögen belegen ist (Art. 43 Ziff. 1). Forderungen aus öffentlichem Recht sollten nach dem Entwurf die nach ihrem Heimatrecht bestehenden Bevorrechtigungen bezogen auf das dort belegene Vermögen in Anspruch nehmen können[613] und darüber hinaus grenzüberschreitend als nicht bevorrechtigte Forderung teilnehmen dürfen. Wie gesagt, es blieb beim Entwurf.

---

610 Document Nr. SN/1831 2/92 DRS (CFC)

611 Drucksache 111/D/72/80-DE, abgedruckt in KTS 1981, S: 167, 180; s.o., Fn. 268

612 Das Recht ausländischer Gläubiger zur Forderungsanmeldung als solches folgt aus Art. 31 Ziff. 2 des Entwurfes

613 Materiell ist die Regelung mit Art. 19 Abs. 3 DÖKV vergleichbar. Sie unterscheidet sich insoweit, als nach dem DÖKV der ausländische Verwalter insgesamt verfügt und die bevorrechtigten Forderungen befriedigt, hier jedoch die Vorabbefriedigung im Land der *lex causae* erfolgen sollte

2. Auslegung, Reichweite

Es ist fraglich, wie die EuInsVO im Hinblick auf das Teilnahmerecht von Forderungen auszulegen ist, die nicht von Steuer- oder Sozialversicherungsbehörden erhoben werden, gleichwohl aber öffentlich-rechtlich zu qualifizieren sind.

Der Wortlaut bietet Anhaltspunkte dafür, daß solche Forderungen teilnahmeberechtigt sind, als auch dafür, daß ihnen das nationale Recht die Teilnahme verwehren kann. Zunächst besagt Art. 39, daß alle Forderungen teilnahmeberechtigt sind. Demzufolge müßten auch alle Forderungen aus öffentlichem Recht darunter fallen. Andererseits gehörte der allgemeine Nichtteilnahmegrundsatz wie gezeigt zu den rechtlichen Rahmenbedingungen, die der Schaffung der EuInsVO[614] als Ausgangspunkt dienten. Als Konsequenz könnte anzunehmen sein, daß der Nichtteilnahmegrundsatz für Forderungen aus öffentlichem Recht nur insoweit abbedungen worden ist, als Kategorien öffentlich-rechtlicher Forderungen ausdrücklich benannt wurden. Andernfalls hätte auf die ausdrückliche Nennung bestimmter Kategorien gänzlich verzichtet werden können oder aber der Bereich der einzubeziehenden Forderungen aus öffentlichem Recht umfassender benannt werden können.

Für die letztgenannte Auslegung von Art. 39 EuInsVO spricht zunächst, daß etwa auch § 5 KO ausländische Gläubiger ohne jeglichen Anhaltspunkt für Differenzierungen den inländischen gleichstellt, ohne daß auf seiner Grundlage vom Nichtteilnahmegrundsatz abgelassen worden wäre. Das Gleiche gilt für die Insolvenzordnung, die den Grundsatz der Gleichstellung in- und ausländischer Gläubiger ebenso aufweist. Er ist ihr inhärent, weshalb auf die ausdrückliche Ausformulierung verzichtet wurde.[615] Der Nichtteilnahmegrundsatz wird als Ausprägung des allgemeinen Grundsatzes der Nichtdurchsetzbarkeit angesehen. Mißt man diesem eine der insolvenzrechtlichen Gleichstellung in- und ausländischer Gläubiger vorgehende Natur zu,[616] so erfaßt die Gleichstellung nur diejenigen Gläubiger, die eben teilnahmeberechtigt sind.

Für eine restriktive Auslegung spricht auch der Vergleich des Wortlautes mit jenem des Entwurfes von 1980. Soweit dort ausdrücklich von *„anderen öffentlich-rechtlichen Rechtsträgern"* gesprochen wird und eben von *„anderen als zivil und handelsrechtlichen Forderungen"*, ist eindeutig, daß dort alle öffentlich-rechtlichen Forderungen erfaßt werden sollten. Eine entsprechend weit gefaßte Formulierung wurde in der EuInsVO gerade nicht gewählt. *Virgós/Schmit*

---

614 bzw. des Übereinkommenstextes, den die Verordnung übernommen hat, s.o., Fn. 279

615 Mincke in Nerlich/Römermann, Art. 102, Rn. 36 m.w.N.; Kuhn/Uhlenbruck, § 5, Rn. 1

616 vgl. Habscheid, KTS 1996, S. 201, 204; Auch der obengenannte Standpunkt von Lüer, (Fn.594) baut auf solcher Auffassung auf

erläutern den mit Art. 39 EuInsVO identischen Art. 39 des Übereinkommensentwurfes zunächst dahingehend, daß der Eindeutigkeit halber klargestellt worden sei, daß das Recht auf Forderungsanmeldung auch für *Steuerbehörden* und *Sozialversicherungsträger* anderer Vertragsstaaten gelte.[617] Sie sind allerdings der Auffassung, die Anmeldung einer Forderung könne insgesamt nicht mit der Begründung zurückgewiesen werden, die Forderung unterliege dem *öffentlichen Recht* eines anderen Staates.[618] *Jeder* in einem Vertragsstaat ansässige Gläubiger könne seine Forderungen anmelden, ungeachtet seiner Nationalität[619] und ungeachtet des Charakters seiner Forderung.[620] Diese Auslegung, die jede Einschränkung des Rechts auf Teilnahme abzulehnen scheint, wird begründet mit dem im gemeinsamen Markt notwendigen Prinzip der Nichtdiskriminierung.[621] Dann wäre die restriktive Formulierung des Art. 39 wohl ein Redaktionsversehen. Warum das schon bisher herangezogene Prinzip der Nichtdiskriminierung nunmehr plötzlich *per se* geeignet ist, den bis dahin dennoch anerkannten Grundsatz der Nichtteilnahme abzubedingen, wird nicht ausgeführt. Wenn auch das Ergebnis wünschenswert ist, ist es *de lege lata* - unter universaler Anwendung des Grundsatzes der Nichtdurchsetzbarkeit - doch nur über ausdrückliche, den Grundsatz der Nichtdurchsetzbarkeit abbedingende zwischenstaatliche Regelungen zu erreichen, hier also nur, wenn Art. 39 EuInsVO solches hergibt.

Indessen spricht gegen eine solche enge Auslegung von Art. 39 EuInsVO, nach der tatsächlich nur Steuerbehörden und Sozialversicherungsträger grenzüberschreitend teilnahmeberechtigt sein sollen, vor allem, daß außer dem Wortlaut Anhaltspunkte für eine gezielt und gewollt nur eingeschränkte Durchbrechung des Grundsatzes der Nichtteilnahme nicht zu finden sind, sondern offenbar die gewählte Formulierung kurzfristig von den verhandelnden Staaten eingeführt wurde, möglicherweise ohne vorangegangene Detailbetrachtungen.[622] Das spräche ebenfalls für eine Redaktionsungenauigkeit. Es liegen auch keine Anhaltspunkte vor, daß Art. 39 bewußt auf der Formulierung des Entwurfs von 1980 aufbaute. Es ist auch in der Sache kein Grund dafür ersichtlich, hier Abgrenzungsfragen zwischen anmeldbaren und nicht anmeldbaren Forderungen entstehen zu lassen. Es spricht aus diesem Grund überwiegendes dafür, bei der Ausle-

---

617 Virgós/Schmit in Stoll, Vorschläge und Gutachten, S. 121, Anm. 265

618 Virgós/Schmit in Stoll, a.a.O., Fn. 617, S. 121, Anm. 266; Virgós in Forum Internationale 25, S. 25, Anm. 60

619 einschließlich der von Drittstaaten, Virgós in Forum Internationale 25, a.a.O., Fn. 618

620 sei er privater Gläubiger oder Steuer- oder Sozialversicherungsbehörde, Virgós in Forum Internationale, a.a.O., Fn. 618

621 Virgós in Forum Internationale, a.a.O., Fn. 618

622 so der Tenor eines Gespräches des Verfassers mit einem Verhandlungsteilnehmer aus dem BMJ am Rande des Kölner Insolvenzrechtskreises e.V. im Februar 1998

gung weniger am direkten Wortlaut zu haften, als vielmehr eine Sinn und Zweck der Regelung entsprechende, möglichst weitgehende Interpretation zu wählen.

Beim Wiederaufleben der Umsetzungsbemühungen des Übereinkommenstextes in Form des Verordnungsvorschlages ist der Inhalt nicht neu verhandelt worden. Hier hätte sich eine klarstellende Änderung des Wortlautes von Art. 39 dahingehend empfohlen, daß tatsächlich keine Forderungen von Gläubigern aus Mitgliedsstaaten mehr ihres öffentlich-rechtlichen Charakters wegen von der Teilnahme ausgeschlossen sein sollen.

3. Beurteilung

Die in der EuInsVO gewählte Lösung ist aus international-insolvenzrechtlicher Sicht sehr begrüßenswert, geht man von weiter Auslegung des Anwendungsbereiches aus. Die *de lege lata* bestehenden Hindernisse universaler Insolvenzbewältigung werden ebenso einfach wie wirkungsvoll ausgeräumt, indem ein überkommener Rechtsgrundsatz kurzerhand beseitigt wird. Bemerkenswert ist dabei, daß dies gleichsam beiläufig geschieht, offenbar ohne weitergehende Auseinandersetzung in der Sache.

Der eingeschlagene Weg ist uneingeschränkt positiv zu bewerten. Es gilt lediglich zu bedenken, daß die Vorgehensweise zu einer Diskrepanz zwischen Individualvollstreckungs- und Insolvenzrecht führt. Forderungen können grenzüberschreitend an Verfahren teilnehmen, obwohl sie in Abwesenheit eines Insolvenzverfahrens über die gleiche Grenze nicht verfolgt werden könnten, wenn sie nicht unter eine der heute schon gegebenen partiellen Regelungen über die grenzüberschreitende Beitreibbarkeit fallen. Es könnte dadurch zu einem sachfremden Interesse der betroffenen Gläubiger an der Insolvenzverfahrenseröffnung kommen. Dies ist aber kein Grund, der gegen die Regelung des Art. 39 EuInsVO spricht. Die Vorteile aus Sicht der Realisierung universaler Gläubigergleichbehandlung überwiegen die Nachteile, zumal vor Insolvenzeröffnung in voller Höhe in das Inlandsvermögen vollstreckt werden kann. Die Diskrepanz zum drohenden faktisch völligen Rechtsverlust im Insolvenzfalle bei Anwendung des Nichtteilnahmegrundsatzes ist gegenüber dem potentiellen Anreiz, eine grenzüberschreitende Verfolgbarkeit erst durch Insolvenzantragstellung herbeizuführen, nachteiliger zu bewerten. Im übrigen führt der Antrag selbst nicht zur Verfahrenseröffnung. Er ist nur der Auslöser zur Prüfung, ob die Eröffnungsvoraussetzungen vorliegen.

Die benannte Diskrepanz könnte vielmehr Anlaß bieten, auch außerhalb des Insolvenzrechts jedenfalls in Europa eine umfassende Regelung der Beitreibungshilfe in Abgabensachen zu treffen.

Art. 39 EuInsVO löst allerdings naturgemäß die problematischen international-insolvenzrechtlichen Konsequenzen des Nichtteilnahmegrundsatzes insoweit nicht, als ein Insolvenzverfahren Auslandsbezug über die Grenzen der Europäischen Union hinaus aufweist. Nach der Reichweite der EuInsVO und dem Wortlaut von Art. 39 wird öffentlich-rechtlichen Forderungen aus Nichtmitgliedsstaaten das Recht zur Anmeldung nicht eingeräumt. Wäre jenseits der Grenzen der Europäischen Union (z.B. in den Vereinigten Staaten) Schuldnervermögen belegen und würde innerhalb der Union ein unter das Übereinkommen fallendes Verfahren eröffnet, so würden sich sein universaler Wirkungsanspruch und der Grad seiner Durchsetzung im Verhältnis zu dem Drittstaat – unverändert – nach autonomem Internationalen Insolvenzrecht des Eröffnungsstaates richten. Hier würde sich für öffentlich-rechtliche Forderungen eine Situation ergeben, die derjenigen vergleichbar ist, die vorstehend für Drittstaaten angesichts bilateraler Beitreibungsregeln beschrieben wurde. Der Drittstaat sähe sich unter der EuInsVO – bei Nichtanmeldbarkeit seiner eigenen öffentlich-rechtlichen Ansprüche – dem Begehren ausgesetzt, das in seinem Inland belegene Schuldnervermögen zur Befriedigung *sämtlicher* angemeldeten öffentlich-rechtlichen Forderungen aus *sämtlichen* Staaten der Gemeinschaft einzusetzen. Das dürfte seiner Bereitschaft zu Anerkennung und Kooperation abträglich sein.

D. Grenzüberschreitende Teilnahme öffentlich-rechtlicher Forderungen an Insolvenzverfahren

Bisher ist allein die Frage nach dem Teilnahmerecht von öffentlich-rechtlichen Forderungen mit Blick auf die Konsequenzen der Nichtteilnahme für die Bewältigung grenzüberschreitender Insolvenzsachverhalte erörtert worden. Es ist dargestellt worden, daß das Außerachtlassen von Forderungen aus ausländischem öffentlichen Recht grenzüberschreitende Insolvenzbewältigung in Ablauf und Ergebnis stark beeinflussen kann und daß ein zwingender sachlicher Grund für ein solches Außerachtlassen nicht besteht. Die Realisierung grenzüberschreitender Verteilungsgerechtigkeit und die Beeinflußbarkeit des Verteilungsgesamtergebnisses sind jedoch nicht die einzigen im Zusammenhang grenzüberschreitender (Nicht)-Teilnahme von Forderungen aus öffentlichem Recht zu erörternden Aspekte. Soweit die grenzüberschreitende Anmeldung öffentlich-rechtlicher Forderungen *möglich* ist (bzw. zukünftig in Europa noch weitergehender möglich sein wird), die Abwicklung sodann nach nationalem Insolvenzrecht erfolgt, ist fraglich, welche Auswirkungen diese Teilnahme ausländischer öffentlich-rechtlicher Forderungen auf die Insolvenzbewältigung hat.[623]

623 Die Ausführungen sind in gleicher Weise für die Situation nach der EuInsVO als auch für den Einbezug ausländischer öffentlich-rechtlicher Forderungen auf der Grundlage von Rechtshilfevereinbarungen relevant.

I. Zuständigkeit für Feststellungsverfahren

Der Teilnahme einer Forderung am Verfahren und somit der Partizipation an der Verteilung geht die Entscheidung über ihre Berechtigung und Anerkennung zur Tabelle voraus. Wird die Forderung bestritten, bedarf es gerichtlicher Klärung. Bei ausländischen öffentlich-rechtlichen Forderungen stellt sich die Frage nach der gerichtlichen Zuständigkeit für den Feststellungsstreit.

1. Das Problem nach deutschem Recht

Die Trennung zwischen Privatrecht und öffentlichem Recht ist nicht rein materieller Natur, sondern setzt sich in der Systematik der Prozeßrechte fort. Gerichtsbarkeiten und Rechtswege sind vom Grundsatz her gemäß §§ 13 GVG, 40 VwGO systematisch getrennt. Die Trennung durchzieht auch das Vollstreckungsrecht.

Das Insolvenzrecht schafft demgegenüber eine Sondersituation: es hebt diese Trennung zum Vorteil einer Gesamtbereinigung auf.[624]

Zwar fassen Insolvenzverfahren als Gesamtverfahren die Behandlung aller Forderungen unter der Zuständigkeit des Insolvenzgerichtes zusammen, unabhängig vom materiellen Charakter der jeweiligen Rechtsgrundlagen. Allerdings ist diese einheitliche Zuständigkeit, die von der Situation im allgemeinen Verfahrens- und im Vollstreckungsrecht abweicht, auf die dem Insolvenzverfahren zuzurechnenden Aufgaben beschränkt. Dazu gehört nicht die Entscheidung über das Bestehen von Forderungen. Eine solche Entscheidung ist nur erforderlich - und im Hinblick auf die Sperrwirkung des Insolvenzverfahrens gegenüber individueller Rechtsverfolgung auch nur möglich -, wenn einer zur Tabelle angemeldeten Forderung widersprochen wird. Die Entscheidung ist sodann auf Feststellung gerichtet und erfolgt außerhalb des Konkursverfahrens.[625] Unterbleibt ein Widerspruch, d.h. sind sich alle Beteiligten (Konkursverwalter, Gläubiger, auch der Gemeinschuldner) über Bestehen und Umfang einer angemeldeten Forderung einig, so bedarf es keiner gerichtlichen Entscheidung als Voraussetzung für die Teilnahme dieser Forderung am Insolvenzverfahren. Kommt es zum Widerspruch, stellt sich die Frage nach dem für das Feststellungsverfahren zuständigen Entscheidungsträger.

Für auf deutsches Recht gestützte Forderungen ist diese Frage unproblematisch. Die ordentlichen Gerichte des Bezirks, in dem sich das Insolvenzgericht befin-

---

624 Habscheid, KTS 1996, S. 201; Nach neuem deutschem Recht gilt dies sogar für Geldstrafen, Geldbußen, Ordnungsgelder, Zwangsgelder und zu Geldzahlungen verpflichtende Straftat-Nebenfolgen, § 39 Abs. 1 Ziff. 3 InsO, die zwar gegenüber allen anderen Forderungen nachrangig sind, aber nach der KO überhaupt nicht teilnahmeberechtigt waren.

625 Baur/Stürner, Bd. 2, S. 306, Rn. 21.20

det, entscheiden als Prozeßgericht, § 180 Abs. 1 InsO (bzw. § 146 Abs. 2 S. 1 KO), soweit nicht eine gesonderte Zuständigkeit begründet ist. Nach § 185 InsO (bzw. § 146 Abs. 5 KO) bleibt es für Feststellungsbegehren über Forderungen, für die außerhalb des Insolvenzverfahrens ein besonderes Gericht, z.B. das Arbeitsgericht, Finanzgericht, Verwaltungsgericht oder eine (Sozial-, Finanz- oder Verwaltungs-) Behörde zuständig wäre, auch im Rahmen des Insolvenzverfahrens bei dieser besonderen Zuständigkeit.[626] Die Aufteilung der Zuständigkeiten orientiert sich an der Sachkompetenz der zur Entscheidung berufenen Stellen.[627] Die gerichtliche Überprüfung einer Forderung zum Zwecke ihrer Feststellung zur Tabelle findet also wieder in getrennten Bahnen gemäß der Grundstruktur unserer Rechtsordnung[628] statt. Es besteht keine Notwendigkeit, vom Prinzip der Sachnähe im Rahmen von Insolvenzverfahren Abstand zu nehmen.

Problematisch wird die Frage nach der Zuständigkeit für Feststellungsverfahren bei Insolvenzverfahren mit Auslandsbezug. Grundsätzlich folgt nach deutschem Internationalen Verfahrensrecht die Frage der internationalen Zuständigkeit analog den Regeln der örtlichen Zuständigkeit.[629] Wird mithin eine in einem inländischen Insolvenzverfahren angemeldete Forderung bestritten, so legt § 180 S. 2 InsO (bzw. § 146 Abs. 2 S. 2 KO) mit der örtlichen zugleich die internationale Zuständigkeit fest.[630] Das gilt grundsätzlich auch für ausländischem Recht unterliegende Forderungen.

Das ist insoweit problemlos, als es um zivilrechtliche Ansprüche geht. Im Zivil- und Zivilprozeßrecht ist es nicht nur unproblematisch, ein Gericht bei gegebener internationaler Zuständigkeit über eine dem Recht eines anderen Staates unterliegende Forderung judizieren zu lassen, sondern auf der Grundlage des Internationalen Privatrechts des Forums gewollt. § 3 Abs. 1 EGBGB bestimmt "bei Sachverhalten mit einer Verbindung zum Recht eines ausländischen Staates (...), welche Rechtsordnungen anzuwenden sind". Es ist das Wesen des Internationalen Privatrechts, das sich gerade an die inländischen Gerichte wendet, das sachnächste Recht zur Anwendung zu berufen. Es ist systemimmanent, daß Interna-

---

626 Baur/Stürner, a.a.O., Fn. 625; Kuhn/Uhlenbruck, § 146, Rn. 15.a.; Kilger/Schmidt, § 146 Anm. 2.c.; Die Sonderzuständigkeit gilt heute nach Rspr. und h.M. auch für Vorrechtsstreitigkeiten (die unter der InsO entfallen); BGH NJW 1973, S. 1077 f.; Spellenberg, Zum Gegenstand der Konkursfeststellungsverfahren, S. 104 ff.

627 Begründung RegE zu § 185 InsO in Kübler/Prütting, Bd. 1, S. 415

628 vgl. Schmidt, Detlef, S. 77

629 Arnold in Gottwald, Handbuch, § 122, Rn. 3, S. 1243; allgemein: in MüKo, ZPO, § 12 Rn. 64; Vollkommer in Zöller, § 1 Rn. 8 m.w.N.

630 Arnold in Gottwald, Handbuch, § 122, Rn. 115, S. 1272

tionale Zuständigkeit der zur Entscheidung berufenen Gerichte und die Entscheidung über das anzuwendende materielle Recht nicht gleichlaufen (müssen).

Das Gesagte gilt aber nicht gleichermaßen für Forderungen aus öffentlichem Recht. Die Territorialität öffentlichen Rechts führt dazu, daß sich inländische Gerichte mit ausländischem öffentlichen Recht als Rechtsgrundlage für vor ihnen geltend gemachte Ansprüche grundsätzlich nicht befassen.[631] Das gilt grundsätzlich für alle inländischen Entscheidungsträger. Inländische Behörden und die für sie zuständigen Gerichte sind nicht berufen, sich mit anderem zu befassen, als dem ihre Aufgaben bestimmenden inländischen Recht. Es gibt demgemäß auch keine Kollisionsregeln für unmittelbar auf ausländisches öffentliches Recht gestützte Ansprüche.[632]

Es ist also zu klären, wer in einem Insolvenzverfahren, in dem einer angemeldeten und teilnahmeberechtigten ausländischen Steuerforderung widersprochen wurde, über den Feststellungsstreit zu entscheiden hat.

Dem autonomen nationalen Recht ist dazu nichts zu entnehmen. Mangels gesetzlicher Regelung müßte sich jedes angerufene deutsche Gericht gemäß hergebrachter Rechtslage für unzuständig erklären. Es ist aber nicht vertretbar, teilnahmeberechtigte Gläubiger Widersprüchen rechtsschutzlos auszusetzen. Dadurch würde das Teilnahmerecht entwertet.

Fraglich ist, ob sich aus dem Internationalen Insolvenzrecht in Zusammenhang mit der jeweiligen Norm, die die Teilnahme erlaubt, etwas anderes ergibt. Ausdrückliche Regelungen sind mit Ausnahme des Art. 20 Abs. 4 DÖKV[633] auch hier nicht zu finden.

Die Rechtshilferegelungen in den verschiedenen Abkommen, die durchweg nicht unmittelbar auf Insolvenzsituationen zugeschnitten sind, trennen üblicherweise: Einwendungen gegen Vollstreckungsmaßnahmen sind, da letztere nach dem Recht des Vollstreckungsortes erfolgen, dort zu erheben. Einwendungen gegen den Anspruch selbst werden hingegen vor die zuständigen Stellen des

---

631 s.o., 3. Kapitel, B.I. & II., S. 116; Sonnenberger in MüKo, Bd. 10, IPR, Einl., Rn. 360 f.

632 Baade in Lipstein, Anm. 12-66; Sonnenberger in MüKo, Bd. 10, IPR, Einl., Rn. 357 f.; Vogel, Der räumliche Anwendungsbereich der Verwaltungsrechtsnorm, setzt sich umfänglich kritisch mit dem Territorialitätsprinzip und dem "internationalen Verwaltungsrecht" auseinander und gelangt zu einer verwaltungsrechtlichen "Feldtheorie", vgl. S. 1 f. und etwa S. 482 f., nimmt die Betrachtung der Anwendung ausländischen Verwaltungsrechts durch inländische Behörden und Gerichte aus dem Gegenstand seiner Untersuchung aber ausdrücklich aus, S. 4

633 Danach richtet sich die Zuständigkeit für Steuern, Zölle, Gebühren, Beiträge zur Sozialversicherung und andere öffentlich-rechtliche Forderungen nach dem Recht des Vertragsstaates, auf dessen Vorschriften die Ansprüche beruhen, s.o., 1. Kapitel, C. II., S. 48

Gläubigerstaates verwiesen.[634] Das geschieht entweder ausdrücklich,[635] oder – häufiger – implizit, indem die Vereinbarungen nur rechtskräftige Entscheidungen für der Rechtshilfe zugänglich erklären und im Falle von Rechtsmittelverfahren nur Sicherungsmaßnahmen erlauben.[636] Andere Vereinbarungen äußern sich gar nicht, z.B. das Deutsch-amerikanische Doppelbesteuerungsabkommen.[637]

Da die Rechtshilferegelungen auch die Rechtsgrundlage für die grenzüberschreitende Teilnahme an Insolvenzverfahren darstellen, kann mangels anderweitiger Regelung hier nichts anderes gelten: Es muß dann auch für Feststellungsbegehren im Rahmen von Insolvenzsituationen gelten, was sich aus den Verträgen ergibt. Danach entscheiden über die Begründetheit von Ansprüchen regelmäßig die zuständigen Stellen des Herkunftsstaates. Das gilt kraft ausdrücklicher Regelung, aber auch ohne eine solche, da es nicht nur für die Beitreibungsermächtigung, sondern auch zur Begründung von Zuständigkeiten zur Entscheidung in der Sache ausdrücklicher gesetzlicher Regelungen bedürfte. Dabei ist zu bedenken, daß die Kommunikation stets vom Verwalter über die inländischen für die Rechtshilfe zuständigen Behörden und von dort zu den zuständigen Behörden des ersuchenden Staates zu laufen hat. Das wird man zumindest als nur eingeschränkt praktikabel bezeichnen können.

2. Die Rechtslage nach der EuInsVO

Selbst die am 31.5.2002 in Kraft tretende EuInsVO erklärt die Ansprüche der Steuerbehörden und Sozialversicherungsträger in Art. 39 lediglich für anmeldbar. Die Zuständigkeitsfrage bleibt unerwähnt.

Anders war es im Entwurf der Europäischen Gemeinschaften von 1980.[638] Der Entwurf sah in Art. 15 Abs. 7 *expressis verbis* vor, daß es für Streitigkeiten über Bestehen, Höhe und Vorrecht[639] von "Steuerforderungen und Forderungen, die wie Forderungen auf dem Gebiet des Steuerwesens beigetrieben werden" und

---

634 vgl. Merkblatt des Bundesministers der Finanzen, s.o. Fn. 596, Anm. 3.2.6.;

635 § 11 Abs. 4 des Deutsch-Österreichischen Vertrages in Zoll-, Verbrauchssteuer- und Monopolangelegenheiten, s.o., Fn. 561; Dem entspricht die Regelung gem. der EG-Beitreibungsrichtlinie, s.o., Fn. 570 und 571

636 So das Deutsch-Amerikanische Rentenabkommen in § 11, s.o., Fn. 590 und das Deutsch-Französische Doppelbesteuerungsabkommen in § 23 Abs. 1 und 4, s.o., Fn. 548, neben weiteren

637 Dort heißt es in Art. 26 IV schlicht: "*bemüht sich...zu erheben*" bzw. "*shall endeavor to collect*", s.o., Fn. 553

638 Art. 15 Ziff. 7. a., abgedruckt in KTS 1982, S. 167, 171

639 Das Vorrecht sollte sich lediglich auf das in dem Staat belegene Vermögen beziehen, auf dessen Recht die Forderung beruht, s.o. 2. Kapitel, B. II.

u.a. Forderungen der sozialen Sicherheit bei der Zuständigkeit der "sonst zuständigen Stellen" bleiben sollte. Das hätte bedeutet, daß es auch im Insolvenzfalle nicht zu extraterritorialer Rechtsprechung über das Bestehen von Forderungen aus öffentlichem Recht gekommen wäre. Wäre etwa einer französischen Steuerforderung im Rahmen eines deutschen Insolvenzverfahrens widersprochen worden, hätte ihre Teilnahme von der Entscheidung der in Frankreich zuständigen Stelle abgehangen. Die Durchbrechung des Grundsatzes der grenzüberschreitenden Nichtverfolgbarkeit wäre nicht über das bloße Teilnahmerecht hinausgegangen.[640]

Auch Art. 20 Abs. 4 des Deutsch-österreichischen Konkurs- und Vergleichsvertrags von 1979[641] erklärt für die Entscheidung der Zuständigkeitsfrage bei Feststellungsstreitigkeiten über "Steuern, Zölle, Gebühren, Beiträge zur Sozialversicherung und andere öffentlich-rechtliche Forderungen" in Abweichung von der nach Art. 20 Abs. 1 dieses Vertrages grundsätzlich berufenen *lex fori concursus* das Recht der Vertragsstaaten für einschlägig, auf dessen Vorschriften die Ansprüche beruhen.

Es ist nach alledem fraglich, ob aus dem Umstand, daß es in der EuInsVO im Gegensatz zum Übereinkommensentwurf von 1980 unterlassen wurde, in diesem Punkte eine Regelung zu treffen, geschlossen werden kann, daß im Verfahrensstaat über die widersprochene Forderung auch in der Sache entschieden werden kann oder soll. Art. 39 EuInsVO verbietet jedem Mitgliedsstaat ausdrücklich, die Existenz der genannten Forderungen aus öffentlichem Recht anderer Staaten zu ignorieren.[642] Gemäß Art. 4 Abs. 1 EuInsVO gilt, soweit die Verordnung nichts anderes bestimmt, für das Verfahren und seine Wirkungen das Insolvenzrecht des Verfahrensortes. Nach Art. 4 Abs. 2 Ziff. h EuInsVO regelt dieses Recht insbesondere auch die Anmeldung, Prüfung und Feststellung der Forderungen. Was zu tun ist, wenn nach nationalem Recht, wie im Falle von Forderungen aus ausländischem öffentlichen Recht, keine inländische Instanz zuständig ist, läßt die EuInsVO offen.

Im Ergebnis sollten Feststellungsstreitigkeiten über öffentlich-rechtliche Forderungen entsprechend der Rechtslage nach den Rechtshilferegeln von den zuständigen Stellen des Ursprungsstaates entschieden werden. Diese dem Entwurf von 1980 entsprechende Lösung erscheint vorzugswürdig. Auch wenn man den Grundsatz abzulehnen bereit ist, daß inländische Gerichte sich nicht mit auslän-

640 Teilnahmerecht als Recht auf Berücksichtigung bei der Verteilung

641 s.o., 1. Kapitel, C. II., S. 46

642 s.o., Fn. 618

dischem öffentlichen Recht befassen dürfen[643], ist es sinnvoller, die Zuständigkeit für die Forderungsfeststellung den im Ursprungsland berufenen Entscheidungsträgern zuzuweisen. Im Bereich des öffentlichen Rechts muß das Argument der Kompetenz entscheiden, insoweit gleich den Sonderzuständigkeiten im nationalen Insolvenzrecht, wobei die fehlende Sachnähe inländischer Stellen in bezug auf ausländisches öffentliches Recht noch größer sein dürfte. Es ist auch nicht ersichtlich, welchen Vorteil demgegenüber eine Entscheidung am Verfahrensort brächte. Es ließe sich dagegen mit der Skepsis argumentieren, ausländische Staaten könnten sich unter Umständen selbst begünstigen. Ein solcher Geist scheint aber erstens innerhalb Europas unangemessen. Zweitens bleibt stets der *ordre public*. Drittens ist dies ein Problem, das die grenzüberschreitende Beitreibungshilfe allgemein betrifft. Es ist nicht dadurch zu lösen, daß man die Entscheidungsbefugnis in der Sache - und dies dann nur partiell für den Bereich des Insolvenzrechts - in den Verfahrensstaat verlegt.

Hinzu kommt ein weiteres: Der Wortlaut der EuInsVO deutet zwar darauf hin, daß Feststellungsstreitigkeiten im Insolvenzforum auszutragen sind, was dem bisher zum autonomen Internationalen Insolvenzrecht Vertretenen entspricht. Art. 25 EuInsVO bestimmt, welche Entscheidungen des Insolvenzforums von den Mitgliedsstaaten anzuerkennen sind. Es sind dies gem. Art. 25 Abs. 1 Unterabs. 2 auch „*Entscheidungen, die unmittelbar aufgrund des Insolvenzverfahrens ergehen und in engem Zusammenhang damit stehen, auch wenn diese Entscheidungen von einem anderen Gericht getroffen werden*“. Das scheint auch Feststellungsverfahren zu umfassen. *Virgós/Schmit*[644] führen aber zum wortgleichen EuInsÜ aus, daß Klagen, die sich nicht aus dem Insolvenzrecht ableiten, nicht darunter fallen sollen, auch wenn sie durch die Eröffnung des Verfahrens aktiv oder passiv berührt werden, so auch Klagen über den Bestand und den Umfang einer Forderung. *Flessner* weist befürwortend[645] darauf hin, daß folglich mit der Anerkennung eines Insolvenzverfahrens keine Konzentration der gerichtlichen Zuständigkeit für Feststellungsverfahren im Sinne einer *vis attractiva concursus*, zu Lasten der im EuGVÜ vorgesehenen Zuständigkeiten, einhergeht.[646]

---

643 vgl. Baade in Lipstein, Anm. 12-70 ff, namentlich zu der Feststellung, daß entgegen älterer Ansichten jedenfalls das Völkerrecht dergleichen Beschränkungen nicht hergibt, sondern etwaige Grenzen allein durch das interne nationale Recht gezogen werden; vgl. ferner die zusammenfassende Darstellung bei Frank, RabelsZ 34, 1970, S. 57ff., ferner bei Roloff, S. 129 ff. und Lipstein in Holl/Klinke, S. 39 ff.

644 Virgós/Schmit in Stoll, Vorschläge und Gutachten, S. 100, Anm. 196, vgl. Leipold in Stoll, Vorschläge und Gutachten, S. 200 und Flessner, ebd., S. 228 f.

645 insofern übereinstimmend mit Leipold in Stoll, a.a.O., Fn. 644

646 Flessner in Stoll, S. 229

Wird die EuInsVO im Zusammenspiel mit dem EuGVÜ wie vorstehend beschrieben angewandt werden, kommt es nicht zu einer Zuständigkeitskonzentration für Feststellungsstreitigkeiten im Insolvenzforum. Folglich ergibt sich kein gesondertes Problem bei der Feststellung öffentlich-rechtlicher Forderungen. Soweit die Kommentierungen zum Internationalen Insolvenzrecht bereits Ausführungen zu EuInsÜ/EuInsVO enthalten, nehmen sie zur Frage der Zuständigkeit für Feststellungsstreitigkeiten insgesamt keine Stellung.[647] Die Praxis nach Inkrafttreten der Verordnung ist abzuwarten.

II. Gleichbehandlung

1. Diskriminierung gegenüber gleichartigen inländischen Forderungen

Ausgangspunkt aller Betrachtungen war die Gläubigergleichbehandlung und der Grad ihrer Realisierung bei grenzüberschreitenden Insolvenzsachverhalten. Es ist nicht nur dargestellt worden, daß die Gleichbehandlung der Gläubiger bei grenzüberschreitender Insolvenz ihre Grenzen hat, es ist auch festgestellt worden, daß nicht zuletzt der Grundsatz der grenzüberschreitenden Nichtdurchsetzbarkeit öffentlich-rechtlicher Forderungen zu einem guten Teil mitursächlich dafür sein kann. Deshalb und auch mangels sonstiger überzeugender Rechtfertigung ist dafür votiert worden, diesen so weit wie möglich zu beseitigen. Die Regelung des Art. 39 Abs. 1 EuInsVO ist daher für richtig befunden worden.

Fraglich ist aber, ob mit der Einräumung von Teilnahmerechten die Gefahr von Beeinträchtigungen der Gleichbehandlung und der Vorhersehbarkeit gebannt ist. Zunächst gilt, daß das Teilnahmeproblem, wie dargestellt, nur einer von vielen Aspekten bezüglich der Gläubigergleichbehandlung in grenzüberschreitenden Insolvenzsachverhalten ist. Die Unvollkommenheit der bis dato gegebenen Lösungswege im übrigen bleibt unverändert. Zweitens gilt, daß Teilnahmerechte, solange sie nicht allseitig sind, Diskriminierung und damit potentielle Anerkennungsprobleme unter Umständen erst verursachen. Drittens ist zu fragen, inwieweit die Möglichkeit zur Teilnahme als solche zur Gleichstellung genügt. Aus der Sicht des neuen deutschen Insolvenzrechts ist dies anzunehmen, da danach alle teilnahmeberechtigten Gläubiger gleichstehen. Die überwiegenden Insolvenzrechte verfügen aber nach wie vor über Vorrechtsordnungen.[648] Dabei verhält es sich traditionell so, daß der inländischen öffentlichen Hand eingeräumte Vorrechte teilnahmeberechtigten Forderungen aus ausländischem öffentlichen Recht nicht zugebilligt werden. Dies galt unter der Konkursordnung in Deutsch-

---

[647] Kemper in Kübler/Prütting, Bd. 2, Art. 102 EGInsO, Rn. 190 ff.; Mincke in Nerlich/ Römermann, Art. 102 EGInsO, Rn. 206, 213

[648] s.o., 2. Kapitel, A.VI.3.

land[649] und gilt nach wie vor in den anderen, hier betrachteten Rechtsordnungen.[650] Es ist dies der klassische Fall der Diskriminierung auf der Grundlage des Grenzübertritts des Sachverhalts. Dabei sind sich die Insolvenzrechte vom Ansatz her einig, daß die Verteilungsregeln sich nach der *lex fori concursus* bestimmen und dabei ausländischem Recht unterliegende Forderungen gegebenenfalls im Wege der Angleichung „einzusortieren" sind.[651] Allein bei öffentlichrechtlichen Forderungen findet die Angleichung nicht statt. Diese Diskriminierung wird für alle untersuchten Insolvenzrechte beschrieben. Sie findet sich aber auch ausdrücklich in diversen Rechtsgrundlagen zur Beitreibungshilfe und in Entwürfen international-insolvenzrechtlicher Konventionen.[652] Als Begründung kommt nur in Betracht, daß kein Staat es einsieht, im Rahmen eines inländischen Verfahrens ausländische Staaten auf Kosten inländischer Gläubiger zu bevorzugen. Erörtert wird dies aber regelmäßig nicht.

Es mag nachvollziehbar sein, daß Staaten zwar ihre eigenen Interessen, bzw. die der inländischen „Allgemeinheit", durch Vorrechte schützen wollen, nicht aber das Haftungsvermögen zugunsten ausländischer Staaten schmälern wollen. Mit Blick auf den Grundsatz der Universalität, seinen Zweck und den aus ihm fließenden universalen Wirkungsanspruch eines Verfahrens ist diese Diskriminierung aber nicht minder fragwürdig, als die Versagung der Teilnahme überhaupt. Als Konsequenz der Diskriminierung sollen – aus Sicht des Verfahrensstaates, der Vorrechte aufweist – Forderungen aus inländischem Recht überproportional auch aus im Ausland belegenem Vermögen befriedigt werden, jedoch die Forderungen aus dem dortigen öffentlichen Recht wegen ihrer Nachrangigkeit teilweisen oder völligen Rechtsverlust gewärtigen.

Alle vorstehend zur Nichtteilnahme beschriebenen Konsequenzen drohen auch hier, sowohl auf der Ebene der Anerkennung, als auch dadurch, daß alle gegebenen Parallelverfahrensoptionen die Verfahrenseinheit zwingend zum Ausnahmefall werden lassen. Hier ist zwar zu bedenken, daß der Anreiz, ein Parallelverfahren zu beantragen, nicht schon aus der abstrakten Schlechterstellung gegenüber der öffentlichen Hand des Verfahrensstaates als solcher resultiert, sondern erst aus einem tatsächlichen, faktischen Vorteil, der sich aus dem Vergleich des bei grenzüberschreitender Teilnahme Erlangbaren mit dem im Parallelverfahren

649 Kuhn/Uhlenbruck, § 61, Rn. 51a; Merkblatt des Bundesministers der Finanzen, s.o. Fn. 596, Anm. 3.2.4

650 Jaeger/Henckel, § 5, Rn. 2 a.E.; Kuhn/Uhlenbruck, § 61, Rn. 48a, Rn. 51a m.n.W.; vgl. Florian, S. 135 ff., 138; Fletcher, Insolvency, S. 711, Fn. 86; vgl. Soinne, S. 190; Heyers, S. 126, läßt das außeracht;

651 Kuhn/Uhlenbruck, §§ 237/238, Rn. 67; Mincke in Nerlich/Römermann, Art. 102 Rn. 225, Fn. 6 und Rn. 346f.

652 vgl. Merkblatt des Bundesfinanzministers, s.o., Fn. 597, Anm. 3.2.4.

Erlangbaren ergibt. Bei dem Vergleich der Gläubigerposition ist sowohl die jeweilige Verteilungsordnung als auch der konkrete Umfang der jeweils dieser unterworfenen Masse zu vergleichen.[653] Daß dieser Vergleich im Falle der vorstehend beschriebenen Diskriminierung öfters zugunsten des Parallelverfahrens endet, als im Falle der Diskriminierungsfreiheit, bedarf keiner weiteren Erläuterung. Der Vollständigkeit halber ist allerdings auszuführen, daß auch bei Abwesenheit der Diskriminierung der Anreiz zum Parallelverfahren bestehen kann, solange die Verteilungsordnungen sich unterscheiden. Man bedenke, daß nicht bevorrechtigte Forderungen statistisch kaum zum Zuge kommen. Die Diskriminierung führt aber zu einem darüber hinausgehenden Anreiz. Im Ergebnis behindert also die Diskriminierung als solche die Realisierung grenzüberschreitender Insolvenzbewältigung und die Durchsetzung universaler *par condicio creditorum*, so daß es mit einer Abschaffung des Nichtteilnahmegrundsatzes allein nicht getan ist.

2. Die Rechtslage nach der EuInsVO

Die EuInsVO erlaubt, wie im einzelnen erläutert, die grenzüberschreitende Teilnahme von Forderungen aus öffentlichem Recht. Sie verweist im übrigen als Grundsatz und somit auch für die Verteilungsregeln auf die *lex fori concursus*, Art. 4 Abs. 1 und Abs. 2 (i). Zu der bis dato üblichen Diskriminierung teilnahmeberechtigter Forderungen aus ausländischem öffentlichen Recht bei Anwendung der nationalen Insolvenzrechte äußert sich die EuInsVO nicht. Ungeachtet der positiven Regelung des unbeschränkten Anmelderechtes für Forderungen aus ausländischem öffentlichen Recht wäre dies daher auch unter der EuInsVO ein Einfalltor für überkommenen nationalen Protektionismus und in der Konsequenz ein Makel im System, der die Realisierung der angestrebten Grundsätze in Frage stellt. Die EuInsVO ist hier unvollkommen. Die Lösung müßte bei ihrer praktischen Anwendung wieder im Rahmen der *ordre public*-Anwendung[654] gesucht werden. Abzustellen wäre das Problem durch die Aufnahme eines einvernehmlichen Verbotes der Diskriminierung, zusätzlich zu Art. 39 Abs. 1. Solange sich aber die Vorrechtsordnungen unterscheiden und namentlich das deutsche Recht vorrechtsfrei ist, dürfte das kaum erreichbar sein, so daß nur eine Angleichung der Verteilungsregeln hülfe.

---

653 Die Befriedigungschancen eines Gläubigers (anders gesagt: die konkrete Günstigkeit eines Verteilungsregimes) werden durch drei Faktoren bestimmt: die abstrakte Günstigkeit der jeweiligen Verteilungsordnung einerseits, die Gesamtheit der dieser Rechtsordnung in der konkreten Insolvenz unterfallenden Aktivwerte und die Summe der besser- und gleichrangierenden Passivmasse.

654 vgl. Begründung zum Vorentwurf von 1989 in Stoll, Stellungnahmen und Gutachten, S. 41, Anm. 75 a.E.

Ergebnis

Das gegenwärtige autonome Internationale Insolvenzrecht ist nicht zeitgemäß. Der Grad an Gleichbehandlung, Vorhersehbarkeit und Rechtssicherheit bleibt bei der Bewältigung grenzüberschreitender Insolvenzsituationen hinter dem bei der rein nationalen weit zurück. Dieser Zustand hat sich während des gesamten Zeitraums europäischer Integration faktisch nicht verändert.

Das Eröffnungsforum läßt sich nicht sicher bestimmen. Die Reichweite eines eröffneten Verfahrens ist einzelfallabhängig. Form und Reichweite von Kooperationsbemühungen zwischen mehreren Staaten, sei es im Rahmen eines Verfahrens, sei es im Rahmen mehrerer Verfahren, sind nicht prognostizierbar.

Das UNCITRAL-Mustergesetz kann im Ergebnis nicht als hinreichend harmonisiertes System internationalen Insolvenzrechts angesehen werden. Es ist daher jedenfalls für integrierte Wirtschaftsräume eine unbefriedigende Vorlage. Es erscheint daher auch für Fälle im europäisch-amerikanischen Verhältnis unzulänglich.

Demgegenüber wird die neue EuInsVO teilweise Besserung bringen. Die Verordnung, die die Regelungen des gescheiterten EuInsÜ übernimmt, wird am 31.5.2002 in allen EU-Mitgliedsstaaten mit Ausnahme Dänemarks in Kraft treten. Die Verordnung harmonisiert die Internationalen Insolvenzrechte der Mitgliedsstaaten in bisher nicht dagewesener Weise und bringt daher erheblichen Fortschritt.

Der Schlüssel zu universaler *par condicio creditorum* liegt aber in den nationalen Insolvenzrechten. Insbesondere deren Vorrechtsordnungen weichen teilweise erheblich voneinander ab. Je unterschiedlicher die nationalen Insolvenzrechte bleiben, desto weniger ist universale *par condicio creditorum* erreichbar. Auch die EuInsVO wird daher angesichts national unterschiedlicher Verteilungsvorstellungen die Realisierung universaler *par condicio creditorum* nicht sicherstellen.

Den richtigen Weg weisen die Anerkennungsvorschriften der Verordnung. Nur über den *ordre public* können sich danach Rechtsordnungen der Pflicht zur automatischen Anerkennung ausländischer Verfahren entziehen. Auch die Zuständigkeitsregelungen der EuInsVO sind hinreichend präzise und eingeschränkt, um *forum shopping* bei der Entscheidung über den Ort der Stellung eines Eröffnungsantrags weitestgehend zu begrenzen. Gleichwohl ist damit zu rechnen, daß es *stets* zu Verfahrenspluralität kommen wird, sobald die tatbestandlichen Voraussetzungen zur Eröffnung von Partikularverfahren gegeben sind. Dabei findet dann die jeweilige Verteilungsordnung auf einen beliebigen und *zufälligen* Teil des Schuldnergesamtvermögens Anwendung.

Die Parallelverfahrensoption am Niederlassungsort ist aus der Perspektive materieller Gleichbehandlung, vor allem aber im Hinblick auf die Rechtssicherheit ein gewisser Schritt weg von der (insolvenzverfahrenstypischen) Kollektivierung der Gläubiger. Es handelt sich um die gewollte Option zum partiellen *forum shopping*, auch während bereits laufender Insolvenzbewältigung. Einzelne Gläubiger können im Rahmen der durch die nationalen Verteilungsvorschriften vorgegebenen Bandbreite ihren Vorteil suchen. Das ist in der Gesamtschau vor allem deshalb nicht überzeugend, weil die den nationalen Normen zugrunde liegenden Gerechtigkeitserwägungen an das Gesamtvermögen des Schuldners als Haftungsmasse anknüpfen. Es ist ferner nicht überzeugend, weil insbesondere die Größe der Teilmassen im Verhältnis zum Schuldnergesamtvermögen beliebig ist. Es ist Zufall, welche Anteile des Schuldnervermögens welchem von mehreren parallelen Verfahren unterfallen, weil eben der Belegenheitsort von zum Schuldnervermögen gehörenden Vermögensgegenständen aus Gläubigersicht zufällig ist. Das Verhältnis der Massen mehrerer Verfahren zueinander muß der Hierarchie von „Haupt-„ und „Partikular"-verfahren keineswegs entsprechen. Die Regelungen, die über den Wirkungsbereich paralleler Verfahren entscheiden, ignorieren die tatsächliche wirtschaftliche Zuordnung von Vermögenswerten zur jeweiligen Niederlassung. In diesem Punkt scheint der Ansatz des UNCITRAL-Mustergesetzes weitsichtiger, denn er läßt eine Verteilung der Vermögenswerte auf mehrere Verfahren auch nach nicht staatsgrenzenbezogenen Kriterien zu. Er entspräche auch eher dem internationalprivatrechtlichen Leitprinzip der Anwendung des Rechts mit der engsten Verbindung zum Sachverhalt. Ob die Regelung des UNCITRAL-Mustergesetzes angesichts der geringen Regelungstiefe praktikabel ist, ist eine andere Frage. Denn jedenfalls bedarf es zur Konfliktvermeidung klarer Regeln zur Frage der Belegenheit von Vermögenswerten.

Im Ergebnis bilden die folgenden zwei Gesichtspunkte die wichtigsten Voraussetzungen für das Gelingen ungestörter, vorhersehbarer Bewältigung grenzüberschreitender Insolvenzsituationen, wenn man von den mit Sicherheitsrechten verbundenen Fragen absieht: Erstens die Gleichbehandlung in- und ausländischer Gläubiger durch Anpassung der Vorrechtskategorien bei Anwendung auf vergleichbare, auf dem Recht verschiedener Staaten basierende Forderungen; zweitens der Respekt vor der Gleichwertigkeit anderer, wie vorstehend beschrieben angewandter Verteilungsordnungen. Je mehr beides praktiziert würde, desto weniger ergäbe sich ein Bedürfnis nach Parallelverfahren. Die EuInsVO unternimmt keinen Schritt in diese Richtung. Aus Fragen nationalen Insolvenzrechts und seiner Anwendung in den jeweiligen Verfahren hält sie sich vollständig heraus. Dadurch erscheint die Zukunftsfähigkeit der durch die EuInsVO geschaffenen Rechtslage begrenzt.

Auch läuft die Anrechnungsregel dem Respekt vor der Gleichwertigkeit anderer Rechtsordnungen zuwider. Sie basiert auf dem Gedanken, daß eine Auslandsquote den Gläubiger, der auch am Inlandsverfahren teilnimmt, gegenüber den anderen Gläubigern besserstellt. Da diese Besserstellung aus der Verwertung von Vermögen stammt, welches einem anderen Insolvenzverfahren unterfällt und folglich dort nach insolvenzrechtlichen Regeln verteilt wird, ist in der Gesamtschau aller Verfahren die Anrechnung nicht erforderlich. Die allgemein akzeptierte Begründung, die Anrechnungsregel sei zur Wahrung der *par condicio creditorum* erforderlich, ist unzutreffend. Die Anrechnungsregel ist nur aus der beschränkten Sicht des einzelnen Verfahrens nachvollziehbar. Da sie darüber hinaus in der praktischen Anwendung zwischen mehreren Verfahren unpraktikabel ist und da das materielle Ergebnis ihrer Anwendung vom Einzelfall des zeitlichen Ablaufes der Verfahren abhängt, ist ihre Aufnahme in das europäische Internationale Insolvenzrecht zu bedauern.

Es kann ferner nicht mit erfolgreicher Durchsetzung des Universalitätsanspruches eines Verfahrens gerechnet werden, wenn Forderungen von der Verfahrensteilnahme ausgeschlossen werden und dies seine Ursache allein darin hat, daß die Forderungen - aus der Sicht des Verfahrensortes - auf ausländisches öffentliches Recht gestützt werden. Das gilt um so mehr, wenn gleichartige Forderungen aus dem verfahrensführenden Staat nicht nur teilnehmen, sondern darüber hinaus ein Vorrecht beanspruchen können.

Die im vorstehenden Absatz beschriebene Situation ist Rechtswirklichkeit im heutigen autonomen Internationalen Insolvenzrecht in Bezug auf einen Großteil der Forderungen aus öffentlichem Recht. Die grenzüberschreitende Nichtdurchsetzbarkeit steht angesichts der heute üblichen Abgabenlast in unlösbarem Konflikt zu universaler Gläubigergleichbehandlung. Zwar können heute eine ganze Reihe von öffentlich-rechtlichen Forderungen dank bilateraler Verträge und europäischer Regelungen grenzüberschreitend durchgesetzt werden. Welche dies sind, ist aber zwischen den Staaten sehr unterschiedlich. Auch helfen diese bilateralen Rechtsgrundlagen im Insolvenzfalle nicht weiter, wenn ein Verfahren universale Wirkung, also Wirkung auch in Drittstaaten beansprucht.

Die Entwicklung funktionierenden Internationalen Insolvenzrechts wird langfristig zwingend die Lösung dieses Problems erfordern. Auch wenn man den Schutz des Gleichbehandlungsgrundsatzes als rein zivilrechtlicher Natur betrachtet, ist Gleichbehandlung *aller* Gläubiger *conditio sine qua non* für Anerkennungsbereitschaft und kooperatives Verhalten unter den Staaten.

Entweder man läßt bei Vermögensbelegenheit in mehr als einem Staat alle öffentlich-rechtlichen Forderungen, auch die aus dem Forumstaat, im Verfahren unberücksichtigt, oder man schafft ein System, das im Hinblick auf die öffentlich-rechtlichen Forderungen zu Ergebnissen führt, die dem Untermassenprinzip entsprechen. Der erstgenannte Weg wäre gerecht, kann aber dazu führen, daß die Staaten versuchen würden, von für sie erreichbarem Vermögen selbst zu profitieren. Der zweitgenannte Weg ist bereits einmal wegen Unpraktikabilität gescheitert.[655] Er ist allerdings Rechtswirklichkeit im bilateralen Deutsch-Österreichischen Konkurs- und Vergleichsvertrag.

Schließlich kann der Grundsatz der Nichtdurchsetzbarkeit von Forderungen aus ausländischem öffentlichen Recht zur Gänze fallen gelassen werden. Das wäre aus International-insolvenzrechtlicher Sicht vorzugswürdig, denn universale Gläubigergleichbehandlung wird so am einfachsten ermöglicht. Ihre Realisierung hängt nicht mehr von insolvenzrechtsfremden Faktoren ab. Diese Richtung hat das neue Europäische Internationale Insolvenzrecht eingeschlagen.

Die in der EuInsVO vorgesehene Lösung hat gleichwohl nicht alle Probleme gelöst:

Erstens ist unklar, ob wirklich alle Forderungen aus ausländischem öffentlichen Recht grenzüberschreitend teilnahmeberechtigt sein sollen. Die Formulierung in Art. 39 ist auslegungsbedürftig. Der Wortlaut spricht dagegen, Sinn und Zweck sprechen dafür, die Entstehungsgeschichte gibt keine Anhaltspunkte. Faßt man die Regelung als speziell gegenüber einem allgemein und universal geltenden Grundsatz der Nichtdurchsetzbarkeit auf, so spricht auch dies gegen die allgemeine Zulassung der grenzüberschreitenden Teilnahme sämtlicher Forderungen aus öffentlichem Recht.

Zweitens wird durch die Regelung ein Widerspruch zur Rechtspraxis im Individualvollstreckungsrecht geschaffen. Erheblich mehr Forderungen könnten mittels Insolvenzverfahren auch aus jenseits der Grenze belegenem Vermögen Befriedigung erlangen, als im Wege der Individualrechtsverfolgung. Daraus kann ein Anreiz resultieren, den Schuldner in die Insolvenz zu drängen. Das ist nicht wünschenswert. Die Rechtslage sollte im Individualvollstreckungsrecht und im Insolvenzrecht synchron sein. Mangels einer tragfähigen Begründung des Grundsatzes der Nichtdurchsetzbarkeit sollte dieses Gleichlauferfordernis allerdings nicht die Regelung des Art. 39 EuInsVO in Frage stellen, sondern besser die Angleichung der Rechtspraxis im Individualvollstreckungsrecht nach sich ziehen.

Drittens: Da Abgabenforderungen heute oft entscheidenden Anteil an den Gesamtpassiva des Gemeinschuldners haben und da gerade sie oftmals in den nationalen Insolvenzrechten bevorrechtigt sind, würden gerade sie regelmäßig Anlaß zur Ausschöpfung aller Parallelverfahrensoptionen geben, mit den bereits beschriebenen negativen Auswirkungen auf den Grundsatz der Gleichbehandlung. Ursache dafür ist vor allem, daß auch ein Teilnahmerecht die Forderungen nicht davor schützt, gegenüber gleichartigen Forderungen aus dem Forumstaat diskriminiert zu werden.

---

655 Entwurf von 1980, s.o., Fn. 308

Aber auch in Abwesenheit solcher Diskriminierung zeigt sich hier besonders, daß die in der EuInsVO zum Regelfall erhobene Verfahrenseinheit grundsätzlich nicht erreicht werden wird, sei es, daß z.B. in Deutschland belegenes Vermögen per Partikularverfahren ausländischen Vorrechten entzogen werden soll, sei es umgekehrt, daß etwa französische Vorrechte bezüglich in Frankreich belegenem Vermögen ausgeschöpft werden sollen.

Schließlich viertens: In der EuInsVO fehlt eine eindeutige Regelung der Zuständigkeiten für Feststellungsstreitigkeiten über angemeldete Forderungen aus ausländischem öffentlichen Recht, gegen die Widerspruch erhoben wurde. Den nationalen Rechten fehlt es an Zuständigkeiten zur Entscheidung über Forderungen aus ausländischem öffentlichem Recht. Weder sind die Sonderzuständigkeiten des nationalen Rechts geeignet, auf Feststellungsstreitigkeiten über z.B. Steuerforderungen anderer Staaten angewandt zu werden, noch ist es adäquat, ordentliche Gerichte entscheiden zu lassen.

Aus deutscher Sicht werden auch unter der EuInsVO, trotz erheblicher Fortschritte gegenüber der bisherigen Rechtslage, die Nachteile für Gläubigergleichbehandlung und Rechtssicherheit bei grenzüberschreitenden Insolvenzsachverhalten im Vergleich zu rein nationalen Insolvenzen erheblich sein. Besserungen sind auf zwei Arten denkbar: *Erstens* durch mehr Respekt vor der Gleichwertigkeit anderer Rechtsordnungen. Wichtigste Voraussetzung ist, daß diese diskriminierungsfrei angewendet werden, d.h. namentlich Vorrechte, wo sie bestehen, in- und ausländischen Forderungen – nach Angleichung – gleichermaßen zugute kommen. *Zweitens* durch Harmonisierung der Verteilungsordnungen. Letztere scheinen nicht so wesentlich für die nationalen Identitäten, daß schon eine halbe Generation nach Beginn der Europäischen Integration die Hoffnung aufgegeben werden sollte. Leitlinie muß die Erkenntnis bleiben, daß am Ende sämtliche Beteiligten von möglichst weitgehender Gleichstellung in- und ausländischer Gläubiger profitieren.[656]

Nadelmann Äußerung von 1947,

> „after a full coverage of the subject, the possibilities for greater uniformity will appear automatically“[657]

hat nach alledem an Aktualität ebenso wenig verloren, wie die Feststellung von *Westbrook* und *Trautman*:

> "We are at far too early a stage in the evolution of international insolvency process to discover definite answers..."[658]

---

656 Häsemeyer, 2. Aufl., S. 763

657 U.Pa.L.Rev.96 (1947/1948) 187, zitiert nach Müller-Freienfels in Festschrift für Dölle, S. 359, 398, Fn. 123

In der Sache bringen zwischenstaatliche Lösungen schneller und effektiver Fortschritte, als Entwicklungen im autonomen Recht. Es ist daher zu begrüßen, daß die Mitgliedstaaten der Europäischen Union das Thema wieder aufgegriffen haben. Die EuInsVO bietet nämlich die bisher fortschrittlichste Lösung.

---

658 in Ziegel, S. 655, 667

Literaturverzeichnis

Aderhold, Eltje
Auslandskonkurs im Inland, Berlin 1992

Allan, David E.; Drobnig, Ulrich
Secured Credit in Commercial Insolvencies; A Comparative Analysis; RabelsZ 44 (1980), S. 615 ff.

American Bar Association
Multinational Commercial Insolvency, Chicago 1993

American Law Institute
Transnational Insolvency Project, Discussion Draft (April 17, 1996), Philadelphia, 1996

Amlon, Guy
Redressement et Liquidation Judiciaires, Trésor public, Priviléges, in Juris Classeur Commercial Bd. 9, Fascicule 2730

App, Michael
Einschränkungen bei der Vollstreckung von Steuerforderungen durch die Insolvenzordnung, DStR 95, S. 1678 ff.

ders.
Zu den Gründen für die Beibehaltung des Konkursvorrechts des Fiskus, Betriebsberater 1984, S. 668 ff.

Arnold, Hans
Der Europaratsentwurf eines europäischen Konkursabkommens, ZIP 1984, S. 1144 ff.

Audit, Bernard
Droit International Privé, 2. Aufl., Paris 1997

Baade, Hans W.
Operation of Foreign Public Law, Chapter 12, in Kurt Lipstein, Privat International Law, Vol. III, in International Encyclopedia of Comparative Law, Tübingen 1991

Baker, Philip
Double Taxation Conventions and International Tax Law: A Manual on the OECD Model Tax Convention on Income and on Capital of 1992, 2. Aufl., London 1994

Balz, Martin
Logik und Grenzen des Insolvenzrechts, ZIP 1988, S. 1438 ff.

Barret, John A.
Cross-Border Insolvency, Developments, Realities and Solutions, International Business Lawyer 1996, S. 208 ff.

Baur, Fritz; Stürner, Rolf
Zwangsvollstreckungs-, Konkurs- und Vergleichsrecht, Band I, Einzelvollstreckungsrecht, 12. Aufl. Heidelberg 1995; Band II, Insolvenzrecht, 12. Aufl., 1990

Becker, Joseph D.
Transnational Insolvency Transformed, in American Journal of Comparative Law, 1981, S. 706 ff.

Benning, Olaf; Wehling, Axel
Das "Model Law on Cross-Border Insolvency" der Vereinten Nationen, EuZW 1997, S. 618 ff.

Berry, Christopher; Bailey, Edward; Schaw-Müller, Stephen; Reed, Philip
Personal Insolvency - Law and Practice, 2. Aufl., London 1993

Bigelow, Michael P.
Public policy concerns prevent Application of Comity to foreign Bankruptcy Proceedings that discriminate against Tax Obligations owed to the United States Governement, Vanderbilt Journal of Transnational Law 24, 1991, S. 571 ff.

Birk, Dieter
Handbuch des Europäischen Steuer- und Abgabenrechts, Berlin, 1995

Blaschczok, Christine
Die Schweizerisch-deutschen Staatsverträge auf dem Gebiet des Insolvenzrechts, ZIP 1983, S. 141 ff.

Booth, Charles D.
Recognition of Foreign Bankruptcies: An Analysis and Critique of the inconsistent Approaches of United States Courts, American Bankruptcy Law Journal 66, 1992, S. 135 ff.

Boshkoff, Douglass G.
Some Observations on Fairness, Public Policy, and Reciprocity in Cross-Border Insolvencies, in Ziegel, Jacob S., Current Developments in International and Comparative Corporate Insolvency Law, Oxford 1994

Braun, Eberhard, Uhlenbruck, Wilhelm
Unternehmensinsolvenz, Düsseldorf 1997

Broude, Richard F.
Some Comments on Harmonization of Jurisdictional and Recognitional Rules, in Ziegel, Jacob S., Current Developments in International and

Comparative Corporate Insolvency Law, Oxford 1994

Bundesminister für Finanzen
Merkblatt vom 14.4.1997 zur zwischenstaatlichen Amtshilfe bei der Steuererhebung (Beitreibung), BStBl. I 1987, S. 402

Bundesstelle für Aussenhandelsinformation
Brüssler Übereinkommen und Übereinkommen von Lugano über die gerichtliche Zuständigkeit und die Vollstreckung gerichtlicher Entscheidungen in Zivil- und Handelssachen, Band 1: Erläuterungen samt Texten, 2. Aufl. Köln 1993

Cabrillac, Michele
Les Creanciers Munis de Suretes, dans les procedures de la Faillité en Droit Francais, Rabels Zeitschrift Bd. 44, 1980, S.737 ff.

Castel, Jean-Gabriel
Foreign Tax Claims and Judgements in Canadian Courts, in Canadian Bar Review 1964, S. 277 ff.

Carl, Dieter, Klos, Joachim
Leitfaden zur internationalen Amts- und Rechtshilfe in Steuersachen, Berlin 1995

Clarke, Alison
Current Issues in Insolvency Law, Current Legal Problems, London 1991

Coester-Waltjen, Dagmar
Internationales Prozeßrecht, in Lüke, Gerhard, Prütting, Hanns, Lexikon des Rechts, Neuwied, Loseblatt, Stand Dezember 2000

Collier on Bakruptcy, King, Lawrence P. (Hrsg.)
Volume 4, Bankruptcy Code §§ 501 - 525, 15. Aufl., New York 1996, Loseblatt, Stand März 1997

Cork-Report
Insolvency Law and Practice, Report of the Review Committee, Chairman Sir Kenneth Cork, London 1982

Cork, Kenneth; Graham, David
Insolvenzrechtsreform in England – Erläuterungen zum Cork-Report, ZIP 1982, S. 1275 ff.

Cunningham, Daniel; Werlen, Thomas
Cross-border insolvencies in search of a global remedy, International Financial Law Review 1996, S. 51 ff.

Dahm, Georg; Delbrück, Jost; Wolfrum, Rüdiger
Völkerrecht, 2. Aufl., Berlin 1989

Dammann, Reinhard
Das neue französische Insolvenzrecht, ZIP 1996, S. 300 ff.
Dann, Wilfried
Das Konkursvorrecht der öffentlichen Abgaben, Berlin 1962
DeAmicis, Don S.
Creditors Rights and Bankruptcy in Low, Lucinda A.; Norton, Patrick M.; Drory, Daniel M., The International Lawyer's Deskbook, Washington 1996
Debatin, Helmut; Wassermeyer, Franz
Doppelbesteuerung, München, Loseblatt, Stand März 1999
Delebeque, Philippe
Juris-Classeur Commercial, Fasc. 2750
Derrida, Fernand; Godé, Pierre; Sortais, Jean-Pierre, Honorat, Adrienne
Redressment et Liquidation Judiciaires des Entreprises, 3. Aufl., Nizza 1991
Deutscher Anwaltsverein
Stellungnahme des Insolvenzrechtsausschusses zum Vorentwurf eines Übereinkommens der Mitgliedstaaten der Europäischen Gemeinschaften über den Konkurs, Vergleiche und ähnliche Verfahren, KTS 1975, S. 59 ff.
Dicey and Morris; Collins, Lawrence (Hrsg.)
The Conflicts of Law, 12. Aufl., London 1993
Dormann Bessenich, Agnes
Der ausländische Staat als Kläger, Basel 1993
Dorndorf, Eberhard
Zur Dogmatik des Verfahrenszwecks in einem marktadaequaten Insolvenzrecht, in Festschrift für Franz Merz, Köln 1992, S. 31 ff.
Ebenroth, Carsten Thomas
Die Inlandswirkung der ausländischen lex fori concursus bei der Insolvenz einer Gesellschaft, ZZP Bd. 101, 1988, S. 121 ff.
Eidenmüller, Horst
Europäische Verordnung über Insolvenzverfahren und zukünftiges deutsches internationales Insolvenzrecht, Praxis des Internationalen Privat- und Verfahrensrechts (IPrax) 2001, S. 2 ff.
Favoccia, Daniela
Vertragliche Mobiliarsicherheiten im Internationalen Insolvenzrecht, Köln 1991
Ferid, Murad; Sonnenberger, Hans Jürgen
Das Französische Zivilrecht, Band 2, 2. Aufl., Heidelberg 1986; Band 4/1, 2. Aufl., Heidelberg 1993

Firsching, Karl; von Hoffmann, Bernd
Internationales Privatrecht einschließlich der Grundzüge des Internationalen Verfahrensrechts, 6. Aufl., München 2000

Flaschen, Evan; Harmer, Ron (on behalf of the Expert Committee),
Joint Project of UNCITRAL and INSOL International on Cross-Border Insolvencies, Expert Committee's Report on Cross-Border Insolvency Access and Recognition, International Insolvency Review Vol.5, 1996, S. 140 ff.

Flessner, Axel
Entwicklungen im internationalen Konkursrecht, besonders im Verhältnis zu Frankreich, ZIP 1989, S. 749 ff.

ders.
Internationales Insolvenzrecht in Deutschland nach der Reform, Praxis des Internationalen Privat- und Verfahrensrechts (IPrax) 1997, S. 2 ff.

ders.
Das künftige Internationale Insolvenzrecht im Verhältnis zum Europäischen Insolvenzübereinkommen. Anwendbares Recht, Reichweite der Anerkennung, Insolvenzplan und Schuldbefreiung, in Stoll, Vorschläge und Gutachten zur Umsetzung des EU-Übereinkommens über Insolvenzverfahren im deutschen Recht, im Auftrag der Sonderkommission "Internationales Insolvenzrecht" des Deutschen Rates für Internationales Privatrecht, Tübingen 1997, S. 219 ff.

Fletcher, Ian F.,
The Law of Insolvency, 2. Aufl. London 1996 (zitiert: Fletcher, Insolvency)

ders.
Cross-Border Insolvency: Comparative Dimensions; The Aberystwyth Insolvency Papers, Aberystwyth 1990 (zitiert: Fletcher, Papers)

ders. (Hrsg.)
Cross Border Insolvency: National and Comparative studies, Tübingen 1992 (zitiert: Fletcher, Studies)

dcrs.
The Istanbul Convention and the Draft EEC Convention, in Festschrift für Hans Hanisch, Köln 1994, S. 89 ff.

Florian, Matthias
Das Englische Internatinale Insolvenzrecht, Heidelberg 1989

Frank, Rainer
Öffentlich-rechtliche Ansprüche fremder Staaten vor inländischen Gerichten, RabelsZ 34, 1970, S. 56 ff.

Fuchs, Maximilian (Hrsg. und Gesamtred.)
Nomos Kommentar zum Europäischen Sozialrecht, Baden-Baden, Loseblatt, Stand Mai 1998,

Geiger, Rudolf
Vertrag über die Europäische Union, Vertrag zur Gründung der Europäischen Gemeinschaft, 3. Aufl., München 2000

Geimer, Reinhold
Internationales Zivilprozeßrecht, 3. Aufl., Köln 1997

Girsberger, Daniel
Grenzüberschreitendes Finanzierungsleasing, Internationales Vertrags-, Sachen- und Insolvenzrecht, Tübingen 1997

Gottwald, Peter (Hrsg.)
Insolvenzrechtshandbuch, München 1990 (zitiert: Handbuch)

ders.
Grenzüberschreitende Insolvenzen, München 1997 (zitiert: Vortrag)

ders.
Nachtrag "Gesamtvollstreckungsordnung" zum Insolvenzrechtshandbuch, München 1993 (zitiert: Nachtrag)

ders.; Pfaller, Peter
Aspekte der Anerkennung ausländischer Insolvenzverfahren im Inland, Praxis des Internationalen Privat- und Verfahrensrechts (IPRax) 1998, S. 170 ff.

Grabitz, Eberhard; Hilf, Meinhard
Das Recht der Europäischen Union, Band I, EUV/EGV (Amsterdamer Fassung), München, Loseblatt, Stand Januar 2000

Graham, David
Tucker and the Taxman, in Fletcher, Ian F., Cross Border Insolvency: Comparative Dimensions, 1990

Gramming, Karl
Die Wirkung des ausländischen Konkurses auf das Inland nach deutschem Reichsrecht, Zeitschrift für internationales Privat- und Strafrecht mit besonderer Berücksichtigung der Rechtshülfe, Bd. 5 (1895), S. 344 ff.

Gres, Joachim
Das neue Insolvenzrecht, ZAP 1995, S. 631f.

von der Groeben, Hans; Thiesing, Jochen; Ehlermann, Claus-Dieter (Hrsg.)
Kommentar zum EU-/EG-Vertrag, Art. 210 – 218 EGV, Art. H – S EUV, 5. Aufl., Baden-Baden 1997

Gröninger, Eva-Maria
Das französische Insolvenzsystem nach der Reform von 1967 im Vergleich zum deutschen Recht, Bielefeld 1984

Großfeld, Bernhard
Internationales und Europäisches Unternehmensrecht, Das Organisations-Recht transnationaler Unternehmen, 2. Aufl., München 1995

ders.
Internationales Insolvenzrecht im Werden?, ZIP 1981, S. 925 ff.

Guyon, Yves
Droit des Affaires, Bd. 2, 2. Aufl., Paris 1988

Habscheid, Walther J.
Öffentlich-rechtliche Forderungen, insbesondere Steuerforderungen im Konkurs, KTS 1996, S. 201ff.

Häsemeyer, Ludwig
Insolvenzrecht, München 1992

ders.
Insolvenzrecht, 2. Aufl., München 1998

ders.
Die Gleichbehandlung der Konkursgläubiger, KTS 1982, S. 507 ff.

Hagens
Motive zu dem Entwurf einer deutschen Gemeinschuldordnung, Berlin 1873

Hahn, Carl; Mugdan, Benno (Hrsg.)
Die gesamten Materialien zu den Reichsjustizgesetzen, IV. Band, Materialien zu der Konkursordnung und dem Einführungsgesetz vom 10. 2.1877, Berlin 1881

Hanisch, Hans
Bemerkungen zur Geschichte des intenationalen Insolvenzrechts, in Festschrift für Franz Merz, Köln 1992, S. 159 ff.

ders.
Erlöse aus der Teilnahme an einem ausländischen Parallel-Insolvenzver-Fahren - Ablieferung an die inländische Konkursmasse oder Anrechnung auf die Inlandsdividende?, ZIP 1989, S. 273 ff.

ders.
Zusammenfassender Bericht, in Marshall von Bieberstein, Frhr, Wolfgang (Hrsg.), Probleme des internationalen Insolvenzrechts, Verhandlungen der Fachgruppe für vergleichendes Handels- und Wirtschaftsrecht anläßl. d. Tagung für Rechtsvergleichung 1981 in Fr./M.

ders.
Aktuelle Probleme des Internationalen Insolvenzrechts, Schweizerisches Jahrbuch für Internationales Recht XXXVI, 1980, S. 115 ff.

ders.
Entwicklungstendenzen des gegenwärtigen Insolvenzrechts in rechtsvergleichender Sicht, Juristische Blätter 1977, S. 237 ff.

ders.
Allgemeine Kollisionsrechtliche Grundsätze im Internationalen Insolvenzrecht, in Festschrift für Günther Jahr, Tübingen 1993, S. 455 ff.

Herz, Wilfried
Das Jahrhundertwerk, Die Zeit Nr. 33, 8.8. 1997, S. 15 f.

Herzog, Asa S., King, Lawrence P.
Bankruptcy Code, New York 1990

Hess, Harald
Kommentar zur Insolvenzordnung, Band 2, Insolvenzrechtliche Vergütungsverordnung und Einführungsgesetz zur Insolvenzordnung, Heidelberg 1999 (zitiert: InsO)

ders.
Kommentar zur Konkursordnung, 6. überarbeitete Aufl., Neuwied 1998 (zitiert: KO)

Heumann-Seckel
Handlexikon des Römischen Rechts, 9. Aufl., Jena 1926

Hirte, Heribert
Der Kaußen-Konkurs vor US-amerikanischen Gerichten, ZIP 1989, S. 1493 ff.

Homann, Stefan
System der Anerkennung eines ausländischen Insolvenzverfahrens, KTS 2000, S. 343 ff.

Houin, Roger
Konkursprobleme des Gemeinsamen Marktes, KTS 1961, S. 177 ff.

Huber, Ulrich
Creditor Equality in Transnational Bankruptcies: The United States Position, Vanderbilt Journal of Transnational Law 19, 1986, S. 741 ff.

Jaeger, Ernst
Konkursordnung, §§ 208 - 244, 8. Aufl., Berlin 1973

ders.
Unzulässigkeit des Rechtswegs für Abgabenansprüche des Auslands, in Zeitschrift für Deutschen Zivilprozeß 1934, S. 277 ff.

ders.; Henckel, Wolfram
Konkursordnung, §§ 1 - 42, 9. Aufl., Berlin 1997

Jahr, Günther
Deutsches Internationales Konkursrecht, Berlin 1973

ders.
Vereinheitlichtes Internationales Konkursrecht in der Europäischen Wirtschaftsgemeinschaft, RabelsZ 1972, S. 620 ff.

ders.
Internationales Konkursrecht, in Lüke, Gerhard, Prütting, Hanns, Lexikon des Rechts, Neuwied, Loseblatt, Stand Januar 1996

Jayme, Erik; Kohler, Christian
Europäisches Kollisionsrecht 1996 - Anpassung und Transformation der nationalen Rechte, Praxis des Internationalen Privat- und Verfahrensrechts (IPrax) 1996, S. 377 ff.

Kegel, Gerhard; Schurig, Klaus
Internationales Privatrecht, 8. Aufl., München 2000

ders.
Vorschläge und Gutachten zum Entwurf eines EG-Konkursübereinkommen; Im Auftrag einer Sonderkommission des Deutschen Rates für Internationa- Les Privatrecht, vorgelegt von Kegel, bearbeitet von Jürgen Thieme, Tübingen 1988 (zitiert: Kegel, Vorschläge)

ders.; Seidl-Hohenveldern, Ignaz
Zum Territorialitätsprinzip im internationalen öffentlichen Recht, in Konflikt und Ordnung, Festschrift für Murad Ferid zum 70. Geburtstag, München 1978, S. 233 ff.

Kilger, Joachim
Rechtsanwendung im Konkurs, in Festschrift für Franz Merz, Köln 1992, S. 253 ff.

ders.
Konkursordnung, Kommentar, 15. Aufl. München 1990

ders.
Schmidt, Karsten, Konkursordnung, Kommentar, 17. neu bearbeitete Aufl., München 1997

ders.
Der Konkurs des Konkurses, KTS 1975, S. 142 ff.

Kirchhof, Hans-Peter
Grenzüberschreitende Insolvenzen im Europäischen Binnenmarkt; Insbesondere unter Beteiligung von Kreditinstituten, WM 1993, S. 1364 ff. & 1401 ff.

Kleveman, Dirk
Gesetzliche Sicherungsrechte im internationalen Privat- und Konkursrecht, Pfaffenweiler 1990

Koch, Harald; Magnus, Ulrich; Winkler von Mohrenfels, Peter
IPR und Rechtsvergleichung, 2. Aufl., München 1996

Kropholler, Jan
Internationales Privatrecht, 3. Aufl., Tübingen 1997

Kübler, Bruno M. (Hrsg.)
Neuordnung des Insolvenzrechts, Köln 1989

ders.; Prütting, Hanns
Das neue Insolvenzrecht, Band I, InsO und II, EGInsO, Köln 1994

Kuhn, Georg; Uhlenbruck, Wilhelm
Konkurs-Ordnung, Kommentar, 10. Aufl, München 1986 und 11. Aufl., München 1994

ders.
Anmerkung zu BGH, Urteil vom 4.2.1960, MDR 1960, S. 578, ebd., S. 579

Le Cannu, Paul; Lucheux, Jean-Michel; Pitron, Michel; Sénéchal, Jean-Pierre
Entreprises en Difficulté, Paris 1994 (zitiert: Le Cannu, Lucheux pp.)

Leipold, Dieter
Ausländischer Konkurs und inländischer Zivilprozeß, in Festschrift für Karl Heinz Schwab, München 1990, S. 289 ff.

ders.
Internationale Zuständigkeit, inländische Einzelrechtsverfolgung trotz eines Auslandskonkurses, Auswirkungen eines ausländischen Konkurses auf im Inland anhängige Zivilprozesse, in Stoll (Hrsg.), Stellungnahmen und Gutachten zur Reform des deutschen internationalen Insolvenzrechts, Tübingen 1992, S. 72 ff.

ders.
Zum künftigen Weg des deutschen Internationalen Insolvenzrechts (Anwendungsbereich, internationale Zuständigkeit, Anerkennung und Vollstreckung) in Stoll, Vorschläge und Gutachten zur Umsetzung des EU-Übereinkommens über Insolvenzverfahren im deutschen Recht, im

Auftrag der Sonderkommission "Internationales Insolvenzrecht" des Deutschen Rates für Internationales Privatrecht, Tübingen 1997, S. 185 ff.

Leitner, Robert

Der grenzüberschreitende Konkurs, Wien 1995

Leonard, Bruce

Internationalization of Insolvency and Reorganisation, International Business Law 1996, S. 203 ff.

ders.; Besant, Christopher (Hrsg.)

Current Issues in, Cross-Border Insolvency and Reorganisation, International Bar Association, London, Toronto 1994

Lewis, Jonathan M.

Transnational insolvencies: Securing the Assistance of the Courts of England and Wales, Insolvency Law and Practice, September/Oktober 1988, S. 155 ff.

Lipstein, Kurt

Öffentliches Recht und internationales Privatrecht, in Holl, Wolfgang; Klinke, Ulrich (Hrsg.), Internationales Privatrecht/Internationales Wirtschaftsrecht, Referate eines Symposiums der Alexander von Humboldt-Stiftung vom 26. bis 30. September 1983 in Ludwigsburg, Köln 1984, S. 39 ff.

ders.

Conflict of Public Laws - Vision and Realities, in Festschrift für Imre Zajtay, Tübingen 1982

ders.

Early Treaties for the Recognition ans Enforcement of Foreign Bankruptcies, in Fletcher, Ian F., Cross-Border Insolvency, Comparative Dimension, The Aberystwyth Insolvency Papers, Aberystwyth 1990

ders.

Privat International Law, Vol. III, in International Encyclopedia of Comparative Law, Tübingen 1991

Lüer, Hans-Jochem

Zur Neuordnung des deutschen Internationalen Insolvenzrechts, in Stoll (Hrsg.),Stellungnahmen und Gutachten zur Reform des deutschen internationalen Insolvenzrechts, Tübingen 1992, S. 96 ff.

Lüke, Gerhard; Prütting, Hanns

Lexikon des Rechts, Neuwied, Loseblatt, Stand Januar 1996 und Dezember 2000

ders.; Walchshöfer, Alfred, (Hrsg.)

Münchener Kommentar zur Zivilprozeßordnung, Band 1, München 1992

Mankowski, Peter
Anmerkung zu FG Münster, Beschluß vom 16.2.1996, 4 V 502/96, ZIP 1996, S. 1354

Mann, Michael
Foreign Revenue Laws and the English Conflict of Laws, The International and Comparative Law Quarterly 3, 1954, S. 465 ff.

Marshall von Bieberstein, Frhr, Wolfgang; Hanisch, Hans (Hrsg.)
Probleme des internationalen Insolvenzrechts, Verhandlungen der Fachgruppe für vergleichendes Handels- und Wirtschaftsrecht anläßlich der Tagung fürRechtsvergleichung 1981 in Frankfurt/Main, Frankfurt/Main 1981

Martin-Serf, Arlette
La Faillite Internationale: Une Réalite Économique pressante, un enchevêtrement juridique croissant, in Journal du Droit International, Paris 1995, S. 31 ff.

Maurer, Hartmut
Allgemeines Verwaltungsrecht, 13. Aufl., München 2000

Maydell, Bernd Baron von; Ruland, Franz
Sozialrechtshandbuch, 2. Aufl., Neuwied 1996

Mayer, Pierre
Droit International Privé, 5. Aufl., Paris 1994

Melnik, Selinda A.
Creditor Priorities and Preferences Under United States Bankruptcy Law, in Gitlin, Richard A., International Bankruptcies, Developing Practical Strategies, New York 1992

Mentzel, Franz; Kuhn, Georg
Konkurs-Ordnung, Kommentar, 8. Aufl., München 1976 und 9. Aufl., München 1979

Milman, David
Priority Rights on Corporate Insolvency in Clarke, Allison; Current issues in Insolvency Law, London 1990

ders.; Durrant, Chris
Corporate Insolvency: Law and Practice, 2. Aufl., London 1994

Mössle, Karen Ilka
Internationale Forderungspfändung, Berlin 1991

Mössner, Jörg Manfred
Taxation, International, in Bernhardt, Rudolf (Hrsg.), Encyclopedia of Public International Law, Instalment 8, Amsterdam 1985, S. 494 ff.

Mohrbutter Jürgen; Mohrbutter, Harro
Handbuch der Insolvenzverwaltung, 7. Aufl. 1997

Mohrbutter, Peter
Der Ausgleich von Verteilungsfehlern in der Insolvenz, Köln 1988

Morse, C.G.J.
Principles and Pragmatism in English Cross-Border Insolvancy Law, in Rajak, Harry (Hrsg.), Insolvency Law, Theory and Practice, London 1993, S. 201 ff.

Müller-Freienfels, Wolfram
Auslandskonkurs und Inlandsfolgen, in Festschrift für Hans Dölle, Tübingen 1963

Murphy, Patrick A
Creditors Rights in Bankruptcy, New York 1981

Nadelmann, Kurt H.
International Bankruptcy Law, Its Present Status, The University of Toronto Law Journal 1943 - 44, S. 324 ff.

Nadler, Charles Elihu; Nadler, Saul L.; Nadler, Myron J.
The Law of Bankruptcy, 2. Aufl., Atlanta 1968

Nerlich, Jörg; Römermann, Volker
Insolvenzordnung, Kommentar, München 1999

North, P.M.; Fawcett, J.J.
Cheshire and North's Private International Law, 12. Aufl., London 1992

Norton, William L. JR. (Hrsg.)
Norton Bankruptcy Law and Practice 2d, Deerfield, New York, Loseblatt, Stand 1994

ders.
Norton Bankruptcy Code and Related Legislation, Legislative History, Editorial Commentary, Ausgabe 1996-1997, Deerfield 1996

von Oertzen, Christian
Inlandswirkungen eines Auslandskonkurses, Mainz 1990

ohne Titel, ohne Verfasserangaben
Neue Zeitschrift für Insolvenz 2000, S. 304

Palandt, Otto
Bürgerliches Gesetzbuch, 60. Aufl., München 2001

Paulus, Christoph G.
"Protokolle" – ein anderer Zugang zur Abwicklung grenzüberschreitender Insolvenzen, ZIP 1998, S. 977 ff.

Picciotto, Sol
International Business Taxation, A Study in the Internationalization of Business Regulation, New York 1997

Pielorz, Michael
Auslandskonkurs und Disposition über das Inlandsvermögen, Berlin 1977

Powers, Timothy; Mears, Rona
Protecting a US-debtors Assets in International Bankruptcy, A Survey and Proposal for Reciprocity, North Carolina Journal on International Law and Commercial Regulation 1985, S. 303 ff.

Prütting, Hanns
Aktuelle Entwicklungen im Internationalen Insolvenzrecht, ZIP 1996, S. 1277 ff.

Qureshi, Asif Hasan
The public international Law of Taxation, London 1994

Rajak, Harry
Insolvency Law, Theory and Practice, London 1993

Rebmann, Kurt; Säcker, Franz Jürgen; Heinrichs, Helmut (Hrsg.)
Münchener Kommentar zum Bürgerlichen Gesetzbuch, Einführungsgesetz zum Bürgerlichen Gesetzbuch (Art. 1–38), Internationales Privatrecht, 3. Aufl., München 1998

Reinhart, Stefan
Zur Anerkennung ausländischer Insolvenzverfahren, ZIP 1997, S. 1734 ff.

Rémery, Jean-Pierre
La Faillite Internationale, Paris 1996

Riesenfeld, Stefan A.
Das neue Gesicht des deutschen Internationalen Konkursrechts aus internationaler Sicht, in Festschrift für Franz Merz, Köln 1992, S. 497 ff.

ders.
Probleme des internationalen Insolvenzrechts aus der Sicht des neuen Konkursreformgesetzes der Vereinigten Staaten, in Marshall von Bieberstein, Frhr., Wolfgang (Hrsg.), Probleme des internationalen Insolvenzrechts, Verhanlungen der Fachgruppe für vergleichendes Handels- und Wirtschaftsrecht anläßl. d. Tagung für Rechtsvergleichung 1981 in Fr./M., S. 39 ff.

Rimmelspacher, Bruno
Öffentliches oder privates Interesse als Kriterium der Rechtswegzuständigkeit, JZ 1975, S. 165 ff.

Roloff, Stefanie
Die Geltendmachung ausländischer öffentlichrechtlicher Forderungen im Inland, Frankfurt 1994

Rushworth, Jonathan E.F.
Foreign and Multinational Insolvency in England, in American Bar Association, Multinational Commercial Insolvency, Chicago 1993

von Savigny, Friedrich Carl
System des heutigen Römischen Rechts, Achter Band, Berlin 1849

Schechter, Alan L.
United States-Canadian Bankruptcy Litigation: Is the Treaty the Way to Go?, International Insolvency Review 1990/91, S. 99 ff.

Schmidt, Detlef
Die Unterscheidung von privatem und öffentlichem Recht, Baden-Baden 1985

Schmidt, Dominique; Niggemann, Friedrich
Die Stellung der Gläubiger im Französischen Unternehmenssanierungsgesetz, RIW 1986, S. 246 ff.

Schmidt, Jürgen
System des deutschen internationalen Konkursrechts, Frankfurt 1971

Schmidt, Reinhard
Ökonomische Analyse des Insolvenzrechts, Wiesbaden 1980

Schollmeyer, Eberhard
Partikuarinsolvenzverfahren am Ort der Belegenheit von Massebestandteilen?, Praxis des Internationalen Privat- und Verfahrensrechts (IPrax) 1995, S. 150 ff.

Smart, Philip St. J.
Cross Border Insolvency, London 1991

ders.
2. Aufl., London 1998

ders.
International Insolvency and the Enforcement of Foreign Revenue Laws, International and Comparative Law Quarterly, Bd. 35, 1986, S. 704 ff.

Smid, Stefan
Individualzwangsvollstreckung und Insolvenz, JZ 1995, S. 1150 ff.

ders.
Gesamtvollstreckungsordnung, 3. Aufl., Baden-Baden 1996

Soinne, Bernard
Traité des Procedures Collectives, 2. Aufl., Paris 1995

Sonnenberger, Hans Jürgen
Französisches Handels- und Wirtschaftsrecht, 2. Aufl. Heidelberg 1991

Spellenberg, Ulrich
Zum Gegenstand des Konkursfeststellungsverfahrens, Göttingen 1973

ders.
Der ordre public im Internationalen Insolvenzrecht, in Stoll (Hrsg.), Stellungnahmen und Gutachten zur Reform des deutschen internationalen Insolvenzrechts, Tübingen 1992, S. 183 ff.

ders.
Das Europäische Gerichtsstands- und Vollstreckungsübereinkommen als Kern eines Europäischen Zivilprozeßrechts, EuR 1980, S. 329 ff.

Stadler, Astrid
Anerkennung ausländischer (Zwangs-)Vergleiche, Praxis des Internationalen Privat- und Verfahrensrechts (IPRax) 1998, S. 91 ff.

Städtler, Hans Jörg
Grundpfandrechte iin der Insolvenz: Eine rechtsvergleichende Untersuchung der Effektivität von Grundpfandrechten in der Insolvenz des Schuldners in Deutschland und Frankreich, Tübingen 1998

Stoll, Hans
J. v. Staudingers Kommentar zum Bürgerlichen Gesetzbuch mit Einführungsgesetz und Nebengesetzen, Internationales Sachenrecht, 13. Aufl., Berlin 1996

ders. (Hrsg.)
Vorschläge und Gutachten zur Umsetzung des EU-Übereinkommens über Insolvenzverfahren im deutschen Recht, im Auftrag der Sonderkommission "Internationales Insolvenzrecht" des Deutschen Rates für Internationales Privatrecht, Tübingen 1997

ders. (Hrsg.)
Stellungnahmen und Gutachten zur Reform des deutschen internationalen Insolvenzrechts, im Auftrag der Sonderkommission "Internationales Insolvenzrecht" des Deutschen Rates für Internationales Privatrecht, Tübingen 1992

Strub, Andreas
Insolvenzverfahren und Binnenmarkt, EuZW 1994, S. 424 ff.

ders.
Das Europäische Konkursübereinkommen, EuZW 1996, S. 73 ff.

Sturm, Fritz; Sturm, Gudrun; Hausmann, Reiner; Blumenwitz, Dieter
J. v. Staudingers Kommentar zum Bürgerlichen Gesetzbuch mit Einführungsgesetz und Nebengesetzen, Einleitung, Internationales Privatrecht, Art. 3 – 6, 13. Aufl., Berlin 1996

Stürner, Rolf
Einfachheit und Funktionsfähigkeit des einheitlichen Insolvenzverfahrens, in Kübler, Bruno M., Neuordnung des Insolvenzrechts, S. 41 ff.

Summ, Cornelia
Anerkennung ausländischer Konkurse in der Bundesrepublik Deutschland, Berlin 1992

Thomas, Heinz; Putzo, Hans
Zivilprozeßordnung, 22. Aufl., München 1999

Tipke, Klaus; Kruse, Heinrich Wilhelm
Abgabenordnung, Finanzgerichtsordnung, Kommentar, Köln, Loseblatt, Stand November 2000

Tixier, Gilbert
L'Assistance entre États en Matière Fiscale, Revue Juridique et Politique 1983, S. 482 ff.

Totty, Peter; Jordan, Michael
Insolvency, London, Loseblatt, Stand 1990

Trautman, Donalt T.
additional remarks to Westbrook/Trautman in Ziegel, Jacob S., Editor, Current Developments in International and Comparative Corporate Insolvency Law, Oxford 1994; Chapter 27, S. 667 ff.

Treister, Georg M.; Trost, J. Ronald; Forman, Leon S.; Klee, Kenneth N.; Levin, Richard B.
Fundamentals of Bankruptcy Law, 3. Aufl., Philadelphia 1993

Trochu, Michel
Anmerkung zu C.Cass. v. 29.6.1972, J.D.I. (Clunet) 73, S. 383

Trunk, Alexander
Internationales Insolvenzrecht, Tübingen 1998

ders.
Zur bevorstehenden Neuregelung des deutschen Internationalen Insolvenzrechts, KTS 1994, S. 33 ff.

ders.
Internationale Aspekte von Insolvenzverfahren, in Gilles, Peter (Hrsg.), Transnationales Prozeßrecht, Deutsche Länderberichte zur Weltkonferenz für Prozeßrecht in Taormina, Sizilien, 1995, Baden-Baden 1995

ders., Recognition of a Foreign "Automatic stay" in Bankruptcy – The position of Germany, France and the United States, International Insolvency Review 1994, S. 145 ff.

United Nations Commission on International Trade (UNCITRAL)
Report on the work of its
- twenty-sixth session, 5 July - 23 July 1993, General Assembly, Official Records, Fiftieth Session, Supplement No. 17 (A/48/17)
- twenty-eighth session, 2 May - 26 May 1995, General Assembly, Official Records, Fiftieth Session, Supplement No. 17 (A/50/17)
- twenty-ninth session, 28 May - 14 June 1996, General Assembly, Official Records, Fift-first Session, Supplement No. 17 (A/51/17)

ders.
Guide to enactment to the Model Law on Crossborder Insolvency, im Internet unter http://www.un.or.at/uncitral/

ders.
Yearbook, Volume 24, 1993, New York 1994

Unterberger, Christian
Erfahrungen mit dem Gesamtvollstreckungsrecht in den neuen Bundesländern, Frankfurt 1996

Vach, Michael
Aspekte der Insolvenzrechtsreform von 1986 in England, Frankfurt 1991

Verdross, Alfred; Simma, Bruno
Universelles Völkerrecht, 3. Aufl. Berlin 1984

Virgós, Miguel, Schmit, Ettienne
Erläuternder Bericht zu dem EU-Übereinkommen über Insolvenzverfahren, in Stoll (Hrsg.), Vorschläge und Gutachten zur Umsetzung des EU-Übereinkommens über Insolvenzverfahren im deutschen Recht, Tübingen 1997, S. 32 ff.

Vogel, Klaus
Der räumliche Anwendungsbereich der Verwaltungsrechtsnorm, Eine Untersuchung über die Grundfragen des sog. Internationalen Verwaltungs- und Steuerrechts, Frankfurt 1965

ders.
Doppelbesteuerungsabkommen der Bundesrepublik Deutschland auf dem Gebiet der Steuern vom Einkommen und Vermögen, Kommentar, 3. Aufl., München 1996

Weber, Karl-Heinz, Hoffmann, Thomas
Das Französische Insolvenzrecht, 3. Aufl., Bielefeld 1996

Westbrook, Jay Lawrence
Global Insolvencies in a World of Nation States, in Clarke, Alison, Current Issues in Insolvency Law, Current Legal Problems, London 1991, S. 27 ff.
ders.; Trautman, Donald T.
Conflict of Law Issues in International Insolvencies, in Ziegel, Jacob S. (Hrsg.), Current Developments in International and Comparative Corporate Insolvency Law, Oxford 1994; Chapter 27, S. 655 ff.
ders.
Brooklyn Journal of International Law 91, S. 499 ff.
Wilmowsky, Peter
Europäisches Kreditsicherungsrecht, Tübingen 1996
Wimmer, Klaus
Insolvenzordnung, Kommentar, 2. Aufl., Neuwied 1999
ders.
Die Auswirkungen der EuGH-Rechtsprechung auf die Vorfinanzierung von Konkursausfallgeld, ZIP 1997, S. 1635 ff.
ders.
Die Besonderheiten von Sekundärinsolvenzverfahren unter besonderer Berücksichtigung des Europäischen Insolvenzübereinkommens, ZIP 1998, S. 982 ff.
Witz, Claude; Zierau, Britta
Französisches internationales Konkursrecht – Neue Tendenzen und Entwicklungen in der Rechtsprechung der Cour de cassation, Recht der Internationalen Wirtschaft 1989, S. 929 ff.
Wolonieki, J.W.
Co-operation between national Courts in international Insolvencies: Recent United Kingdom Legislation International Comparative Law Quarterly 86, S. 644 ff.
Wood, Philip R.
Principles of International Insolvency, London 1995
Woodland, Phillippe
The Proposed European Community Insolvency Convention, in Leonard, Bruce and Besant, Christopher, Editors, Current Issues in Cross-Border Insolvency and Reorganisation, S. 1 ff.
Ziegel, Jacob S. (Hrsg.)
Current Developments in International and Comparative Corporate Insolvency Law, Oxford 1994

Zöller, Richard
Zivilprozeßordnung, 22. Aufl., Köln 2001

FSC
www.fsc.org
MIX
Papier | Fördert
gute Waldnutzung
FSC® C083411

Kolibri 360 GmbH
Ferdinand-Jühlke-Straße 7
99095 Erfurt, Deutschland
produktsicherheit@kolibri360.de

Druck:
CPI Druckdienstleistungen GmbH
im Auftrag der
Kolibri 360 GmbH
Ferdinand-Jühlke-Str. 7
99095 Erfurt